CADを使って機械や木工や
製品の図面をかきたい人のための

Jw_cad 8
製図入門

X-Knowledge

本書をご購入・ご利用になる前に必ずお読みください

- 本書の内容は、執筆時点（2019年8月）の情報に基づいて制作されています。これ以降に製品、サービス、その他の情報の内容が変更されている可能性があります。また、ソフトウェアに関する記述も執筆時点の最新バージョンを基にしています。これ以降にソフトウェアがバージョンアップされ、本書の内容と異なる場合があります。
- 本書に記載しているソフトウェアの価格や利用料金などは、すべて税別（税抜）の金額です。
- 本書は、「Jw_cad」の解説書です。本書の利用に当たっては、「Jw_cad」がインストールされている必要があります。
- 「Jw_cad」は無償のフリーソフトのため、作者、著作権者、ならびに株式会社エクスナレッジはサポートを行っておりません。また、ダウンロードやインストールについてのお問合せも受け付けておりません。
- 本書は、パソコンやWindows、インターネットの基本操作ができる方を対象としています。
- 本書は、Windows 10がインストールされたパソコンで「Jw_cad Version 8.10b」（以降「Jw_cad Ver.8.10b」と表記）を使用して解説を行っています。そのため、ご使用のOSやソフトウェアのバージョンによって、画面や操作方法が本書と異なる場合がございます。
- 本書および付録CD-ROMは、Windows 7/8/10に対応しています。
- 本書で解説・収録しているソフトウェアの動作環境については、各ソフトウェアのWebサイト、マニュアル、ヘルプなどでご確認ください。なお、本書ではWindows 10でJw_cad Ver.8.10bを使用した環境で動作確認を行っております。これ以外の環境での動作は保証しておりません。
- 本書に記載された内容をはじめ、付録CD-ROMに収録された教材データ、プログラムなどを利用したことによるいかなる損害に対しても、データ提供者（開発元・販売元・作者など）、著作権者、ならびに株式会社エクスナレッジでは、一切の責任を負いかねます。個人の責任においてご使用ください。
- 本書に直接関係のない「このようなことがしたい」「このようなときはどうすればよいか」など特定の操作方法や問題解決方法、パソコンやWindowsの基本的な使い方、ご使用の環境固有の設定や機器に関するお問合せは受け付けておりません。本書の説明内容に関するご質問に限り、p.255のFAX質問シートにて受け付けております。

以上の注意事項をご承諾いただいたうえで本書をご利用ください。ご承諾いただけずお問合せをいただいても、株式会社エクスナレッジおよび著作権者はご対応いたしかねます。あらかじめご了承ください。

・Jw_cadの付録CD-ROMへの収録と操作画面の本書への掲載につきましては、Jw_cadの著作権者である清水治郎氏と田中善文氏の許諾をいただいております。
・本書中に登場する会社名や商品、サービス名は、一般に各社の登録商標または商標です。本書では、®およびTMマークは表記を省略しております。

カバーデザイン	長 健司 (kinds art associates)
編集協力	鈴木 健二 (中央編集舎)
Special Thanks	清水 治郎 ＋ 田中 善文
印刷	株式会社ルナテック

はじめに

Jw_cadは、作図する図面の業種・分野に制限を受けることのない汎用2次元CADです。

「日影図」「天空図」コマンドという建築設計に特化した機能を有していることもあり、建築分野を中心に広く使用されています。そのため、Jw_cadの解説書も建築図面をモチーフとしたものが大半で、木工図面や機械図面などを描く目的でJw_cadを学習される方には、過不足があったと思います。

本書は、そうした図面をかくために、これからJw_cadを始める方のJw_cad入門テキストです。

「Jw_cadおよび教材データのインストールと設定」では、付録CD-ROMに収録のJw_cad Ver.8.10bと本書の教材データをインストールします。また、Jw_cadをこれから使ううえで必要な表示設定と基本設定を行います。

「CHAPTER 1　基本作図操作を学ぶ」では、Jw_cadの基本的な作図操作を学習し、簡単な図を作図して印刷します。

線をかく・消すことから始め、円・弧・接円・多角形の作図・編集や図面を拡大表示する、保存する、印刷するなどの基本的な操作を1つひとつ習得していきます。これらの作図練習を通して、CAD特有の作図手順に慣れてください。

「CHAPTER 2　ハッチング作図と文字・寸法の記入操作を学ぶ」では、ハッチングの作図と、Jw_cadでの文字の記入、建築図面とは異なる点の多い寸法記入操作を学習します。

「CHAPTER 3　図面を作図する」では、CAD特有の概念であるレイヤを使い分け、図面を作図します。レイヤは実務図面を効率よく確実に作図・編集するうえで欠かせない機能です。CHAPTER 1、2で習得した基本的な操作に加え、新たに学ぶレイヤ機能やJw_cad特有のクロックメニューなどを利用して、木工作品の三面図やフランジ形たわみ軸継手の正面・断面・背面図を作図しましょう。

「CHAPTER 4　アイソメ図を作図する」では、手描き図面と同様にアイソメ図をかく方法と、Jw_cadの「2.5D」コマンドを利用してアイソメ図をかく方法の2通りの方法を学習します。

「CHAPTER 5　本書の説明どおりにならない場合の原因と対処方法[Q&A]」では、本書の解説書どおりにいかない場合の原因と対処方法を説明します。

本書が、皆様方のJw_cadのはじめの一歩の手助けになることを願っています。

Obra Club

※ 本書は2015年11月発行の「Jw_cad製図入門」の改訂版です。

CONTENTS

本書をご購入・ご利用になる前に必ずお読みください ⋯⋯⋯⋯⋯⋯⋯⋯⋯ 2

はじめに ⋯⋯⋯⋯⋯⋯ 3

Jw_cadの画面と本書の凡例・表記 ⋯⋯⋯⋯⋯⋯⋯⋯⋯⋯⋯⋯ 6

付録CD-ROMについて ⋯⋯⋯⋯⋯⋯⋯⋯ 8

Jw_cadおよび教材データのインストールと設定 ⋯⋯⋯⋯⋯⋯⋯⋯⋯ 9

CHAPTER 1
基本作図操作を学ぶ ⋯⋯⋯⋯⋯ 17

1-1	線・円の作図と消去 ⋯⋯⋯⋯⋯ 18
1-2	寸法の決まった図の作図と図面保存 ⋯⋯⋯ 28
1-3	図面を開き、かき加えて印刷 ⋯⋯ 44
1-4	円・弧・多角形の作図 ⋯⋯⋯⋯ 64
1-5	基本作図操作の総合練習 ⋯⋯⋯⋯ 82

CHAPTER 2
ハッチング作図と
文字・寸法の記入操作を学ぶ ⋯⋯⋯⋯⋯ 101

2-1	ハッチングの作図 ⋯⋯⋯⋯⋯ 102
2-2	文字の記入と図面枠の作成 ⋯⋯⋯ 108
2-3	寸法の記入 ⋯⋯⋯⋯⋯ 130

CHAPTER 3
図面を作図する 161

3-1	レイヤの操作練習 162
3-2	ペットテーブルの三面図を作図 174
3-3	フランジ形たわみ軸継手を作図 192

CHAPTER 4
アイソメ図を作図する 223

| 4-1 | アイソメ図の作図 .... 224 |
| 4-2 | 「2.5D」コマンドで
ペットテーブルのアイソメ図を作図 .... 234 |

CHAPTER 5
本書の説明どおりにならない場合の
原因と対処方法 [Q&A] 245

INDEX 253

FAX質問シート 255

Jw_cadの画面と本書の凡例・表記

● Jw_cadの画面と各部名称

下の図は、Windows 10の解像度1024×768ピクセルの画面で、p.13のツールバーの設定を行ったJw_cadの画面です。画面のサイズ、タイトルバーの表示色、ツールバーの並びなどは、Windowsのバージョンやパソコンの設定によって異なります。

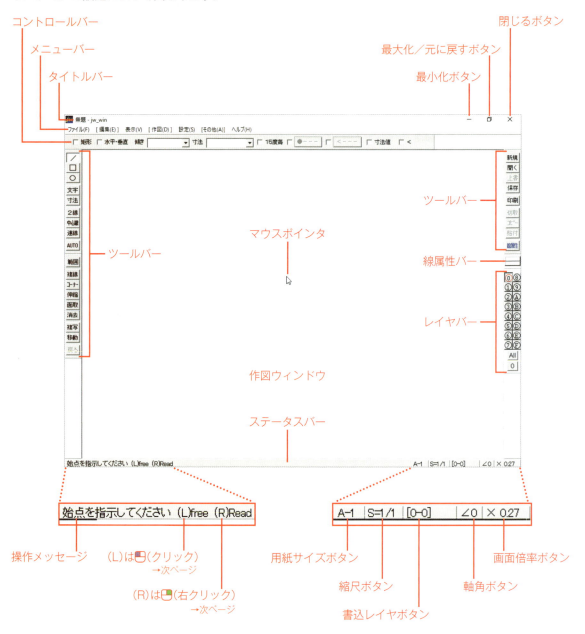

● 本文中の凡例

POINT
必ず覚えておきたい重要なポイントや操作上の注意事項

?
本書の説明どおりにできない場合の原因と対処方法の参照ページ

参考
以前に学習した機能の詳しい操作などを解説した参照ページ

HINT
知っておきたい関連知識や操作方法

● マウスによる指示の表記

マウスによる指示は、クリック・ダブルクリック・ドラッグ・クロックメニューがあり、それぞれ下記のように表記します。

クリック

 クリック（左クリック）

右クリック

両クリック

ダブルクリック

 ダブルクリック（左ダブルクリック）

右ダブルクリック

※ 1回目と2回目のクリックの間にマウスを動かさないよう注意

ドラッグ

ボタンを押したままマウスを矢印の方向に移動し、ボタンをはなします。操作画面上では、右図のように押すボタンを示すマウスのマークとドラッグ方向を示す矢印で表記します。

 両ドラッグ　 右ドラッグ

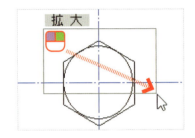

クロックメニュー

ドラッグ操作で表示されるクロックメニューからのコマンド選択指示は、押すボタンとドラッグ方向、クロックメニューを示す時間と名前を表記します。操作画面上では、右図のように押すボタンを示すマウスのマークとドラッグ方向を示す矢印、その先にクロックメニューを付けて表記します。

 AM3時 中心点・A点

 AM10時 消去

クロックメニュー→p.172

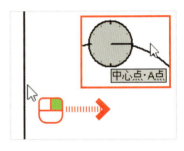

● キーボードからの入力と指示の表記

寸法や角度などの数値を指定する場合や、文字を記入する場合は、所定の入力ボックスをクリックし、キーボードから数値や文字を入力します。

すでに入力ボックスでポインタが点滅している場合や、表示されている数値・文字が色反転している場合は、入力ボックスをクリックせず直接キーボードから入力できます。

ポインタが点滅

数値が色反転

数値や文字の入力指示は、入力する数値や文字に「　」を付けて表記します。Jw_cadでは数値入力後にEnterキーを押す必要はありません。

特定のキーを押す指示は、□を付けて押すキーを表記します。

「500」を入力

Enterキーを押す

付録CD-ROMについて

本書の付録CD-ROMには、Jw_cadと、本書で利用する教材データなどが収録されています。次の事項をよくお読みになり、ご承知いただけた場合のみ、CD-ROMをご使用ください。

 付録CD-ROMをご使用になる前に必ずお読みください

- ▼ 付録CD-ROMは、Windows 10/8/7で読み込み可能です。それ以外のOSでも使用できる場合がありますが、動作は保証しておりません。
- ▼ 使用しているコンピュータ、ハードウェア、ソフトウェア、ネットワークなどの環境によっては、動作条件を満たしていても、動作しないまたはインストールできない場合があります。あらかじめご了承ください。
- ▼ 収録されたデータを使用したことによるいかなる損害についても、当社ならびに著作権者、データの提供者（開発元・販売元）は、一切の責任を負いかねます。個人の自己責任の範囲において使用してください。
- ▼ 本書の説明内容に関する質問にかぎり、p.255に掲載した本書専用のFAX質問シートにて受け付けております（詳細はp.255をご覧ください）。なお、OSやパソコンの基本操作、記事に直接関係のない操作方法、ご使用の環境固有の設定や特定の機器向けの設定といった質問は受け付けておりません。

● 付録CD-ROMの内容

jww810b.exe
Jw_cad Version 8.10b
インストール方法→p.10

data.EXE
本書の教材データ
インストール方法→p.11

 旧バージョンのJw_cadを収録（通常は使用しません）

「ver711」フォルダー

旧バージョンのJw_cadと、インストール方法を解説したPDFファイルを収録したフォルダー

● パソコンにインストールされる内容

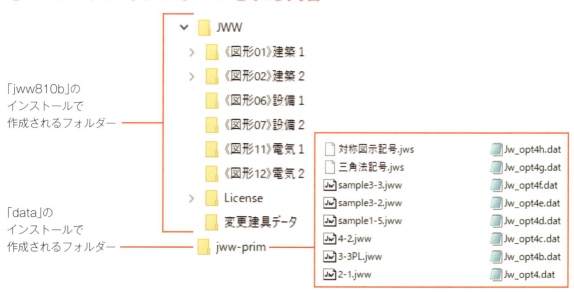

Jw_cadおよび教材データのインストールと設定

本書の付録CD-ROMには、本書で利用するJw_cad Ver.8.10bと教材データが収録されています。次の事項をよくお読みになり、ご承知いただけた場合のみ、Jw_cadをご使用ください。

 Jw_cadをご使用になる前に必ずお読みください

▼ Jw_cadは無料で使用できるフリーソフトです。そのため、当社、著作権者、データの提供者(開発元・販売元)は一切の責任を負いかねます。個人の自己責任の範囲において使用してください。Jw_cad Ver.8.10bはWindows 10/8/7で動作します。本書の内容についてはWindows 10での動作を確認しており、その操作画面を掲載しています。

▼ Jw_cad Ver.8.10bの動作環境
Jw_cad Ver.8.10bは以下のパソコン環境でのみ正常に動作します。
OS(基本ソフト):上記に記載 / 内部メモリ容量:64MB以上 / ハードディスクの使用時空き容量:5MB以上
ディスプレイ解像度:800×600ピクセル以上 / マウス:2ボタンタイプ(ホイールボタン付き3ボタンタイプを推奨)

Jw_cadを初めてインストールする場合は次ページの「1 Jw_cadをインストールする」へ進んでください。すでに、Jw_cadがインストールされている場合は、そのバージョンを以下の手順でご確認ください。

1 Jw_cadを起動し、メニューバー[ヘルプ]-「バージョン情報」を選択する。

2 「バージョン情報」ダイアログで、バージョン(Version)番号を確認し、「OK」ボタンを🖱。

バージョン番号が8.10bよりも小さい数値は、付録CD-ROM収録のJw_cadよりも古いバージョンです。	**1**で起動したJw_cadを終了したうえ次ページに進み、「1 Jw_cadをインストールする」を行ってください。Jw_cadがバージョンアップされます。
バージョン番号が、8.10bと同じかまたは大きい数値の場合は、Jw_cadのインストールは不要です。	p.11「**2** 教材データをインストールする」を行い、p.13「**5** 表示設定を変更する」に進んでください。

※ Jw_cad Ver.8.10bでは、以前のJw_cadで保存したJw_cad図面(*.jww)を開けますが、Ver.8.10bで保存したJw_cad図面(*.jww)は、Ver.6.21a以前のバージョンのJw_cadでは開けません。Ver.6.21a以前のバージョンのJw_cadに図面ファイルを渡す場合には、旧バージョン形式で保存する必要があります。

1 Jw_cadをインストールする

- Jw_cadをインストールしましょう。

1 パソコンのCDドライブに付録CD-ROMを挿入し、CD-ROMを開く。

> ? CD-ROMを開くには ➡p.246 Q01
> ※ 表示されるアイコンの大きさや絵は、設定によって異なります。右図と違ってもインストールに支障ありません。

2 CD-ROMに収録されている「jww810b(.exe)」のアイコンにマウスポインタを合わせ🖱🖱(左ボタンをダブルクリック)。

3 「ユーザーアカウント制御」ウィンドウの「はい」ボタンを🖱。

> ? 「ユーザーアカウント制御」ウィンドウのメッセージが右図とは異なる ➡p.246 Q02
> ➡ 「Jw_cad-InstallShield Wizard」ウィンドウが開く。

4 「Jw_cad-InstallShield Wizard」ウィンドウの「次へ」ボタンを🖱。

> ➡ 「Jw_cad-InstallShield Wizard」に使用許諾契約が表示される。
> ? 「プログラムの保守」と表記されたウィンドウが開く ➡p.246 Q03

5 使用許諾契約書を必ず読み、同意したら「使用許諾契約の条項に同意します」を🖱して選択する。

6 「次へ」ボタンを🖱。

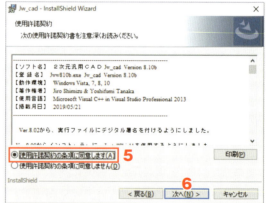

> ➡ 「Jw_cad-InstallShield Wizard」にインストール先が表示される。

7 「次へ」ボタンを🖱。

8 「インストール」ボタンを🖱。

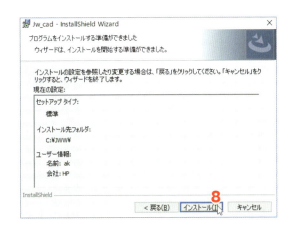

➡ インストールが完了し、右図のように「Install Shield ウィザードを完了しました」と表示される。

9 「完了」ボタンを🖱。

2 教材データをインストールする

●続けて、教材データを付録CD-ROMからパソコンにインストールしましょう。

1 CD-ROMウィンドウの「data（.EXE）」アイコンを🖱🖱。

➡ 「展開先の指定」ウィンドウが開く。

2 「展開先の指定」ウィンドウの「展開先」ボックスが「c：¥」になっていることを確認し、「OK」ボタンを🖱。

➡ 教材データがインストールされる。

3 ウィンドウ右上の⊠（閉じる）を🖱し、すべてのウィンドウを閉じて、パソコンから付録CD-ROMを取り出す。

3 Jw_cadのショートカットを作成する

●Jw_cadを起動するためのショートカットアイコンを、デスクトップに作成しましょう。

1 「スタート」ボタンを🖱。

2 スタートメニュー「J」欄の「Jw_cad」フォルダーを🖱。
   ➡「Jw_cad」フォルダーの下に「jw_cad」が表示される。

3 「jw_cad」を🖱。

4 表示されるメニューの「その他」を🖱。

5 さらに表示されるメニューの「ファイルの場所を開く」を🖱。
   ➡「Jw_cad」ウィンドウが開く。

6 「Jw_cad」ウィンドウの「jw_cad」を🖱。

7 表示されるメニューの「送る」を🖱。

8 さらに表示されるメニューの「デスクトップ（ショートカットを作成）」を🖱。
   ➡デスクトップに、Jw_cadのショートカットアイコンが作成される。

9 ウィンドウ右上の⊠(閉じる)を🖱。
   ➡ウィンドウが閉じる。

4 Jw_cadを起動する

●デスクトップに作成したショートカットアイコンからJw_cadを起動しましょう。

1 デスクトップのJw_cadのショートカットアイコンを🖱🖱。
   ❓「ショートカットエラー」ウィンドウが開き、Jw_cadが起動しない ➡p.246 Q04

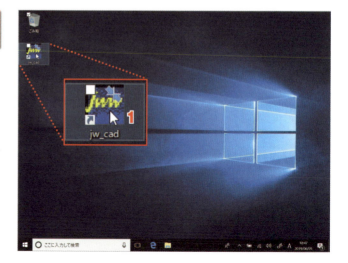

➡ Jw_cadが起動し、右図のJw_cad画面が開く。

※ ディスプレイの解像度により、Jw_cad画面の左右のツールバーの配置が、右図とは異なる場合があります。その場合も、次項「5　表示設定を変更する」を行うことで、本書と同じ画面に設定できます。

● Jw_cad画面を、ディスプレイの画面全体に表示しましょう。

2 Jw_cadのタイトルバーの右から2番目の □（最大化）を🖱。

➡ Jw_cadの画面が最大化され、ディスプレイ画面全体に表示される。

5 表示設定を変更する

● 表示メニューの「Direct2D」の設定を無効にしましょう。「Direct2D」は、大容量データを扱うときに有効な設定です。ここでは不要なため、チェックを外します。

1 メニューバー[表示]を🖱。

2 表示されるメニューでチェックが付いている「Direct2D」を🖱。

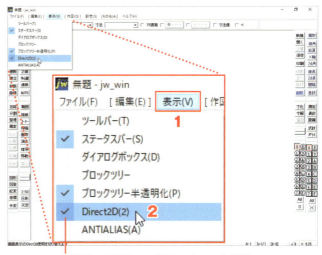

初期値では「Direct2D」にチェックが付いている

● Jw_cadの画面左右のツールバーには、作図のための道具（コマンド）が並んでいます。Jw_cadに早く慣れるよう、よく使うコマンドだけを左右のツールバーに並べる設定に変更しましょう。

3 メニューバー[表示]を🖱し、表示されるメニューの「ツールバー」を🖱。

➡「ツールバーの表示」ダイアログが開く。

2の操作によって「Direct2D」のチェックが外れる

POINT 「ツールバーの表示」ダイアログでチェックが付いている項目が、現在画面に表示されているツールバーです。項目のチェックボックスを🖱することで、チェックを外したり付けたりすることができます。

4 「編集（2）」「作図（2）」「設定」「その他（11）」「その他（12）」「その他（21）」「その他（22）」「レイヤグループ」「線属性（1）」のチェックボックスを🖱し、チェックを外す。（「線属性（2）」にチェックがない場合は🖱し、チェックを付ける）。

5 右図の5つの項目にチェックが付いた状態にし、「OK」ボタンを🖱。

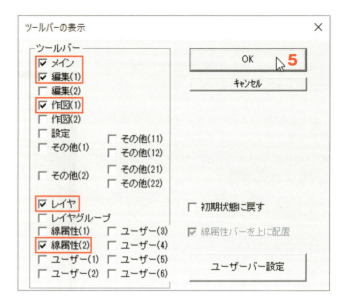

→ ツールバーの表示設定が確定し、ダイアログが閉じる。チェックを付けたツールバーだけがJw_cad画面の両側に表示される。

● 右のツールバー2カ所の隙間は、今後の作図操作に影響しませんが、次の操作で隙間を詰められます。

6 「線属性」バーの上辺にマウスポインタを合わせ🖱↑（マウスの左ボタンを押したまま上方向に移動）し、「線属性」コマンド下辺付近でボタンをはなす。

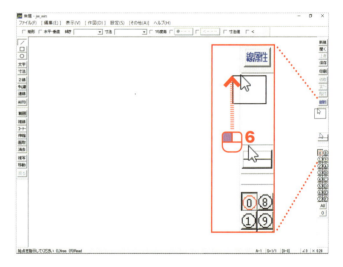

→ ドラッグした「線属性」バーが、「線属性」コマンドの下に移動する。

7 その下の「レイヤ」バー上辺から🖱↑し、「線属性」バーの下辺付近でマウスの左ボタンをはなす。

→ ドラッグした「レイヤ」バーが、「線属性」バーの下に移動する。

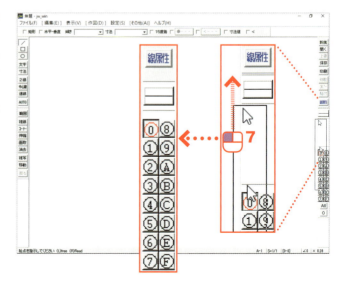

6 Jw_cadの基本的な設定をする

●これからJw_cadを使うにあたり必要な基本設定をしましょう。

1 メニューバー[設定]-「基本設定」を🖱。
　➡ 基本設定を行うための「jw_win」ダイアログが開く。

> **POINT**　「jw_win」ダイアログの上の「一般(1)」「一般(2)」「色・画面」…の「タブ」を🖱することで、それぞれの設定項目が表示されます。

2 「一般(1)」タブの「クロックメニューを使用しない」のチェックボックスを🖱し、チェックを付ける。

3 「消去部分を再表示する」を🖱し、チェックを付ける。

4 「ファイル読込項目」の3項目にチェックが付いていることを確認する。付いていない場合は🖱し、チェックを付ける。

5 「用紙枠を表示する」にチェックを付ける。

6 「入力数値の文字を大きくする」「ステータスバーの文字を大きくする」にチェックを付ける。

7 「画像・ソリッドを最初に描画」にチェックが付いていることを確認する。付いていない場合は🖱し、チェックを付ける。

8 「新規ファイルのときレイヤ名・状態を初期化…」にチェックを付ける。

9 「一般(2)」タブを🖱。

10 「矢印キーで画面移動、PageUp・PageDownで画面拡大・縮小…」にチェックを付ける。

> **POINT**　10のチェックを付けることで、矢印キーでの画面のスクロールや PgUp キーでの画面拡大など、キーボードからのズーム操作が可能になります（「文字」コマンド選択時は除く）。また、「マウスホイール」の「＋」または「－」にチェックを付けることで、マウスのホイールの回転によるズーム操作が可能になります。

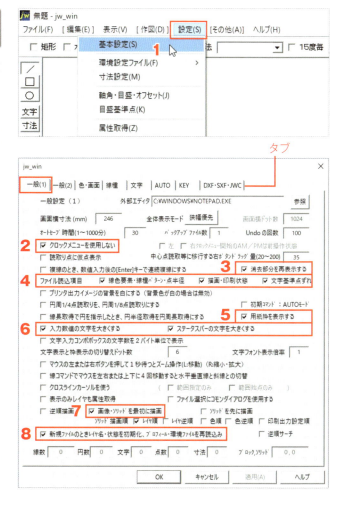

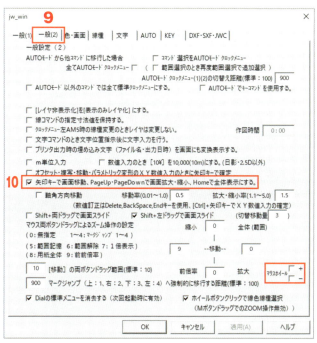

11 「色・画面」タブを🖱。

→「色・画面」タブの設定項目が表示される。

12 「選択色」ボタンを🖱。

> **POINT** 「選択色」は、Jw_cad の画面上で選択された要素（線・円・文字など）を示すための表示色です。初期値の紫は、選択されていない要素と見分けにくい場合があるため、オレンジ色に変更します。

→「色の設定」パレットが開く。

13 「色の設定」パレットで、右図の「オレンジ」を🖱で選択し、「OK」ボタンを🖱。

→「色の設定」パレットが閉じ、「選択色」が紫からオレンジに変更される。

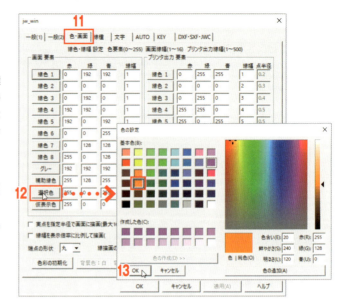

14 「KEY」タブを🖱。

→「KEY」タブの設定項目が表示される。

15 「直接属性取得を行う」のチェックが付いていないことを確認する（付いている場合は🖱してチェックを外す）。

● 以上で設定は完了です。ここまでの設定を確定しましょう。

16 「jw_win」ダイアログの「OK」ボタンを🖱。

→設定項目が確定し、ダイアログが閉じる。

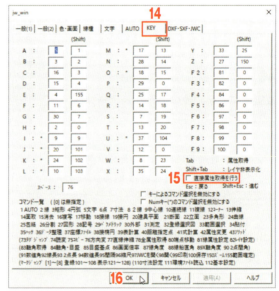

● ここでいったん、Jw_cadを終了しましょう。これまで行った設定は、Jw_cadを終了した後も有効です。

17 メニューバー［ファイル］－「Jw_cad の終了」を🖱。

→Jw_cadが終了する。

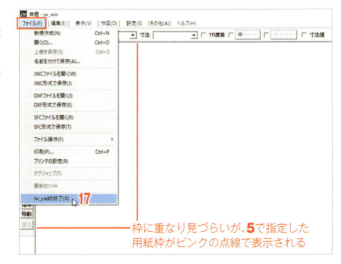

枠に重なり見づらいが、**5**で指定した用紙枠がピンクの点線で表示される

CHAPTER 1

基本作図操作を学ぶ

1-1	線・円の作図と消去	18
1-2	寸法の決まった図の作図と図面保存	28
1-3	図面を開き、かき加えて印刷	44
1-4	円・弧・多角形の作図	64
1-5	基本作図操作の総合練習	82

1-1 線・円の作図と消去

この単元では、線や円をかく、消すなどの操作を通して、Jw_cadのマウス操作に慣れましょう。
線をかくには「／」コマンドを、円をかくには「○」コマンドを、線・円・弧を消すには「消去」コマンドを、はじめに選択します。コマンド選択やコントロールバーの項目指示は、マウスの左ボタンをクリック（🖱）することで行います。
また、Jw_cadでは選択コマンドや操作対象によって、🖱（左ボタンをクリック）と🖱（右ボタンをクリック）を使い分けます。その使い分けについても学習していきます。

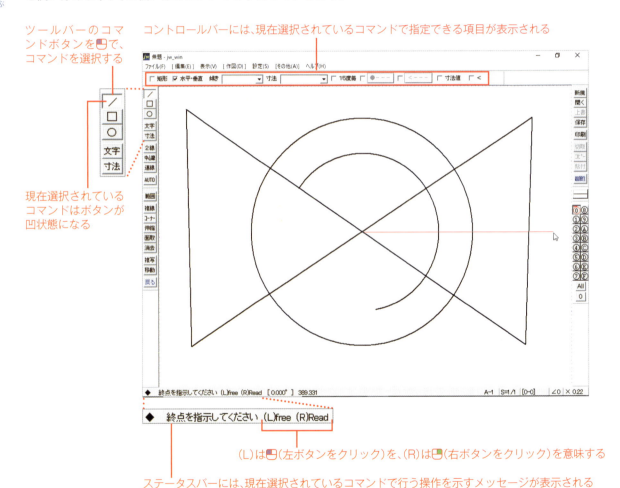

ツールバーのコマンドボタンを🖱で、コマンドを選択する

コントロールバーには、現在選択されているコマンドで指定できる項目が表示される

現在選択されているコマンドはボタンが凹状態になる

(L)は🖱（左ボタンをクリック）を、(R)は🖱（右ボタンをクリック）を意味する

ステータスバーには、現在選択されているコマンドで行う操作を示すメッセージが表示される

1 線を作図する

●作図ウィンドウの左下から右上へ斜線を作図しましょう。線は「/」(線)コマンドを選択し、作図ウィンドウ上で2点(始点と終点)をクリックで指示することで作図します。

1 ツールバー「/」コマンドが選択されていることを確認する。

> **POINT** Jw_cadを起動すると「/」コマンドが選択された状態になり、画面下のステータスバーには「始点を指示してください」と、ここで行う操作を示すメッセージが表示されます。

2 始点として右図の位置で🖱。

3 マウスポインタを右上へ移動する。

> **POINT** 押したマウスボタンをはなしてからマウスポインタを動かしてください。マウスボタンを押したままマウスポインタを動かすと、別の操作を意味するドラッグになります。

➡ **2**の位置からマウスポインタまで赤い仮線が表示される。ステータスバーの操作メッセージは「◆ 終点を指示してください」になる。

> **POINT** コントロールバー「水平・垂直」にチェックが付いていると仮線が上下左右にしか動きません。その場合はコントロールバー「水平・垂直」を🖱してチェックを外してください。

4 終点として右図の位置で🖱。

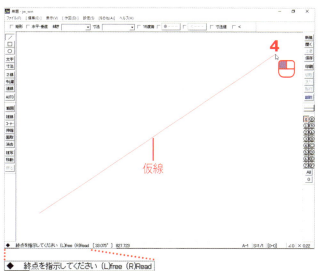

➡ **2**から**4**の位置までの線が作図される。ステータスバーの操作メッセージは、「始点を指示してください」になる。

> **POINT** 他のコマンドを選択するまでは、続けて始点を指示することで、次の線を作図できます。

●左上から右下に斜線を作図しましょう。

5 次の線の始点として右図の位置で🖱。

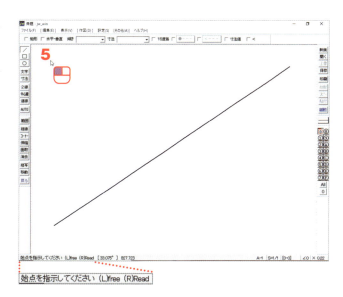

CADを使って機械や木工や製品の図面をかきたい人のための Jw_cad 8 製図入門 **19**

➡ **5**の位置からマウスポインタまで仮線が表示される。操作メッセージは「◆　終点を指示してください」になる。

6 マウスポインタを右下へ移動し、終点として右図の位置で🖰。

➡ **5**から**6**の位置までの線が作図される。

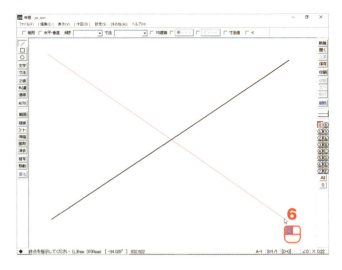

2 線の端を結ぶ線を作図する

●2本の斜線の右端を結ぶ線を作図しましょう。線の始点・終点指示時に既存線（作図済みの線）の端にマウスポインタを合わせ🖰（右ボタンをクリック）することで、その線の端を始点・終点とする線を作図できます。

1 始点として右図の線の端にマウスポインタを合わせ🖰（右ボタンをクリック）。

> **POINT** ステータスバーの操作メッセージの後ろに「(L) free　(R) Read」と表示されています。(L)は🖰、(R)は🖰のことです。「(R) Read」は、既存の点にマウスポインタを合わせ🖰することで、その点を読み取り、線の始点（または終点）として利用することを意味します。作図されている線の両端には、🖰で読み取りできる「端点」があります。

➡ 🖰した端点を始点とした線がマウスポインタまで仮表示される。操作メッセージは「◆　終点を指示してください(L)free　(R)Read」になる。

2 終点として右図の線の端点にマウスポインタを合わせ🖰（Read）。

➡ 端点**1**と端点**2**を結ぶ線が作図される。

> **POINT** 🖰したとき、点がありません と表示された場合は、マウスポインタを端点にさらに近づけて🖰してください。

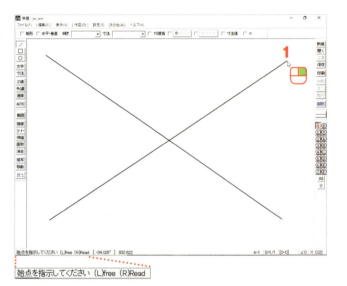

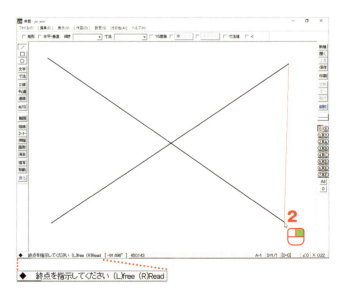

●同様に、斜線の左側の端点どうしを結ぶ線を作図しましょう。

3 始点として右図の端点にマウスポインタを合わせ🖱(Read)。

➡🖱した端点を始点とした線がマウスポインタまで仮表示される。

4 終点として右図の端点にマウスポインタを合わせ🖱(Read)。

❓誤って🖱した ➡p.247 Q05

➡端点**3**と端点**4**を結ぶ線が作図される。

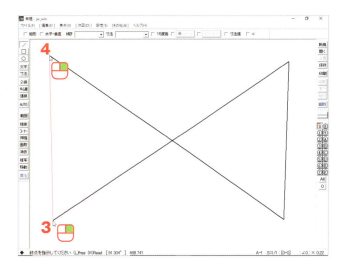

3 円を作図する

●斜線の交差する位置を中心とした円を作図しましょう。円は「○」(円弧)コマンドを選択し、円の中心位置と大きさ(半径)を決める位置を指示して作図します。

1 ツールバー「○」コマンドにマウスポインタを合わせ🖱。

➡「○」コマンドが選択され、ステータスバーの操作メッセージは「中心点を指示してください(L)free (R)Read」になる。

2 円の中心点として斜線の交差する位置にマウスポインタを合わせ🖱(Read)。

> **POINT** ステータスバーの操作メッセージの後ろに「(L)free (R)Read」が表示されているときは🖱で既存点を読み取れます。線と線が交差した位置には🖱で読み取りできる「交点」があります。

➡円の中心点が決まり、マウスポインタを移動すると、**2**の交点を中心とした赤い円がマウスポインタまで仮表示される。操作メッセージは「円位置を指示してください(L)free (R)Read」になる。

3 円位置(円の大きさを決める位置)として右図の位置で🖱(free)。

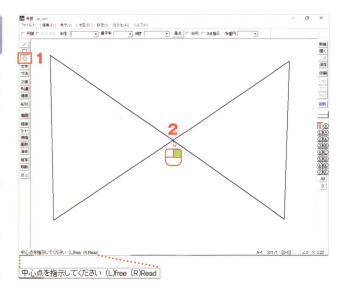

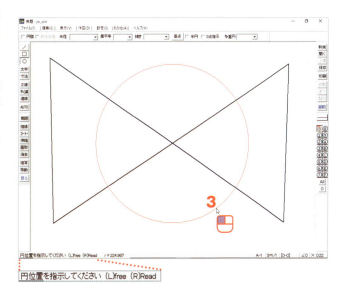

1・1 線・円の作図と消去

➡ **2**の交点を中心とし、**3**で🖱した位置を通る円が作図される。作図された円の半径は、クリック指示した**2**−**3**間の長さである。

> **POINT** ステータスバーの操作メッセージは「中心点を指示してください」になり、続けて中心点を指示することで次の円を作図できます。操作メッセージの後ろには「r=」に続けて作図した円の半径が表示されます。適当にかいた円でもCADは、その円の半径を数値(mm)として常に把握しています。

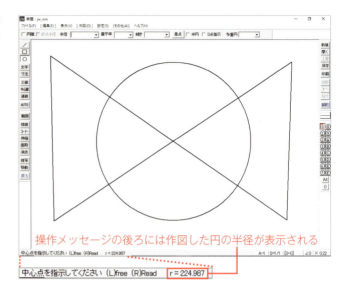

操作メッセージの後ろには作図した円の半径が表示される

4 円弧を作図する

●円と同じ交点を中心点とする円弧を作図しましょう。円弧は「○」コマンドのコントロールバー「円弧」にチェックを付け、円の中心点⇒始点⇒終点を順に指示して作図します。

1 「○」コマンドのコントロールバー「円弧」を🖱してチェックを付ける。

2 円弧の中心点として右図の交点を🖱。

➡ **2**を中心とした円がマウスポインタまで仮表示され、操作メッセージは「円弧の始点を指示してください」になる。

3 円弧の始点位置として右の位置で🖱(free)。

➡ **2**−**3**間を半径とし、**3**を始点とする円弧がマウスポインタまで仮表示され、操作メッセージは「◆ 終点を指示してください」になる。その後ろには仮表示の円弧の半径が表示される。

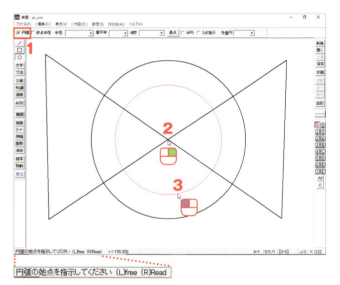

4 マウスポインタを左回りに移動し、円弧の終点として斜線の左上端点を🖱。

> **POINT** 一般にCADでは円弧は左回りで作図・編集します。Jw_cadでは作図に限り、左回り、右回りのいずれでも作図できます。そのため、始点指示後のマウスポインタの移動方向によって作図される円弧が異なります。

➡ 中心点**2**−始点**3**間の長さを半径とし、中心点**2**と終点**4**を結んだ線上までの円弧が作図される。

> **POINT** 円弧の始点指示は円弧の始点を決めるとともに円弧の半径を確定します。終点指示は、円中心から見た円弧の作図角度を決めます。

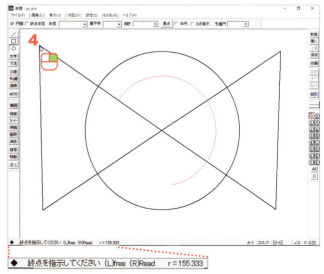

5 水平線・垂直線を作図する

●中央の交点から右に水平線を作図しましょう。「／」コマンドのコントロールバー「水平・垂直」にチェックを付けることで、水平線、垂直線が作図できます。

1 「／」コマンドを🖱で選択し、コントロールバー「水平・垂直」を🖱してチェックを付ける。

2 始点として中央の交点を🖱(Read)。

> **POINT** 「／」コマンドのコントロールバー「水平・垂直」にチェックを付けることで、作図線の角度が水平方向（始点から見て0°/180°）、垂直方向（始点から見て90°/270°）に固定されます。始点指示後マウスポインタを始点の左右に移動すると水平線、上下に移動すると垂直線が仮表示されます。また、ステータスバーの操作メッセージの後ろには、仮線の角度と長さ（mm）が表示されます。適当にかいた線でもCADは、その角度と長さを数値として常に把握しています。

3 マウスポインタを右へ移動する。

➡ **2**の交点を始点とした水平線がマウスポインタまで仮表示される。

4 終点として右図の位置で🖱(free)。

➡ **2**から**4**の位置までの水平線が作図される。操作メッセージの後ろには、作図した線の角度［0.000°］と長さ（mm）が表示される。

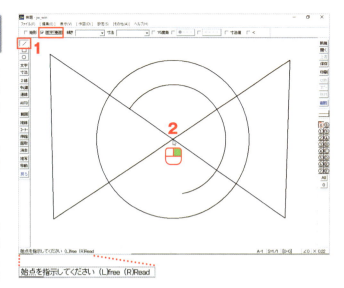

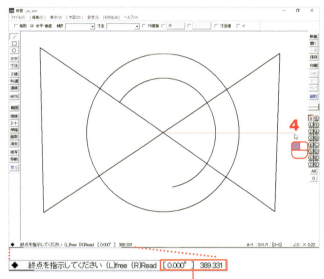

操作メッセージの後ろには仮線の角度と長さが表示される

●中央の交点から上へ垂直線を作図しましょう。

5 始点として中央の交点を🖱(Read)。

6 マウスポインタを上に移動する。

➡ **5**を始点とした垂直線がマウスポインタまで仮表示される。

7 終点として右図の位置で🖱(free)。

➡ **5**から**7**の位置までの垂直線が作図される。

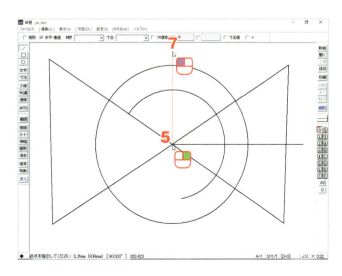

1▶1 線・円の作図と消去

6 線・円・弧を消去する

●中央で交差する2本の斜線を消しましょう。線や円を消すには、「消去」コマンドを選択し、消去対象の線・円を🖱します。

1 「消去」コマンドを🖱で選択する。

➡ ステータスバーの操作メッセージは「線・円マウス(L)部分消し　図形マウス(R)消去」になる。

> **POINT** 「消去」コマンドでは🖱で指示することで線・円・弧の消去を、🖱で指示することで線・円・弧の一部分の消去（部分消し）を行います。

2 消去対象として右図の斜線を🖱。

➡ 🖱した線が消去される。

❓ 線が消去されずに色が変わる ➡ p.247 Q06

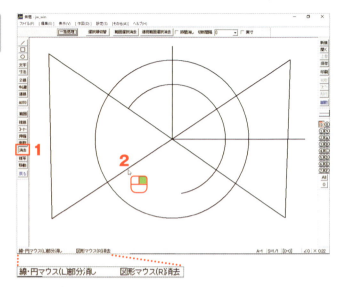

3 消去対象として右図の斜線を🖱。

> **POINT** 消去対象を確実に指示できるよう、複数の線や円・弧が交差する付近は避け、他の線と明瞭に区別できる位置で🖱してください。

➡ 🖱した線が消去される。

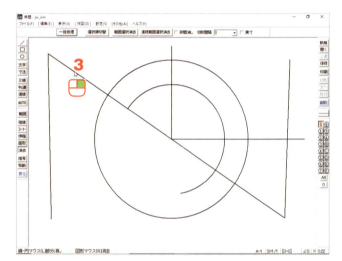

●円・弧を消しましょう。

4 消去対象として円弧を🖱。

➡ 🖱した円弧が消去される。

5 消去対象として円を🖱。

➡ 🖱した円が消去される。

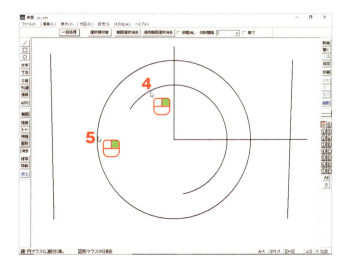

7 直前の操作を取り消す

●円を消す前の状態に戻しましょう。操作を間違った場合、1つ前の操作を取り消し、操作を行う前の状態に戻すことができます。

1 「戻る」コマンドを🖱。

> **POINT** 「戻る」コマンドは作図操作を1つ前に戻す指示です。「戻る」コマンドを🖱する代わりに Esc キーを押しても同じ働きをします。

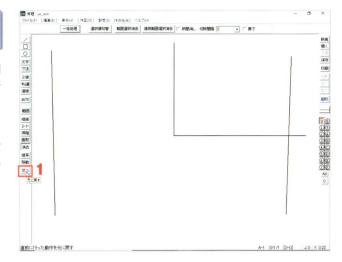

➡ 直前の「円を消す」操作が取り消され、円を消す前の状態に戻る。

> **POINT** 「戻る」コマンドを🖱することで、🖱した回数分、操作を取り消し、操作前の状態に戻すことができます。「戻る」コマンドを余分に🖱して戻しすぎた場合は、メニューバー[編集]を🖱し、表示されるメニューの「進む」を🖱で選択してください。「戻る」コマンドを🖱する前の状態に復帰できます。

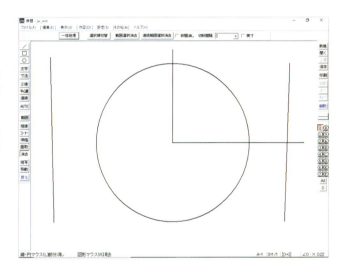

8 左右の線を消去する

●左右の2本の線を消しましょう。「戻る」コマンドを🖱して操作を取り消した後も、その前に使用していた「消去」コマンドが選択されたままです。

1 「消去」コマンドが選択されていることを確認し、消去対象として左の線を🖱。

➡ 🖱した線が消去される。

2 消去対象として右の線を🖱。

➡ 🖱した線が消去される。

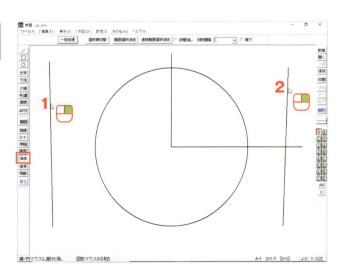

1▶1 線・円の作図と消去

9 水平線・垂直線を作図する

●中央の交点から左に水平線、下に垂直線を作図しましょう。

1 「／」コマンドを選択し、コントロールバー「水平・垂直」にチェックが付いていることを確認する。

2 始点として中央の交点を🖱し、左側に水平線を作図する。

3 始点として中央の交点を🖱し、下側に垂直線を作図する。

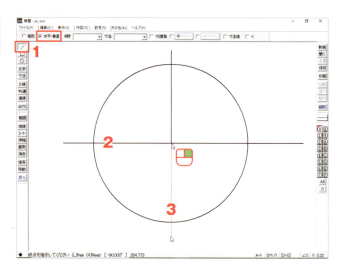

10 端点を結ぶ線を作図する

●水平線・垂直線の端点を結ぶ斜線を作図しましょう。

1 「／」コマンドのコントロールバー「水平・垂直」を🖱し、チェックを外す。

2 始点として垂直線の下端点を🖱。

3 終点として水平線の右端点を🖱。
　→ 2 と 3 の端点を結ぶ線が作図される。

4 次の始点として 3 の端点を🖱。

5 終点として垂直線の上端点を🖱。

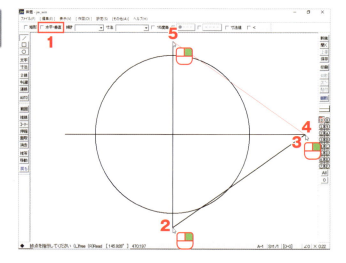

🖐 やってみよう

続けて、水平線・垂直線の線端点、円と水平線・垂直線の交点を結ぶ線を右図のように作図しましょう。

POINT 点がありません のメッセージが表示されても「戻る」コマンドを🖱して直前の操作を取り消さないでください。このメッセージは🖱した付近に読み取りできる点がないことを知らせるもので、操作の誤りを指摘するものではありません。あらためて読み取る点に正確にマウスポインタを合わせ🖱してください。

❓ 始点、終点指示時に誤って🖱した ➡p.247 Q05

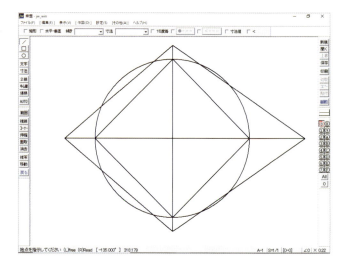

11 Jw_cadを終了する

● Jw_cadを終了しましょう。

1 メニューバー［ファイル］－「Jw_cadの終了」を🖱。

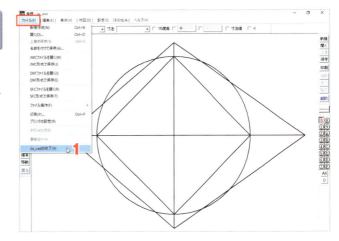

➡「無題への変更を保存しますか？」と表記されたウィンドウが開く。

> **POINT** このまま終了すると、作図ウィンドウの図は破棄されます。作図ウィンドウの図を残しておくには図面ファイルとして保存する必要があります。ここでは図面ファイルとして保存せずに終了しようとしているため、保存するか否かを確認するメッセージが表示されます。

2 ここでは図を残さない（保存しない）ため、「いいえ」ボタンを🖱。

➡ 作図ウィンドウの図を破棄してJw_cadが終了する。

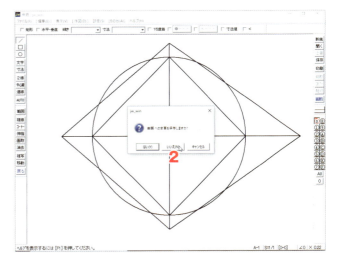

重要なPOINT ● 図面上の点の読み取り機能

CADで作図した線は、始点と終点の2つの座標点（X,Y）により構成されています。線の端には🖱で読み取りできる「端点」が存在し、線や円・弧が交差する位置には🖱で読み取りできる「交点」が存在します。

Jw_cadでは、線の始点・終点、円の中心点などの点を指示するときの操作メッセージに「(L)free (R)Read」が表示されます。

「(R)Read」は、既存の端点や交点を🖱することで、その座標点（X,Y）を読み取り、指示点として利用することを意味します。

「(L)free」は、🖱した位置に新しく座標点（X,Y）を作成し、指示点とすることを意味します。

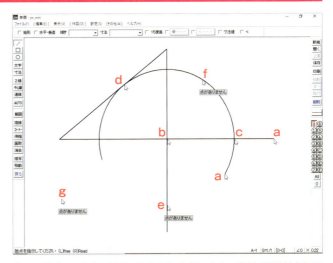

上図の端点**a**、交点**b**（線と線が交わる点）、交点**c**（線と円弧が交わる点）、接点**d**（線と円弧の接する点）は🖱で読み取りできる。点が存在しない線上**e**や円周上**f**、何もない位置**g**で🖱した場合、点がありませんと表示され、点指示できない。

1-2 寸法の決まった図の作図と図面保存

一般にCADで寸法を指定して図を作図する場合、その寸法は尺度（縮尺）にかかわりなく実寸で指定します。用紙サイズをA4、尺度を1：10（縮尺1/10）に設定し、下図を作図しましょう。作図した図は次の単元「**1-3** 図面を開き、かき加えて印刷」でも利用します。作図した図を必要なときに利用できるよう図面ファイルとして保存しましょう。

単位：mm

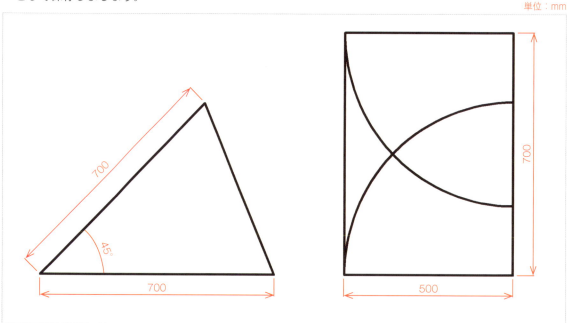

POINT 用紙サイズと用紙枠

ステータスバーの「用紙サイズ」ボタンに現在の用紙サイズが表示されています。
「基本設定」コマンドの「用紙枠を表示する」にチェックを付ける（p.15の **5**）ことで、用紙の範囲を示す用紙枠が作図ウィンドウにピンク色の点線で表示されます。本書の画面では、用紙枠はツールバーに重なり目立ちませんが、ワイド画面では左右の枠が右図のように表示されます。基本的に図は、この用紙枠内に作図します。

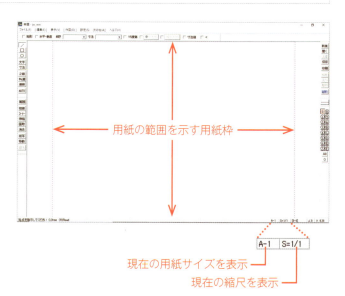

現在の用紙サイズを表示
現在の縮尺を表示

1 用紙サイズを設定する

ステータスバーの「用紙サイズ」ボタンの表示は、前回Jw_cadを終了したときの用紙サイズ（A1「A-1」）です。

●用紙サイズをA4「A-4」に変更しましょう。

1 ステータスバー「用紙サイズ」ボタンを🖱。

2 表示されるリストの「A-4」を🖱で選択する。

➡ 作図ウィンドウの用紙枠の範囲がA4用紙サイズに設定される。

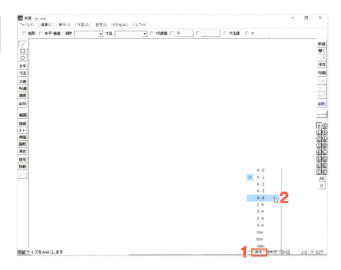

2 尺度（縮尺）を設定する

ステータスバーの「縮尺」ボタンの表示は、前回Jw_cadを終了したときの縮尺（「1/1」）です。

●縮尺を1/10に変更しましょう。

1 ステータスバー「縮尺」ボタンを🖱。

➡「縮尺・読取 設定」ダイアログが開く。

> **POINT** ダイアログの「縮尺」欄の「分母」ボックスの数値「1」は色反転しています。入力ボックスの数値が色反転しているときは、そのままキーボードの数字キーを押すことで、色反転している数値が消え、押した数字キーの数値が入力されます。

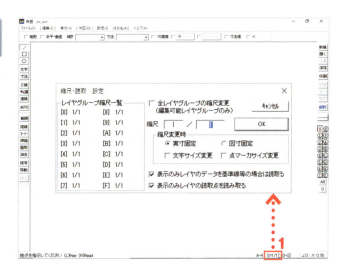

2 縮尺「分母」入力ボックスにキーボードから「10」を入力する。

> **POINT** Jw_cadでは数値入力後、Enterキーを押して入力数値を確定する必要はありません。この縮尺指定でEnterキーを押すと、「OK」ボタンを🖱したことになり、ダイアログが閉じます。

3 「OK」ボタンを🖱。

➡ ダイアログが閉じ、縮尺が1/10に変更される。

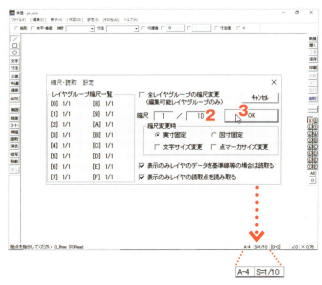

1▶2 寸法の決まった図の作図と図面保存

3 指定長さの線を作図する

●三角形の底辺となる長さ700mmの水平線を作図しましょう。決まった長さの線を作図するには、「／」コマンドのコントロールバー「寸法」ボックスに長さを指定します。

1 「／」コマンドを選択し、コントロールバー「寸法」ボックスを🖱。

➡「寸法」ボックスが入力状態になり入力ポインタが点滅する。

2 キーボードから「700」を入力する。

3 コントロールバー「水平・垂直」にチェックを付ける。

4 始点として右図の位置で🖱。

➡ 4の位置からマウスポインタの側に長さ700mmの水平線（または垂直線）が仮表示される。ステータスバーの操作メッセージの後ろには、仮線の角度と長さ（700mm）が表示される。

5 マウスポインタを右へ移動し、長さ700mmの水平線を仮表示した状態で終点を🖱。

➡ 4の位置から右へ長さ700mmの水平線が作図される。

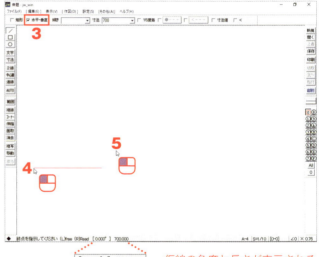

仮線の角度と長さが表示される

4 指定角度の線を作図する

●水平線の左端点から角度45°、長さ700mmの線を作図しましょう。作図する線の角度は、「／」コマンドのコントロールバー「傾き」ボックスに指定します。

1 「／」コマンドのコントロールバー「水平・垂直」のチェックを外す。

2 コントロールバー「寸法」ボックスに「700」が入力された状態で、「傾き」ボックスを🖱し、キーボードから「45」を入力する。

3 始点として水平線の左端点を🖱。

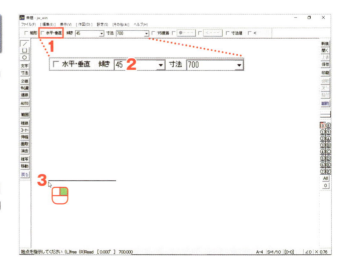

➡ **3**の端点からマウスポインタの側に角度45°、長さ700mmの線が仮表示される。操作メッセージの後ろには、仮表示の線の角度(45°)と長さ(700mm)が表示される。

4 マウスポインタを上へ移動し、右図のように仮線を表示した状態で終点を🖱。

➡ **3**の端点から角度45°、長さ700mmの線が作図される。

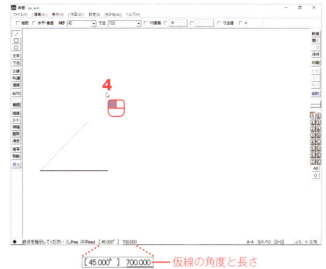

仮線の角度と長さ

5 角度・長さの指定を解除して線を作図する

コントロールバーの「傾き」ボックスに「45」、「寸法」ボックスに「700」が入力されたままでは、45°、700mmに固定された線しか作図できません。

● 角度と長さの指定を解除し、水平線と斜線の端点を結ぶ線を作図しましょう。

1 コントロールバー「傾き」ボックスの▼を🖱。

2 表示される履歴リストのスライドバーを調整し、一番上の「(無指定)」を🖱で選択する。

> **POINT** 履歴リストには、過去に入力した数値やはじめから用意されている数値が表示されます。一番上の「(無指定)」を選択することで、数値入力ボックスに何も入力していない(空白)指定にします。**1**〜**2**の操作の代わりに、「傾き」ボックスの数値を Delete キーで消しても同じ指定になります。

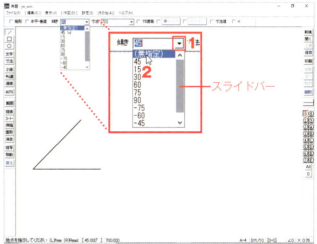

スライドバー

3 コントロールバー「寸法」ボックスの▼を🖱し、履歴リストから「(無指定)」を🖱で選択する。

4 始点として水平線の右端点を🖱。

5 終点として斜線の上端点を🖱。

➡ **4**と**5**の端点を結ぶ線が作図される。

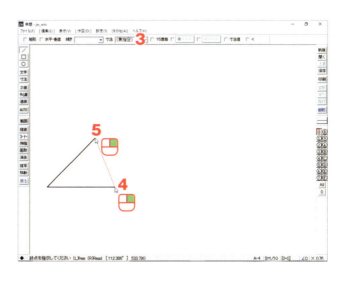

CADを使って機械や木工や製品の図面をかきたい人のためのJw_cad 8製図入門 **31**

1-2 寸法の決まった図の作図と図面保存

6 長方形の下辺と左辺になる線を作図する

●三角形の底辺と揃えて長方形を作図するため、三角形の右下角から長方形の下辺となる水平線を作図しましょう。

1 「／」コマンドのコントロールバー「水平・垂直」にチェックを付ける。

2 始点として三角形の右下角を🖱。

3 マウスポインタを右へ移動し、右図の位置で🖱。
  ➡ 2の点から3の位置まで水平線が作図される。

●長方形の左辺となる垂直線を水平線と交差するように作図しましょう。次の単元「1-3 図面を開き、かき加えて印刷」で、さらに右に図形をかき加えるため、そのスペースを考慮して左辺となる垂直線を作図してください。

4 始点として右図の位置で🖱。

5 終点として右図の位置で🖱し、垂直線を作図する。

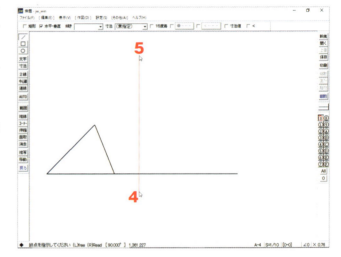

7 線の一部を消去する

長方形の左下角を作るため、水平線と垂直線の交点から左と下の部分を消します。線の一部分を消すには、「消去」コマンドで対象線を🖱し、消す範囲を指示します。

●水平線の交点から左を消しましょう。

1 「消去」コマンドを選択する。

2 部分消しの対象線として右図の水平線を🖱（部分消し）。

> **POINT** 線や円・弧の一部を消すには、「消去」コマンドで、はじめに一部を消す線や円・弧を🖱し、次にどこからどこまで消すかを指示します。

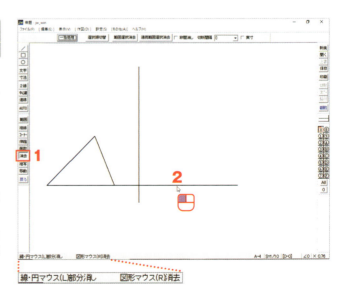

➡ 🖱した線が、部分消しの対象線として選択色になる。操作メッセージは「線 部分消し 始点指示(L)free (R)Read」になる。

3 消し始めの位置(始点)として水平線の左端点を🖱(Read)。

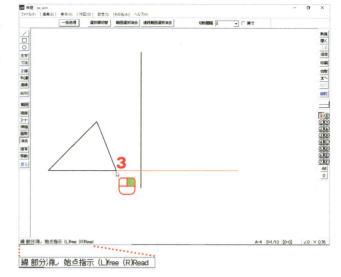

➡ 🖱した位置が部分消しの始点になり、赤い○が仮表示される。操作メッセージは「線 部分消し ◆終点指示(L)free (R)Read」になる。

4 消し終わりの位置(終点)として垂直線との交点を🖱(Read)。

➡ 選択色で表示されていた水平線の **3**ー**4** 間が消去され、元の色(黒)に戻る。

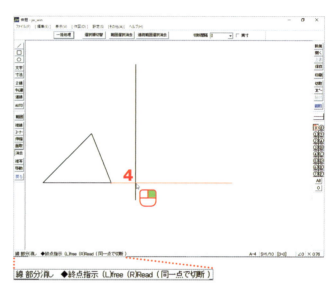

● 続けて垂直線の交点から下の部分を消しましょう。

5 部分消しの対象線として垂直線を🖱(部分消し)。

➡ 🖱した垂直線が、部分消しの対象線として選択色になる。

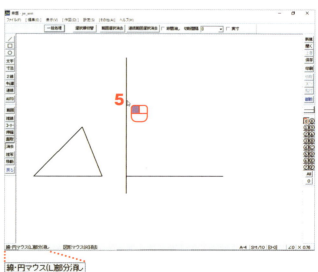

1・2 寸法の決まった図の作図と図面保存

6 消し始めの点として水平線との交点を🖱。

➡ 🖱した点が部分消しの始点になり、赤い〇が仮表示される。操作メッセージは「線 部分消し ◆終点指示 (L)free (R)Read」になる。

7 消し終わりの点として垂直線の下端点を🖱。

➡ 選択色で表示されていた垂直線の **6－7** 間が消去される。

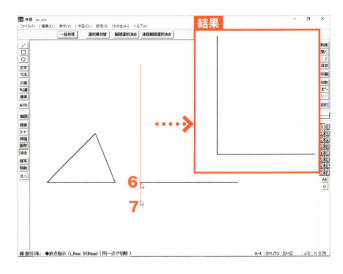

8 水平線・垂直線を平行複写する

垂直線を500mm右に、水平線を700mm上に平行複写することで、長方形の右辺、上辺を作図します。線の平行複写は「複線」コマンドで、複写の間隔を指定して行います。

● 垂直線を500mm右に平行複写しましょう。

1「複線」コマンドを選択する。

2 コントロールバー「複線間隔」ボックスに「500」を入力する。

> **POINT**「複線間隔」ボックスの数値は色反転しているため、入力ボックスを🖱せずに直接キーボードから「500」を入力できます。「複線」コマンドでは、指示した線（基準線）をコントロールバー「複線間隔」ボックスで指定の間隔で平行複写します。操作メッセージの「複線にする図形を選択してください マウス(L) 前回値 マウス(R)」の「前回値」はコントロールバーの「複線間隔」ボックスの数値を指します。

3 平行複写の基準線（複写元の線）として垂直線を🖱。

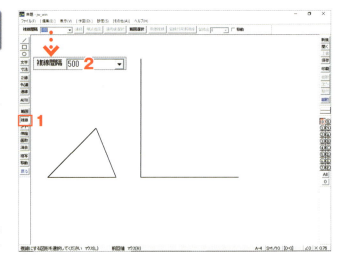

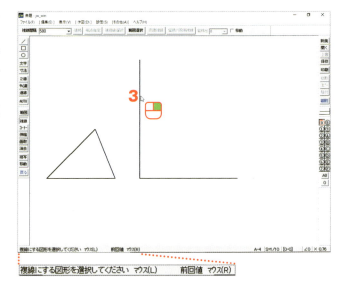

➡ 🖱した垂直線が複線の基準線として選択色になり基準線から500mm離れた位置に平行線が仮表示される。操作メッセージは「作図する方向を指示してください」になる。

❓ 平行線が仮表示されない ➡ p.247 Q07

POINT この段階で、**3**で指示した基準線の左右にマウスポインタを移動することで、平行線がマウスポインタの側に仮表示されます。次の**4**の操作で、平行線を基準線の左右どちら側に作図するかを指示します。

4 マウスポインタを右へ移動し、基準線の右側に平行線が仮表示された状態で🖱。

➡ 作図方向が確定し、基準線とした垂直線から500mm右に垂直線が平行複写される。

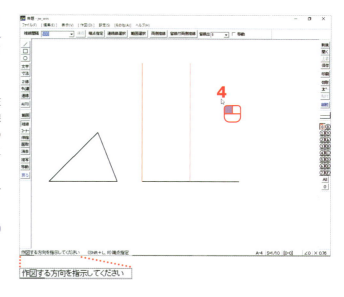

● 水平線を700mm上に平行複写しましょう。

5 コントロールバー「複線間隔」ボックスに「700」を入力する。

6 平行複写の基準線として水平線を🖱。

POINT **6**で誤って🖱するとコントロールバー「複線間隔」ボックスは空白になり、入力ポインタが点滅した数値入力状態になります。その場合は、キーボードから複線間隔「700」を再度入力してください。

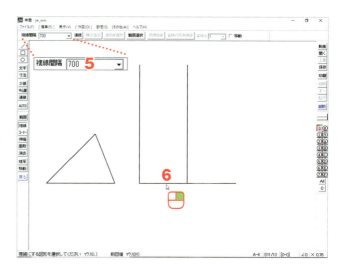

➡ 🖱した基準線から700mm離れた位置に平行線が仮表示され、操作メッセージは「複線方向を指示マウス(L)」になる。

7 マウスポインタを上へ移動し、基準線の上側に平行線が仮表示された状態で🖱。

➡ 作図方向が確定し、基準線とした水平線から700mm上に水平線が平行複写される。

POINT 以降、平行複写された線を「複線」と呼びます。

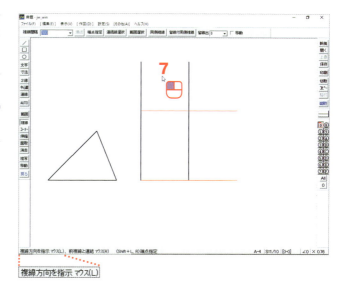

1▶2 寸法の決まった図の作図と図面保存

9 線の一部を消して角を作る

●長方形の左上の角を作るため、左の垂直線の水平線から突き出た部分を「消去」コマンドで部分消ししましょう。

1 「消去」コマンドを選択する。
2 部分消しの対象線として左の垂直線を🖱。
  → 2の線が部分消しの対象線として選択色になる。
3 消し始めの点として水平線との交点を🖱。
4 消し終わりの点として垂直線の上端点を🖱。
  → 2の線の 3－4 間が消去される。

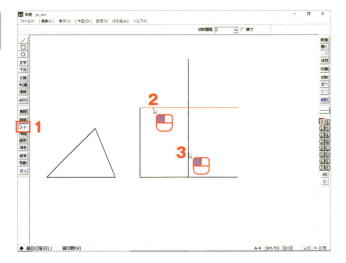

10 「コーナー」コマンドで線の交点に角を作る

●右上の角は「コーナー」コマンドで作りましょう。「コーナー」コマンドは2本の線を指示することで、その交点に角をつくります。

1 「コーナー」コマンドを選択する。
2 線(A)として水平線を右図の位置で🖱。
  → 🖱した線が選択色になり、🖱位置に水色の○が仮表示される。
3 線【B】として垂直線を右図の位置で🖱。
  → 指示した2本の線の交点に次図のように角が作られる。

●右下の角も作りましょう。

4 線(A)として垂直線を🖱。
  → 🖱した線が選択色になり、🖱位置に水色の○が仮表示される。
5 線【B】として水平線を右図の位置で🖱。

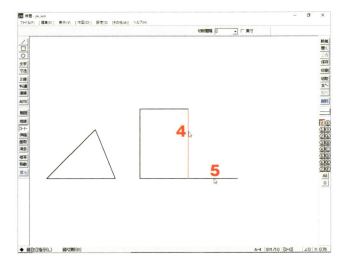

➡ 2本の線の交点に対し、🖱した側の線を残して右図のように角が作られる。

> **POINT** 「コーナー」コマンドでは、2本の線の交点に対し、🖱した側の線を残して角（コーナー）を作ります。交差する2本の線を指示するとき、その交点に対し、線を残す側で🖱してください。

● コーナー作成操作を取り消し、元に戻しましょう。

6「戻る」コマンドを🖱。

➡ **4**〜**5**の操作前に戻る。

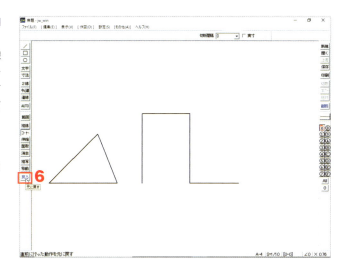

● 交点に対して残す側で線を🖱し、右下の角を作り直しましょう。

7 線(A)として垂直線を🖱。

➡ 🖱した線が選択色になり、🖱位置に水色の○が仮表示される。

8 線【B】として水平線を、交点より左側で🖱。

➡ 結果の図のように右下の角が作られ、長方形になる。

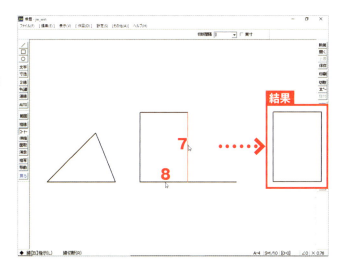

11 指定半径の円を作図する

●「○」コマンドのコントロールバー「半径」ボックスに半径を指定して、半径500mmの円を作図しましょう。

1「○」コマンドを選択し、コントロールバー「半径」ボックスに「500」を入力する。

➡ マウスポインタに円中心を合わせて半径500mmの円が仮表示され、操作メッセージは「円位置を指示してください」になる。

2 円位置として長方形の右上角を🖱（Read）。

➡ **2**の角に円の中心を合わせて半径500mmの円が作図される。マウスポインタには半径500mmの円が仮表示されており、さらに円の作図位置を🖱または🖱することで続けて同じ大きさの円を作図できる。

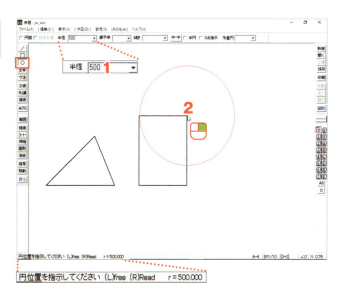

12 円の一部を消去する

●長方形の外側の円部分を消去しましょう。線の場合と同様に「消去」コマンドの部分消しで行います。

1「消去」コマンドを選択する。

2 部分消しの対象として円を🖱。

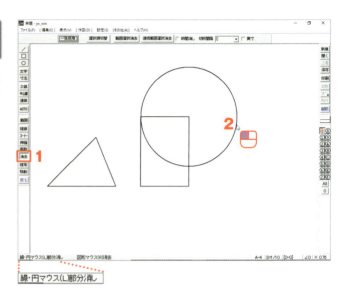

➡ 部分消しの対象として **2** の円が選択色になる。円を指示したため、操作メッセージは「円 部分消し（左回り）始点指示」になる。

> **POINT** 円・弧の部分消しは、始点ー終点の指示を左回りで行います。

3 部分消しの始点として下の交点を🖱。

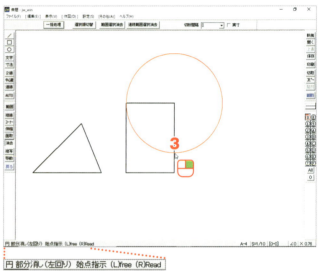

➡ 🖱した位置が部分消しの始点になり、赤い○が仮表示される。操作メッセージは「円部分消し（左回り）●終点指示」になる。

4 部分消しの終点として上の交点を🖱。

➡ 結果の図のように **3** から左回りに **4** までの間が部分消しされる。

❓ 残したい部分が消えた ➡ p.248 Q08

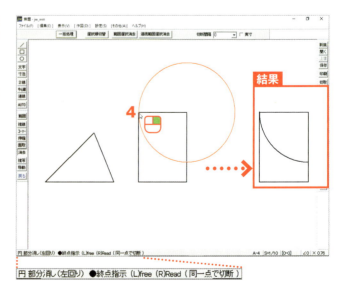

13 円弧の端点付近を拡大表示する

円弧の端点が線や角からはみ出して見える場合があります。

● その部分を拡大表示して確認しましょう。拡大表示はマウスの両ボタンドラッグで行います。

1 拡大する範囲の左上にマウスポインタをあわせ🖱↘(マウスの左右両方のボタンを押したまま右下方向へマウスを移動)。

→ 拡大 と **1** の位置を対角とする拡大枠がマウスポインタまで表示される。

2 拡大枠で右図のように拡大する部分を囲み、マウスボタンをはなす。

→ 拡大枠で囲んだ部分が作図ウィンドウに拡大表示される。

❓ 拡大枠が表示されず、図が移動する、または図が消えてしまう → p.248 Q09

POINT 画面の表示倍率によって、円弧と直線の交点が正確に表示されないことがあります。そのような場合は、交点付近を拡大表示することで正しい状態を確認してください。

❓ 拡大しても円弧の端点がはみ出している
→ p.248 Q10

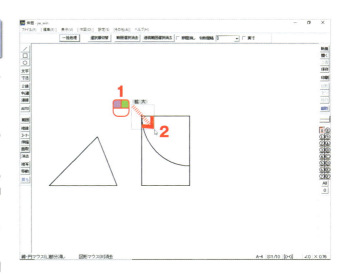

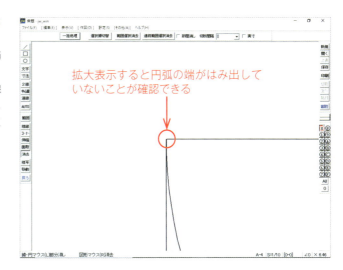

拡大表示すると円弧の端がはみ出していないことが確認できる

14 用紙全体を表示する

● 円弧の端点がはみ出していないことが確認できたら、作図ウィンドウを用紙全体表示に戻しましょう。

1 作図ウィンドウにマウスポインタをおき🖱↗全体(マウスの左右両方のボタンを押したまま右上方向にマウスを移動し、全体が表示されたらボタンをはなす)。

→ 作図ウィンドウに用紙全体が表示される。コマンドは、前項で拡大表示したときに選択されていた「消去」コマンドのままである。

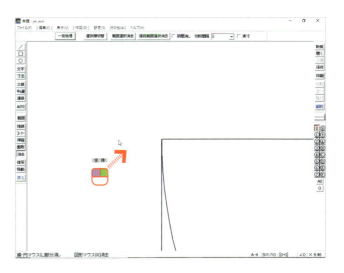

CADを使って機械や木工や製品の図面をかきたい人のための Jw_cad 8 製図入門 **39**

1・2 寸法の決まった図の作図と図面保存

15 指定半径の円弧を作図する

●長方形の右下角を中心に半径500mmの1/4円弧を作図しましょう。

1 「○」コマンドを選択し、コントロールバー「円弧」にチェックを付け、「半径」ボックスに「500」が入力されていることを確認する。

　→ マウスポインタに円中心を合わせて半径500mmの円が仮表示され、操作メッセージは「円位置を指示してください」になる。

2 円位置として長方形の右下角を🖱。

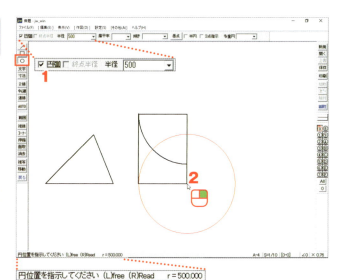

　→ 2を中心として半径500mmの円が仮表示され、操作メッセージは「円弧の始点を指示してください」になる。

3 円弧の始点位置として長方形の右上角を🖱。

　→ 3を始点とする半径500mmの円弧がマウスポインタまで仮表示され、操作メッセージは「◆　終点を指示してください」になる。

4 マウスポインタを左回りに移動し、円弧の終点として長方形の左下角を🖱。

　→ 2を中心とする半径500mmの1/4円弧が作図される。

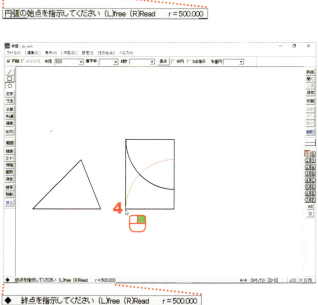

16 円弧どうしの角を作る

●長方形を拡大表示したうえで、2つの1/4円弧どうしで角を作りましょう。

1 「コーナー」コマンドを選択する。

2 長方形の左上位置から 🖱↘ 拡大 し、表示される拡大枠で長方形を囲み、マウスボタンをはなす。

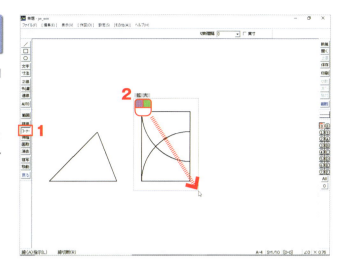

3 線（A）として下の円弧を、右図の位置で🖱。

> **POINT** 「コーナー」コマンドでは、線と円弧や円弧どうしの角も作成できます。角を作る線・円弧を指示するとき、その交点に対し、線・円弧を残す側で🖱してください。

4 線【B】として上の円弧を、右図の位置（交点より左側）で🖱。

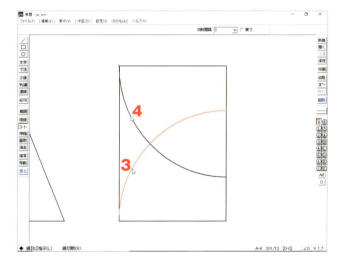

➡ 2本の円弧の交点に対し、🖱した側の円弧を残して右図のように角が作られる。

5 作図ウィンドウで 🖱↗ 全体 し、用紙全体表示にする。

> **POINT** 拡大表示 🖱↘ 拡大 や用紙全体表示 🖱↗ 全体 は、選択コマンドの操作途中、いつでも行えます。

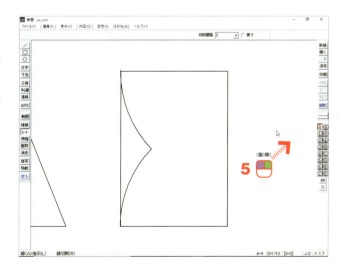

1▶2 寸法の決まった図の作図と図面保存

17 図面ファイルとして保存する

ここでJw_cadを終了すると、これまで作図した図は破棄されます。

●作図した図を必要なときに利用できるよう、図面ファイルとして保存しましょう。

1 メニューバー［ファイル］－「名前を付けて保存」を🖱。

> **POINT** **1**の操作の代わりに、右のツールバーの「保存」コマンドを🖱しても同じです。

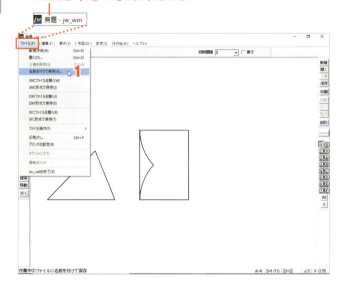

図面を保存していない場合、タイトルバーに「無題－jw_win」と表示される

➡「ファイル選択」ダイアログが開く。左側のフォルダーツリーでは、「C」ドライブ下にツリー表示されている「JWW」フォルダーが開いており、「JWW」フォルダー内の図面ファイルが右側に一覧表示される。

●保存場所としてCドライブの「jww-prim」フォルダーを指定しましょう。

2 フォルダーツリーで、「C」ドライブ下にツリー表示されている「jww-prim」フォルダーを🖱。

> ❓「jww-prim」フォルダーがない ➡ p.248 Q11

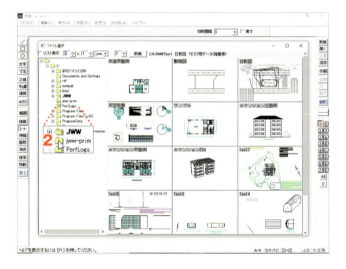

➡「jww-prim」フォルダーが開き、その中に収録されている図面ファイルが右側に一覧表示される。

●開いた「jww-prim」フォルダーに、「1-2」というファイル名で保存しましょう。

3「新規」ボタンを🖱。

➡「新規作成」ダイアログが開く。

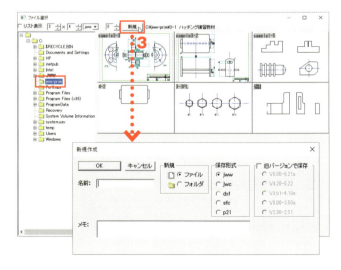

4 キーボードから図面の名前（ファイル名）「1-2」を入力する。

> **POINT** 「新規作成」ダイアログの「名前」ボックスでは入力ポインタが点滅しているため、「名前」ボックスを🖱せずに、直接キーボードから入力できます。名前を入力後、Enterキーを押す必要はありません。Enterキーを押すと「OK」ボタンを🖱したことになり、ダイアログが閉じ、図面が保存されます。

5 「メモ」ボックスを🖱。

→「メモ」ボックスで入力ポインタが点滅する。

> **POINT** 補足として「メモ」を入力できます。メモの入力を省略しても図面は保存できます。

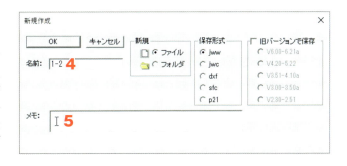

6 「メモ」ボックスに「作図練習」を入力する。

7 「OK」ボタンを🖱。

→ダイアログが閉じ、ここまで作図した図面が「jww-prim」フォルダに「1-2.jww」というファイル名で保存される。

> **POINT** Jw_cadの図面ファイルは、名前の後ろに「.jww」が付きます。この「．」（ピリオド）後の文字を「拡張子」と呼びます。Jw_cadの図面ファイルは、拡張子が「jww」であることから「JWWファイル」や「JWW形式のファイル」とも呼びます。

18 Jw_cadを終了する

● Jw_cadを終了しましょう。

1 タイトルバー右の ✕ （閉じる）を🖱。

> **POINT** メニューバー［ファイル］-「Jw_cadの終了」を選択する以外に、タイトルバー右の ✕ （閉じる）を🖱することでも終了できます。

→Jw_cadが終了する。

タイトルバーの表示は「無題-jw_win」から新規保存したファイル名「1-2.jww-jw_win」（または「1-2-jw_win」）に変わる

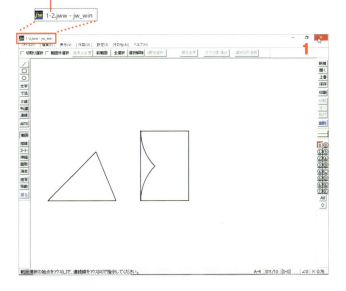

1-3 図面を開き、かき加えて印刷

前の単元「1-2 寸法の決まった図の作図と図面保存」で名前を付けて保存した図面ファイル「1-2」を開き、用紙の右の余白に下図右の図形をかき加えましょう。かき加えた図面は図面ファイル「1-2」に上書き保存します。また、図面をA4用紙に印刷しましょう。

単位：mm

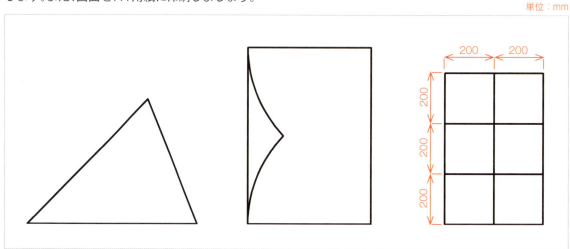

重要な POINT ● 拡大表示と全体表示（ズーム操作）

前の単元「1-2 寸法の決まった図の作図と図面保存」のp.39で学習した図面の一部を拡大表示するための操作と用紙全体表示に戻す操作は、Jw_cadで図面を作図するうえで、欠かすことのできない操作です。この単元からは、特に拡大操作指示が記載されていなくとも、必要を感じたら拡大表示操作を行って作図してください。これらのズーム操作は、選択コマンドの操作途中、いつでも行えます。

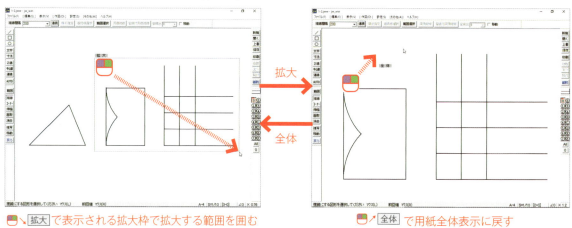

拡大 で表示される拡大枠で拡大する範囲を囲む　　全体 で用紙全体表示に戻す

p.15の**10**の指定により、キーボードの矢印キーでの画面のスライド、PgUp（PageUp）キーでの画面拡大、PgDn（PageDown）キーでの画面縮小、Homeキーでの全体表示も可能です。

1 図面ファイルを開く

● 前の単元「**1-2** 寸法の決まった図の作図と図面保存」で保存した図面ファイル「1-2」を開きましょう。

1 メニューバー［ファイル］-「開く」を選択する。

> **POINT** メニューバー［ファイル］を🖱で表示されるメニューの下方には、1つ前に保存（または開いた）図面ファイルの保存場所とファイル名が履歴として表示されています。この履歴を🖱することでも、その図面ファイルを開くことができます。ただし、過去に保存（または開いた）場所から図面ファイルを移動・削除やファイル名変更をした場合には開けません。

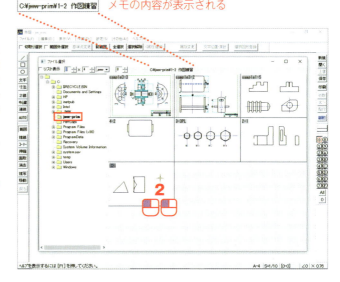

履歴リスト

選択されている（ファイル名が色反転して表示）図面ファイルの保存場所とファイル名とメモの内容が表示される

➡ 図面ファイルを選択するための「ファイル選択」ダイアログが開く。左のフォルダーツリーでは、前回「ファイル選択」ダイアログで指定したフォルダーが開いている。ここでは、Cドライブの「jww-prim」フォルダーが開き、右側にその中の図面ファイルが一覧表示される。

2 図面ファイル「1-2」の枠内にマウスポインタをおき🖱🖱。

❓ 保存したはずの図面ファイル「1-2」がない ➡ p.249 Q12

➡ 図面ファイル「1-2」が開く。

2 図形の下辺と左辺を作図して左下の角を作る

開いた図面の右の余白に、既存の長方形と下辺を揃えて図形をかき加えます。

● 下辺、左辺となる水平線、垂直線を交差せずに作図しましょう。

1「／」コマンドを選択し、コントロールバー「水平・垂直」にチェックを付ける。

2 長方形の右下角を始点として右図のように水平線を作図する。

3 始点として水平線より上で🖱。

4 終点として右図の位置で🖱。

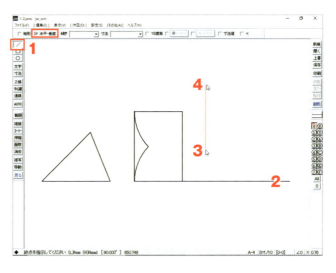

1▶3 図面を開き、かき加えて印刷

◉水平線と垂直線で長方形の左下の角を作りましょう。「コーナー」コマンドでは、2本の線が交差していない場合にも角を作ることができます。

5「コーナー」コマンドを選択する。

6 線(A)として垂直線を🖱。

7 線【B】として水平線を右図の位置で🖱。

> **POINT** 交差していない2本の線を指示する場合も、2本の線の延長上の交点(仮想交点)に対し、線を残す側で🖱します。

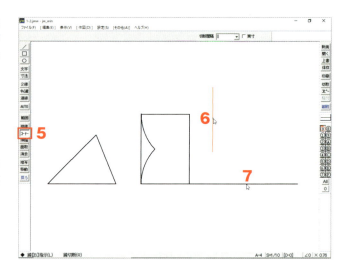

➡ 右図のように角が作られる。

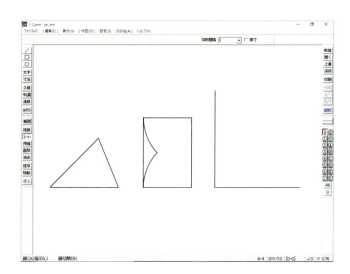

3 同じ間隔で複数の複線を作図する

◉垂直線から200mm右に複線を作図しましょう。

1「複線」コマンドを選択する。

2 コントロールバー「複線間隔」ボックスに「200」を入力する。

3 基準線として垂直線を🖱。

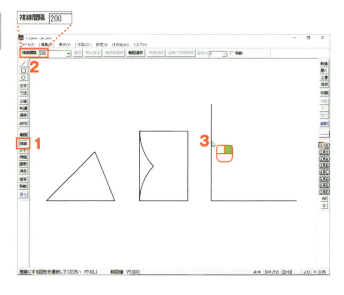

➡ 🖱した垂直線が基準線として選択色になり、200mm離れた位置に複線が仮表示される。操作メッセージは「作図する方向を指示してください」になる。

❓ 平行線が仮表示されない ➡ p.247 Q07

4 マウスポインタを右に移動し、基準線の右側に複線が仮表示された状態で作図方向を決める🖱。

➡ 基準線の垂直線から200mm右に複線が作図される。

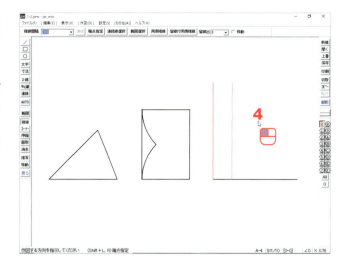

● **4**で作図した複線から同間隔（200mm）で右側にもう1本複線を作図しましょう。

5 基準線として**4**で作図した複線を🖱。

➡ 🖱した線が基準線として選択色になり、200mm離れた位置に複線が仮表示される。

6 基準線の右側に複線を仮表示した状態で作図方向を決める🖱。

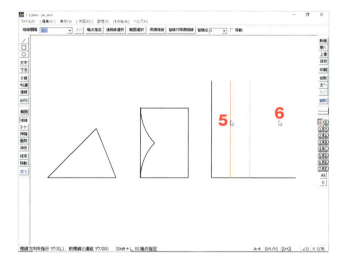

● 水平線から200mm上に複線を作図しましょう。

7 基準線として水平線を🖱。

➡ 🖱した水平線が基準線として選択色になり、200mm離れた位置に複線が仮表示される。

8 マウスポインタを上へ移動し、基準線の上側に複線が仮表示された状態で作図方向を決める🖱。

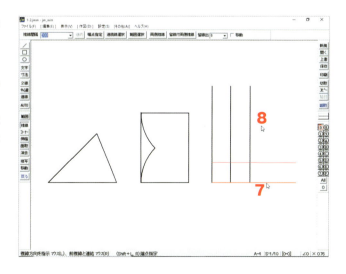

1▶3 図面を開き、かき加えて印刷

●前回と同じ間隔で同じ方向に、さらに2本の複線を作図しましょう。ここではコントロールバーの「連続」ボタンを使います。

9 コントロールバー「連続」ボタンを🖱。

> **POINT** コントロールバー「連続」ボタンを🖱することで、直前に作図した複線と同じ間隔で同じ方向に🖱した回数分の複線を作図します。

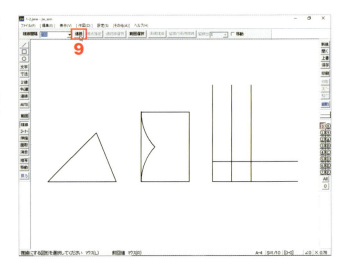

➡ **8**で作図した水平線から200mm上に複線が作図される。

10 コントロールバー「連続」ボタンを🖱。

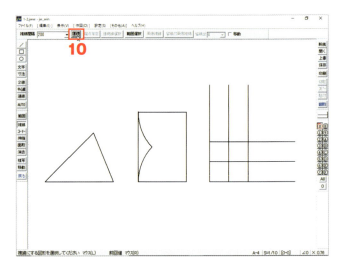

➡ **9**で作図した水平線から200mm上にさらに複線が作図される。

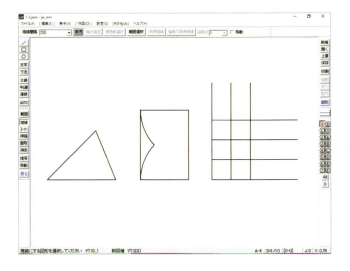

48　CADを使って機械や木工や製品の図面をかきたい人のためのJw_cad 8 製図入門

4 線を基準線まで縮める

●これから操作を行う右の2つの図形を拡大表示しましょう。

1 右図の位置から🖱↘ 拡大 し、表示される拡大枠で右図のように囲み、マウスボタンをはなす。

➡ 拡大枠で囲んだ範囲が拡大表示される。

❓ 拡大枠が表示されず、図が移動する、または図が消えてしまう ➡ p.248 Q09

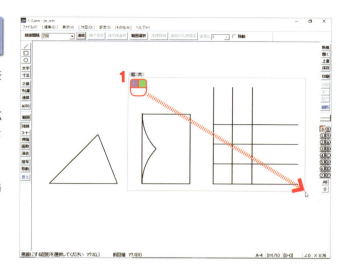

●4本の水平線を右の垂直線まで縮めましょう。「伸縮」コマンドを選択し、はじめに伸縮の基準線を指定します。

2 「伸縮」コマンドを選択する。

3 伸縮の基準線として右の垂直線を🖱🖱（基準線指定）。

> **POINT** 操作メッセージの「基準線指定（RR）」の（RR）は🖱🖱（右ボタンのダブルクリック）のことです。🖱と🖱の間にマウスポインタを動かさないように注意してください。マウスポインタが動くと、🖱（線切断）を2回指示したことになり、その位置で線が切断されてしまいます。

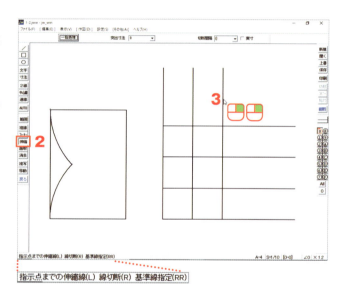

指示点までの伸縮線(L) 線切断(R) 基準線指定(RR)

➡ 🖱🖱した垂直線が伸縮の基準線として選択色になる。操作メッセージは「基準線までの伸縮線(L)」になる。

❓ 線の表示色が変わらず、線上に赤い○が表示される ➡ p.249 Q13

●基準線まで縮める線を指示しましょう。

4 基準線まで縮める線（伸縮線）として一番上の水平線を基準線の左側で🖱。

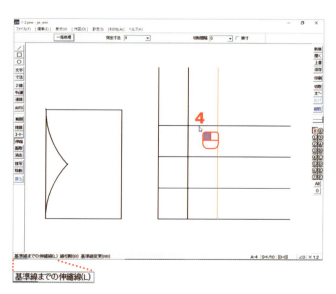

基準線までの伸縮線(L)

1▶3 図面を開き、かき加えて印刷

➡ 🖱した線が右図のように基準線まで縮む。

POINT 伸縮基準線を変更するか、他のコマンドを選択するまでは、伸縮する線を🖱することで続けて同じ基準線まで伸縮できます。

5 基準線までの伸縮線として次の水平線を基準線の右側で🖱。

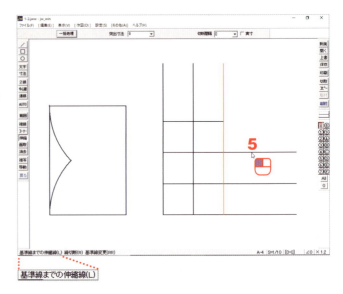

➡ 右図のように基準線の右側を残して縮む。

POINT 選択色で表示されている基準線に対して、伸縮線の🖱した側が残るよう縮みます。伸縮線の指示は、必ず基準線に対して、残す側を🖱してください。

●伸縮操作を取り消し、元に戻しましょう。

6「戻る」コマンドを🖱。

➡ **5**の操作前の状態に戻る。

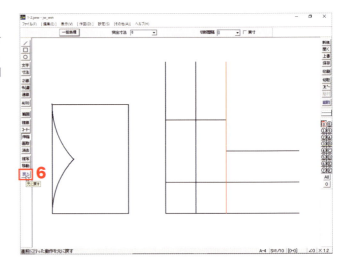

●伸縮の基準線に対し、左側を残して縮むように正しい位置で指示しましょう。

7 基準線までの伸縮線として基準線の左側で水平線を🖱。

➡ 基準線に対し**7**で🖱した左側を残して縮む。

●残り2本の水平線も基準線に対して左側を残して縮めましょう。

8 伸縮線として次の水平線を基準線の左側で🖱。

9 伸縮線として次の水平線を基準線の左側で🖱。

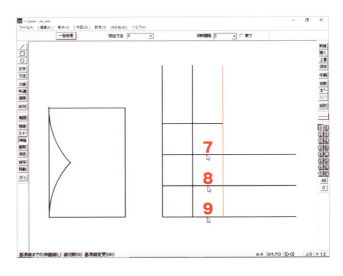

5 基準線を変更して伸縮する

●一番上の水平線を基準線に変更し、垂直線を縮めましょう。

1 基準線として一番上の水平線を🖱🖱（基準線変更）。

> **POINT** 操作メッセージに「基準線変更（RR）」と表示されているように、次に基準線にする線・円・弧を🖱🖱することで基準線に変更できます。

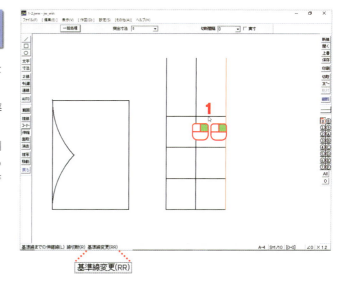

→ 🖱🖱した線が基準線として選択色になり、その前の基準線（右の垂直線）は元の色（黒）になる。

2 基準線までの伸縮線として左の垂直線を基準線の下側で🖱。

→ 2の線が、🖱した側を残して基準線まで縮む。

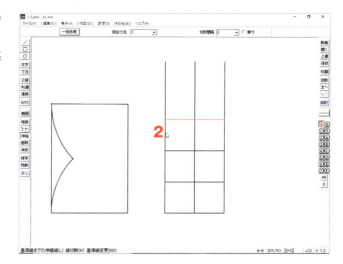

3 伸縮線として中央の垂直線を基準線の下側で🖱。

4 同様に右の垂直線を基準線の下側で🖱。

> **POINT** 選択色の基準線は、他のコマンドを選択すると元の色に戻ります。

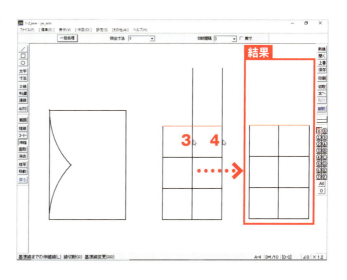

6 水平線を作図する

●中央の長方形の右上角から右の図形の右辺位置まで水平線を作図しましょう。

1 「／」コマンドを選択し、コントロールバー「水平・垂直」にチェックが付いていることを確認する。

2 始点として中央の長方形の右上角を🖱。

3 終点として右の図形の右上角を🖱。

→ **2** の点から右の図形の右辺の延長上までの水平線が作図される。

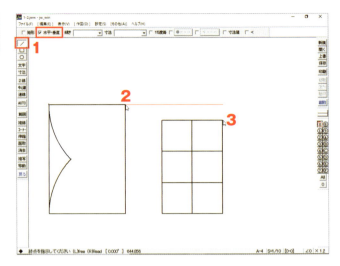

7 線を指定点まで縮める

●作図した水平線の左端を右の図形の左辺位置まで縮めましょう。

1 「伸縮」コマンドを選択する。

2 伸縮の対象線（指示点までの伸縮線）として水平線を右図の位置で🖱。

> **POINT** 「伸縮」コマンドでは、伸縮線とその伸縮位置を指示することでも線を伸縮できます。この方法で線を縮める場合、伸縮線を、次に指示する伸縮位置に対して残す側で🖱します。

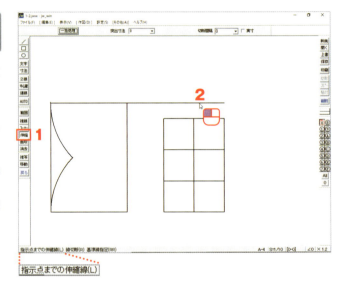

→ 🖱した位置に水色の○が仮表示され、操作メッセージは「伸縮点指示」になる。

3 伸縮する位置（伸縮点）として右の図形の左上角を🖱（Read）。

> **POINT** 縮める線は水平線であるため、**3** で左下角や間の水平線の左端点（左辺上の点）を🖱しても同じ結果になります。

→ 結果の図のように、水平線の左端が **3** の位置（左辺上）まで縮む。ステータスバーには「伸縮」コマンド選択時と同じ操作メッセージが表示される。

? 反対側が伸縮されて残った ⇒p.249 Q14

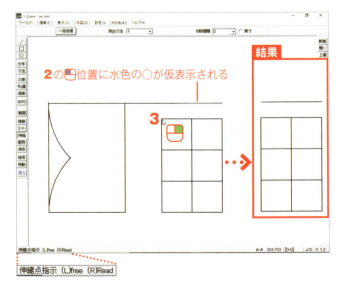

8 線を指定点まで伸ばす

●右の図形をさらに拡大表示し、前項と同じ方法で、垂直線を1本ずつ一番上の水平線まで伸ばしましょう。

1 右の図形をさらに拡大表示する。

参考：拡大表示→p.39

2 指示点までの伸縮線として左の垂直線を🖱。

➡ 🖱した位置に水色の○が仮表示され、操作メッセージは「伸縮点指示」になる。

3 伸縮点として一番上の水平線の端点を🖱（Read）。

➡ **2**で🖱した線が**3**の位置まで伸びる。

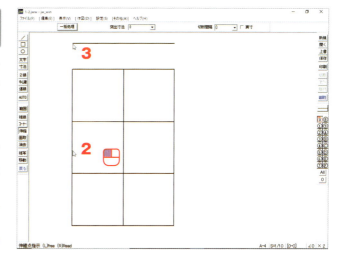

4 指示点までの伸縮線として中央の垂直線を🖱。

5 伸縮点として一番上の水平線の端点を🖱（Read）。

➡ **4**の線が**5**の位置まで伸びる。

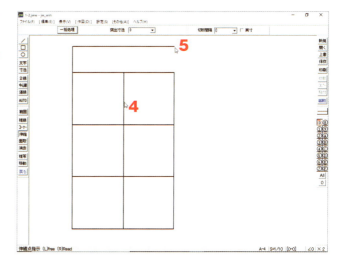

6 同様に右の垂直線も一番上の水平線まで伸ばす。

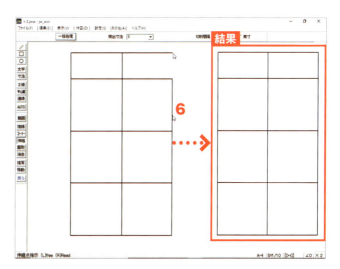

1▸3 図面を開き、かき加えて印刷

やってみよう

中央の垂直線を伸縮の基準線として右図のように水平線を互い違いに伸縮しましょう。

参考：基準線までの伸縮→p.49

基準線の選択色は、「／」コマンドを選択することで元の色に戻ります。

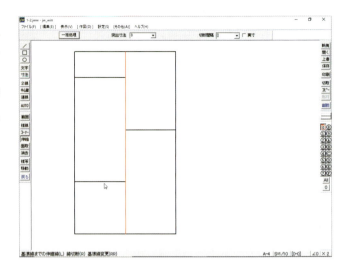

9 図面を上書き保存する

●図面ファイル「1-2」に、ここまでかき加えた図を上書き保存しましょう。

1 メニューバー［ファイル］－「上書き保存」を選択する。

➡ 図面ファイル「1-2」に上書き保存される。

> **POINT** 上書き保存することで、作図ウィンドウ上の図が図面ファイル「1-2」になります。上書き保存前の図（p.45で開いた図）は破棄されます。**1** の操作の代わりに右のツールバーの「上書」コマンドを🖱することでも上書き保存できます。

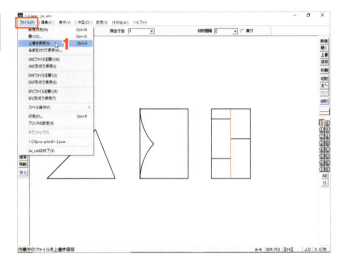

10 図面をA4用紙に印刷する

●図面をA4用紙に印刷しましょう。

1 メニューバー［ファイル］－「印刷」を選択する。

➡ 「印刷」ダイアログが開く。

2 「印刷」ダイアログの「プリンター名」が印刷するプリンターになっていることを確認し、「OK」ボタンを🖱。

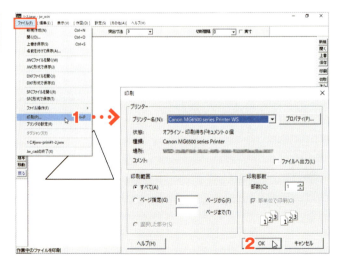

➡ ダイアログが閉じ、現在設定されているプリンターの用紙サイズ、用紙の向きで、赤い印刷枠が表示される。

POINT 印刷枠は、**2**で確認したプリンターの印刷可能な範囲を示します。指定用紙サイズより一回り小さく、プリンター機種によっても、その大きさは異なります。

3 用紙サイズと印刷の向きを確認、変更するため、コントロールバー「プリンタの設定」ボタンを🖱。

➡「プリンターの設定」ダイアログが開く。

4「プリンターの設定」ダイアログで用紙サイズ「A4」、印刷の向き「横」を選択し、「OK」ボタンを🖱。

➡ ダイアログが閉じ、印刷枠がA4・横向きになる。

5 A4・横の印刷枠に図面全体が入ることを確認し、コントロールバーの「印刷」ボタンを🖱。

❓ 印刷枠の片側に図面が寄っている ➡ p.250 Q17

➡ 図面が印刷される。印刷完了後も「印刷」コマンドのままである。

POINT 再度コントロールバー「印刷」ボタンを🖱でもう1枚図面を印刷できます。コントロールバー「印刷(L)」「変更(R)」の表記(L)と(R)は、🖱と🖱を示します。「印刷(L)」ボタンを🖱せずに作図ウィンドウで🖱しても「印刷」ボタンを🖱したことになり、図面が印刷されます。

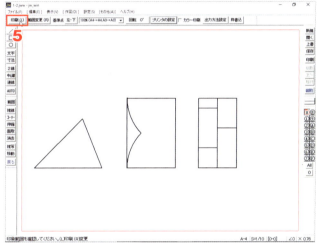

重要な POINT ● 線の太さについて

印刷した図面の線はすべて同じ太さです。これはすべての線を同じ線色2（黒）で作図したためです。Jw_cadには、これまで作図した線色（黒）を含め8色の標準線色があります。8色の線色を使い分けることで、細線・中線・太線など8種類の線の太さを表現できます。印刷する線の太さは線色ごとにmm単位で指定できるため、黒で作図した線を今より太く、あるいは細く印刷することも可能です。
また、これまではすべて実線で作図しましたが、Jw_cadには点線・一点鎖線・二点鎖線など8種類の線種が用意されています。

太さ別の8線色と印刷されない補助線色

8種類の線種と印刷されない補助線種

1▶3 図面を開き、かき加えて印刷

11 書込線の線色・線種を変更する

●これから作図する線(「書込線」と呼ぶ)を「線色6(青)・一点鎖2」に変更しましょう。

1「印刷」コマンドを終了するため、「／」コマンドを選択する。

2 右のツールバーの「線属性」コマンドを🖱で選択する。

➡「線色2(黒)」と「実線」が指定された(ボタンが凹状態)「線属性」ダイアログが開く。

3「線色6」ボタンを🖱。

➡「線色6」が書込線色になり、ボタンが凹状態になる。

4「一点鎖2」ボタンを🖱。

➡「一点鎖2」が書込線種になり、ボタンが凹状態になる。

5「Ok」ボタンを🖱。

➡ ダイアログが閉じ、書込線が「線色6・一点鎖2」になり、ツールバー「線属性」コマンド下の「線属性」バーの表示が「線色6(青)・一点鎖2」になる。

POINT「線属性」バーには、書込線(線色・線種)が表示されます。「線属性」コマンドと「線属性」バーのどちらを🖱しても「線属性」ダイアログが開き、書込線の線色・線種を変更できます。

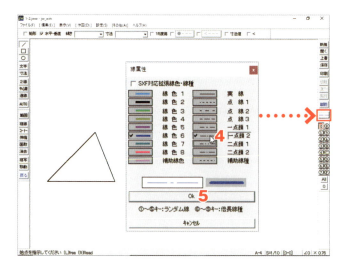

12 線・点間の中心線を作図する

●「線色6(青)・一点鎖2」の書込線で中央の長方形に中心線を作図しましょう。

1「中心線」コマンドを選択する。

➡ 操作メッセージは「1番目の線・円をマウス(L)で、読取点をマウス(R)で指示してください」になる。

POINT「中心線」コマンドは、2点間または2線間、線と点間の中心線を任意の長さで作図します。線は🖱、点は🖱で指示します。

2 1番目の線として上辺を🖱。

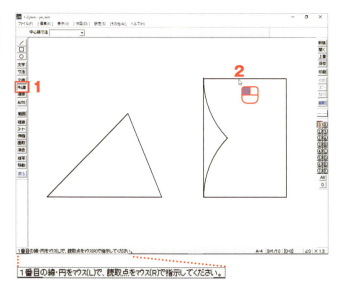

➡ 操作メッセージは「○2番目の線・円をマウス(L)で、読取点をマウス(R)で指示してください」になる。

3 2番目の線として下辺を🖱。

➡ **2**と**3**(2線間)の中心線の作図位置が確定し、操作メッセージは「始点を指示してください」になる。

4 中心線の始点として右上角を🖱。

➡ 右辺の中点位置からマウスポインタまで、中心線が一点鎖線で仮表示される。操作メッセージは「◆ 終点を指示してください」になる。

5 中心線の終点として円弧の交点を🖱。

➡ **2**と**3**(2線間)の中心線が、書込線「線色6・一点鎖2」で**4**から**5**まで作図される。

●垂直方向の中心線を作図しましょう。

6 1番目の線として右辺を🖱。

7 2番目の点として一点鎖線の左端点を🖱。

> **POINT** 点を対象にする場合は、🖱で指示します。ここでは**6**で右辺を🖱しましたが、**6**で一点鎖線の右端点を🖱しても、作図される中心線は同じです。

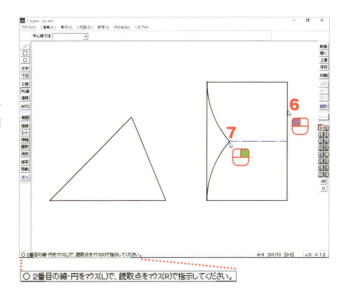

CADを使って機械や木工や製品の図面をかきたい人のための Jw_cad 8 製図入門 **57**

1▶3 図面を開き、かき加えて印刷

8 中心線の始点として右上角を🖱。

→ 上辺からマウスポインタまで、中心線が一点鎖線で仮表示される。操作メッセージは「◆ 終点を指示してください」になる。

9 中心線の終点として右下角を🖱。

→ **6**と**7**（線と点間）の中心線が、書込線「線色6・一点鎖2」で上辺から下辺まで作図される。

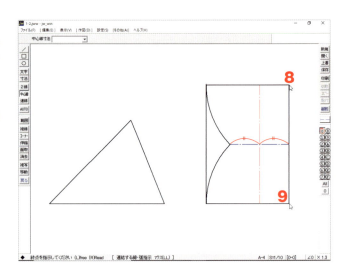

13 角度を2等分する中心線を作図する

● 三角形の頂点角の中心線を作図しましょう。

1「中心線」コマンドで、1番目の線として三角形の左辺を🖱。

2 2番目の線として右辺を🖱。

3 中心線の始点として頂点角を🖱。

4 中心線の終点として左角を🖱。

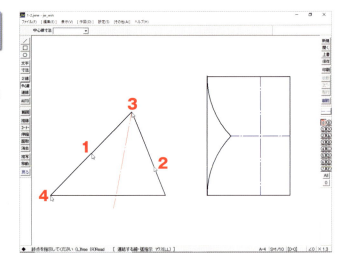

→ **1**と**2**（2線間）の中心線が、右図のように書込線「線色6・一点鎖2」で作図される。

> **POINT** 1番目と2番目の線が平行でない場合、中心線は、2本の線の交点角の角度を2等分する線になります。終点として左角を🖱したため、左角から中心線へ下ろした鉛直線との交点まで、中心線が作図されます。

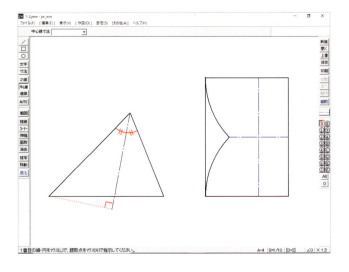

14 鉛直線を作図する

●三角形の左角から右辺まで、鉛直線を作図しましょう。

1 「／」コマンドを選択し、コントロールバー「水平・垂直」のチェックを外す。

2 メニューバー［設定］－「角度取得」－「線鉛直角度」を選択する。

> **POINT** コントロールバー「傾き」ボックスに、右辺に鉛直な角度を入力することで作図します。ここでは、その角度が不明なため、「角度取得」コマンドを利用します。

➡ 作図ウィンドウ左上に 鉛直角 と表示され、操作メッセージは「基準線を指示してください」になる。

3 角度取得の基準線として三角形の右辺を🖱。

> **POINT** メニューバー［設定］－「角度取得」－「線鉛直角度」で既存線を指示することで、その線に鉛直な角度を選択コマンドの角度入力ボックスに取得します。この機能は、「／」コマンドに限らず、角度入力ボックスのあるコマンドで共通して利用できます。

➡ コントロールバー「傾き」ボックスに **3** で🖱した線に対して鉛直な角度が自動的に入力される。

4 始点として三角形の左角を🖱。

➡ **3** の線（右辺）に鉛直な一点鎖線が、**4** からマウスポインタまで仮表示される。

5 終点として三角形の右角を🖱。

➡ **4** から、**3** の線（右辺）に鉛直な一点鎖線が、**5** を端点とする右辺まで作図される。

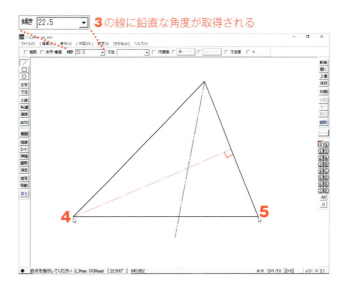

1▶3 図面を開き、かきかえて印刷

15 印刷時の線の太さを設定して印刷する

● この図面で使い分けた線色2、線色6の印刷時の線の太さ（印刷線幅）を、それぞれ0.7mm、0.18mmに設定しましょう。

1 メニューバー［設定］－「基本設定」を選択する。

2 「jw_win」ダイアログの「色・画面」タブを🖱し、「線幅を1/100mm単位とする」にチェックを付ける。

> **POINT**　「色・画面」タブの右「プリンタ出力要素」欄で、線色ごとに印刷線幅やカラー印刷時の印刷色を指定します。印刷線幅をmm単位で指定するには「線幅を1/100mm単位とする」にチェックを付け、各線色の「線幅」ボックスに「印刷時の線幅×100」の数値（0.1mmで印刷するには10）を入力します。

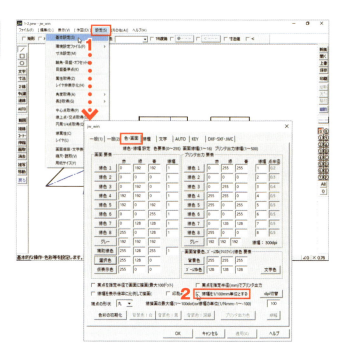

3 「プリンタ出力 要素」欄の「線色2」の「線幅」ボックスを🖱し、数値を「70」に変更する。

4 「線色6」の「線幅」ボックスを🖱し、数値を「18」に変更する。

5 「OK」ボタンを🖱。
　➡ 印刷線幅が確定し、ダイアログが閉じる。

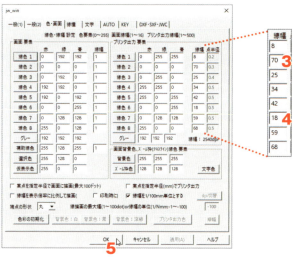

● 上書き保存しましょう。

6 「上書」コマンドを🖱。

> **POINT**　上書き保存は、ツールバーの「上書」コマンドを選択することでも行えます。**1**～**5**で指定した印刷線幅は、図面とともに保存されます。

● 図面を印刷しましょう。

7 「印刷」コマンドを選択し、印刷する。

　　　　　　　　　　参考：印刷→p.54

> **POINT**　印刷はツールバーの「印刷」コマンドを選択することでも行えます。「印刷」コマンドでは印刷色および印刷線幅を反映して図面が表示されるため、コントロールバー「カラー印刷」にチェックがない状態ではすべての線が黒で表示・印刷されます。

❓ 印刷した鎖線のピッチが狭い ➡p.250 Q18

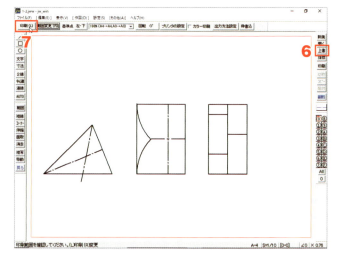

16 新規の図面にする

●次に「自主作図課題1」を作図するため、新しく図面を作図する状態にしましょう。

1 メニューバー［ファイル］－「新規作成」を選択する。

> **POINT** 右のツールバーの「新規」コマンドを🖱しても同じです。

➡ 開いていた図面が閉じ、新規図面「無題」になり、新しく図面を作図する状態になる。

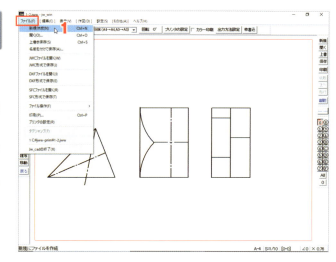

🖉 自主作図課題 1

用紙サイズをA4、尺度を1：1（縮尺1/1）に設定し、以下の図面を作図しましょう。

実線部は線色2・実線で、一点鎖線は線色6・一点鎖2で作図してください。下図の寸法は目安であり、寸法部分を作図する必要はありません。この図面は、次の単元「1-4 円・弧・多角形の作図」で使用します。作図した図面はCドライブ「jww-prim」フォルダーに名前「1-4」、メモに「自主作図課題1」と入力して保存しましょう。

単位：mm

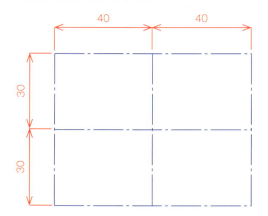

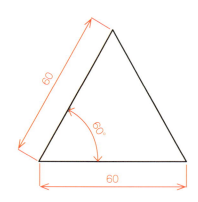

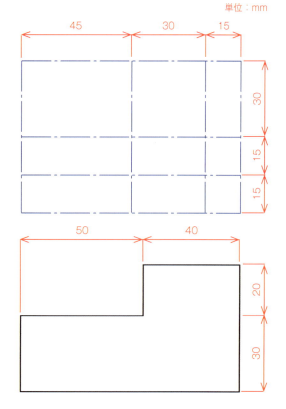

> **POINT** 操作を誤った場合には、「戻る」コマンドを🖱して、操作前の状態に戻しましょう（→p.25）。「戻る」コマンドを余分に🖱して戻しすぎた場合は、メニューバー［編集］－「進む」を🖱することで「戻る」コマンドを🖱する前の状態に復帰できます。

CADを使って機械や木工や製品の図面をかきたい人のためのJw_cad 8製図入門　**61**

ONE POINT LESSON　図面上の距離・座標・角度などを測定

図面の各部分の寸法を調べるには、「測定」コマンドで、点と点の間の距離を測定します。ここでは図面「1-2」に作図した図形の寸法を測定する例で説明します。

1 メニューバー[その他]-「測定」を選択する。

→「測定」コマンドのコントロールバー「距離測定」ボタンが選択された状態になる。

2 コントロールバー「mm/【m】」(測定単位m)ボタンを🖱し、「【mm】/m」(測定単位mm)にする。

3 距離を測定する始点を🖱。

4 次の点を🖱。

→ステータスバーに 3 - 4 間の距離が mm 単位で表示される。

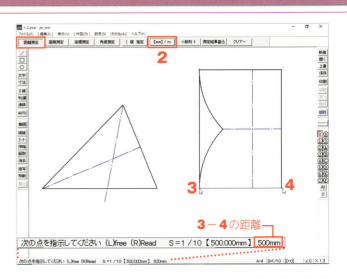

5 次の点を🖱。

→ステータスバーに 3 - 4 - 5 の累計距離(【　】内)と 4 - 5 間の距離が表示される。

POINT 別の個所を測定するには、コントロールバー「クリアー」ボタンを🖱し、現在の測定結果をクリアーしたうえで測定します。また、コントロールバー「小数桁」ボタンを🖱することで、ステータスバーに表示される測定結果の数値の小数点以下桁数を0、1～4桁、F(有効桁)に切り替えできます。

6 コントロールバー「クリアー」ボタンを🖱。

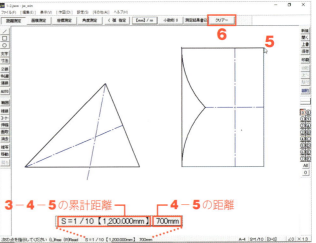

●長方形左辺から円弧交点までの間隔を求めましょう。「測定」コマンドには線と点間の間隔測定は用意されていないため、左下角を原点とした円弧交点の座標を測定することで求めます。

7 コントロールバー「座標測定」ボタンを🖱。

8 原点として長方形左下角を🖱。

9 座標点として円弧の交点を🖱。

→ステータスバーに 8 を原点(0,0)とした 9 のX,Y座標値が表示される。X値が左辺から円弧交点までの間隔である。

POINT 続けて他の点を🖱することで、8 を原点とした座標値を測定できます。また、コントロールバー「測定結果書込」ボタンを🖱し、記入位置を指示することで測定結果を記入できます。

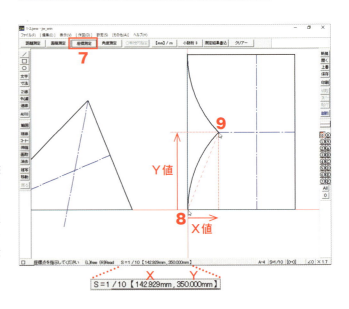

中心線で二等分された三角形頂点の角度を測定しましょう。

10 「測定」コマンドのコントロールバー「角度測定」ボタンを🖱。

11 原点として三角形の頂点を🖱。

12 2点間角度の基準点として三角形の左下角を🖱。

➡ **11**-**12**の線を基準とした角度測定のガイドがマウスポインタまで仮表示され、ステータスバーには「●角度点指示」と操作メッセージが表示される。

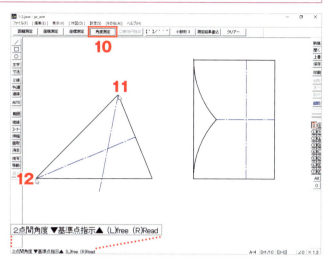

13 角度点として中心線の下端点を🖱。

➡ ステータスバーの操作メッセージは「● 原点を指示してください」になり、その末尾に測定した角度（**11**-**12**を基準0°とした**11**-**13**の角度）が表示される。

14 頂点の右半分の角度も**11**〜**13**と同様にして測定する。

> **POINT** コントロールバー「【°】／°'"」ボタンを🖱することで、測定単位「°（度）」⇔「°'"（度分秒）」を切り替えできます。

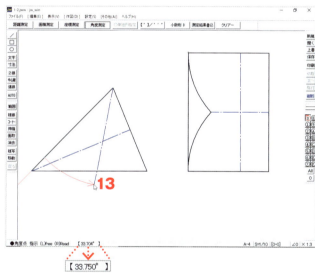

HINT 円・弧の半径を確認する

「測定」コマンドには円・弧の半径測定機能は用意されていないので、以下の操作で確認します。

1 Tabキーを3回押す。

➡ 作図ウィンドウ左上に 属性取得 と表示され、ステータスバーには「属性取得をする図形を指示してください(L)」と表示される。

❓ 図形がありません と表示される ➡p.249 Q15

2 属性取得の対象として半径を測定する円・弧を🖱。

➡ 作図ウィンドウ左上に「円弧 r＝」に続けて、🖱した円・弧の半径寸法が表示される。

❓ 図が消えて レイヤ反転表示中 と表示される
➡p.249 Q16

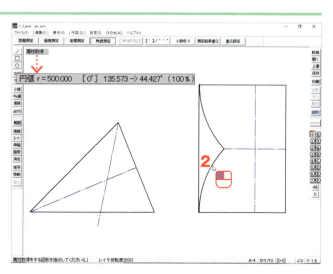

1-4 円・弧・多角形の作図

Jw_cadには、印刷時の線の太さをかき分けるための8色の標準線色のほか、印刷されない補助線色および実線、点線、一点鎖線など9種類の標準線種が用意されています。

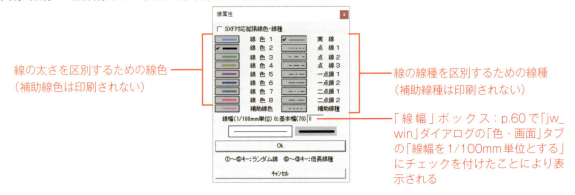

線の太さを区別するための線色（補助線色は印刷されない）

線の線種を区別するための線種（補助線種は印刷されない）

「線幅」ボックス：p.60で「jw_win」ダイアログの「色・画面」タブの「線幅を1/100mm単位とする」にチェックを付けたことにより表示される

この単元では、p.61で作図した自主作図課題「1-4」を開き、細線、太線、極太線を使い分けて円・弧・楕円・多角形などの作図練習をしましょう。

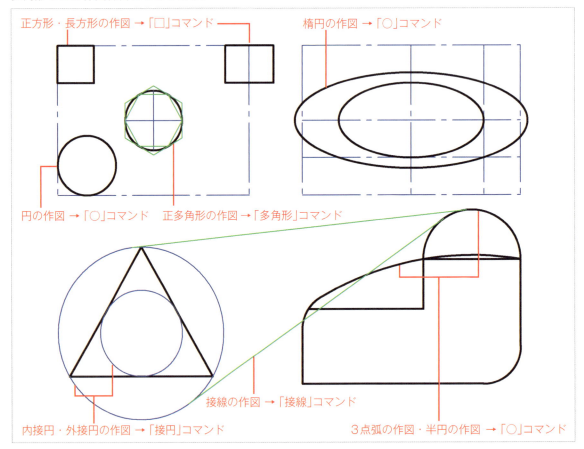

1 図面ファイルを開く

●自主作図課題「1-4」を開きましょう。

1 ツールバーの「開く」コマンドを選択する。

> **POINT** メニューバー[ファイル]－「開く」を選択する代わりにツールバーの「開く」コマンドを選択しても図面ファイルを開けます。

2 「ファイル選択」ダイアログで図面ファイル「1-4」を🖱🖱。

➡ 図面「1-4」が開く。

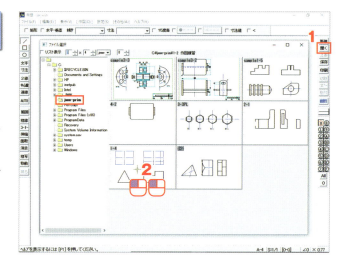

2 指定寸法の円を作図する

●用紙左上に作図した長方形の中心線交点に、「線色2・実線」で半径12mmの円を作図しましょう。

1 書込線が「線色2・実線」であることを確認する。

2 「○」コマンドを選択し、コントロールバー「半径」ボックスに「12」を入力する。

➡ マウスポインタに円中心を合わせて半径12mmの円が仮表示され、操作メッセージは「円位置を指示してください」になる。

3 円位置（作図する円の中心点を合わせる位置）として長方形中心の交点を🖱。

➡ **3**の位置を中心点として半径12mmの円が作図される。マウスポインタには半径12mmの円が仮表示されており、さらに円の作図位置を🖱または🖱することで続けて同じ大きさの円を作図できる。

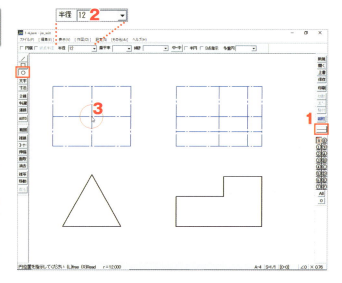

●用紙左上の長方形を拡大表示し、その左辺と下辺に接するように同じ大きさの円を作図しましょう。

4 長方形の左上から🖱↘ 拡大 して表示される拡大枠で長方形を囲み、拡大表示する。

> **POINT** マウスポインタには半径12mmの円が仮表示されていますが、そのまま🖱↘してかまいません。拡大操作は、コマンドの操作途中いつでも行えます。

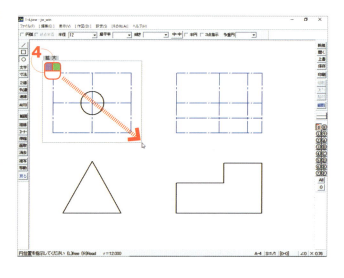

1▸4 円・弧・多角形の作図

5 コントロールバー「基点」(中・中)ボタンを3回🖱。

→ ボタンの表記が「左・下」になり、マウスポインタの位置(基点)が仮表示円の左下になる。

> **POINT** 仮表示の円に対するマウスポインタの位置を「基点」と呼びます。コントロールバー「基点」ボタンを🖱するたび、左回りで右図の9カ所に変更されます。

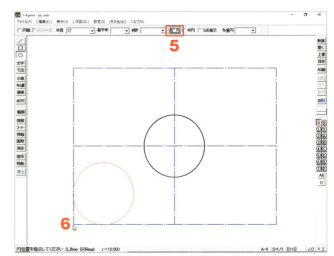

6 円位置(作図する円の基点を合わせる位置)として長方形の左下角を🖱。

→ 長方形の左辺と下辺に接する半径12mmの円が作図される。

3 指定寸法の長方形を作図する

●一点鎖線で作図されている長方形の左上角に、15mm角の正方形を作図しましょう。

1 「□」コマンドを選択する。

2 コントロールバー「寸法」ボックスに「15」を入力する。

→ 15mm角の正方形が、その中心にマウスポインタを合わせて仮表示され、操作メッセージは「□ 矩形の基準点を指示して下さい」になる。

3 正方形の作図基準点として一点鎖線の長方形の左上角を🖱。

→ 操作メッセージは「矩形の位置を指示して下さい」になる。

4 マウスポインタを右へ移動する。

→ 正方形の仮表示も右に移動し、右図のように**3**の点に正方形の左中を合わせた状態になる。

> **POINT** 「□」コマンドでは、長方形の作図基準点を指示後、マウスポインタを移動することで仮表示の長方形の右図9カ所のいずれかを、指示した基準点に合わせ作図します。

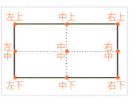

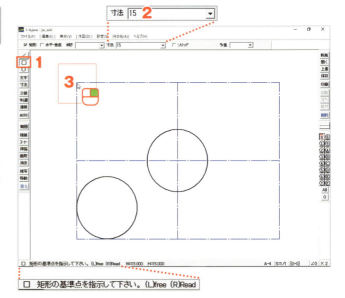

5 さらにマウスポインタを上下左右に移動し、仮表示されている正方形の位置の変化を確認する。

6 マウスポインタを右下に移動し、3で指示した基準点に仮表示の正方形の左上を合わせ、作図位置を決める🖱。

→ 3で指示した点にその左上を合わせ、15mm角の正方形が作図される。マウスポインタには同サイズの正方形が仮表示され、次の基準点を🖱または🖱することで、続けて同サイズの正方形を作図できる。

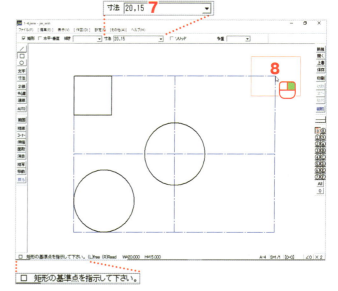

● 一点鎖線の長方形の右上角に、横20mm、縦15mmの長方形を作図しましょう。

7 コントロールバー「寸法」ボックスに「20,15」を入力する。

POINT 「寸法」ボックスには「横,縦」の順に「,」(カンマ)で区切った2数を入力します。

→ 横20mm、縦15mmの長方形が、その中心にマウスポインタを合わせて仮表示され、操作メッセージは「□ 矩形の基準点を指示して下さい」になる。

8 長方形の作図基準点として一点鎖線の長方形の右上角を🖱。

→ 操作メッセージは「矩形の位置を指示して下さい」になる。

9 マウスポインタを下に移動し、8で指示した基準点に仮表示の長方形の中上を合わせ、作図位置を決める🖱。

→ 8で指示した点にその中上を合わせ、横20mm、縦15mmの長方形が作図される。マウスポインタには同サイズの長方形が仮表示され、次の基準点を🖱または🖱することで、続けて同サイズの長方形を作図できる。

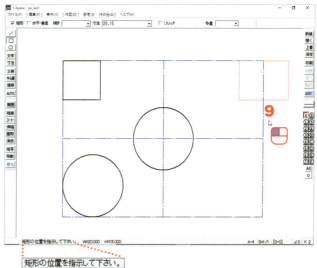

4 円の内側に中心線がおさまるよう縮める

◉「伸縮」コマンドで中央の円を基準線に指定して、2本の中心線の両端を縮めましょう。

1「伸縮」コマンドを選択する。

2 伸縮の基準線として中央の円を🖱🖱(基準線指定)。

→ 🖱🖱した円が伸縮の基準線として選択色になる。操作メッセージは「基準線までの伸縮線(L)」になる。

3 基準線まで縮める線(伸縮線)として垂直線を、円の内側で🖱。

> **POINT** 伸縮線の指示は、必ず基準線に対して、残す側を🖱してください。

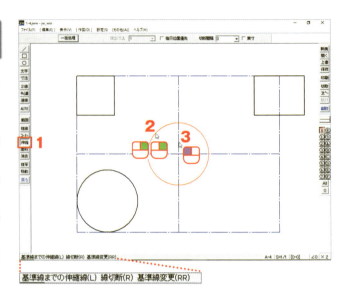

→ 🖱した垂直線が右図のように基準線の円まで縮む。

4 基準線まで縮める線(伸縮線)として水平線を、円の内側で🖱。

→ 🖱した水平線が次図のように基準線の円まで縮む。

5 基準線まで縮める線(伸縮線)として水平線を、右図の位置で🖱。

→ 🖱した線は変化ない(伸縮しない)。

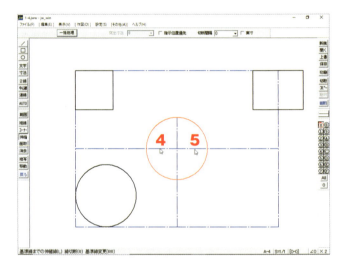

6 基準線まで縮める線(伸縮線)として垂直線を、右図の位置で🖱。

→ 🖱した線は変化ない(伸縮しない)。

> **POINT** 円・弧を基準線にした場合、基準線として🖱🖱した位置(**2**の位置)から両側90°の範囲の円弧部分が基準線になります。そのため、**5**、**6**で🖱しても下と右の線は縮みません。

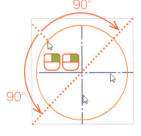

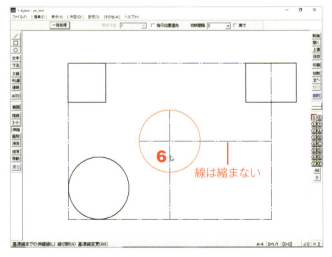

線は縮まない

7 コントロールバー「指示位置優先」にチェックを付ける。

> **POINT** 円・弧を基準線とした後、コントロールバーに表示される「指示位置優先」にチェックを付けることで、🖱した円・弧全体が基準線になります。

8 基準線まで縮める線（伸縮線）として垂直線を、右図の位置で🖱。

→ 🖱した線が基準線の円まで縮む。

9 基準線まで縮める線（伸縮線）として水平線を、右図の位置で🖱。

→ 🖱した線が基準線の円まで縮む。

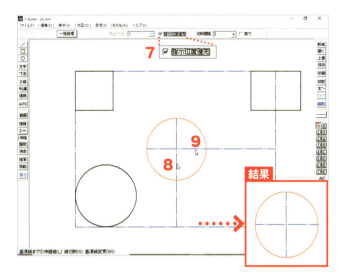

5 円に外接・内接する正多角形を作図する

●中央に作図した円に外接する正六角形を「線色3・実線」で作図しましょう。

1「線属性」コマンドを選択する。

2「線属性」ダイアログの「線色3」ボタンを🖱。

3「Ok」ボタンを🖱。

→ ダイアログが閉じ、書込線が「線色3・実線」になる。

4 メニューバー［作図］-「多角形」を選択する。

> **POINT**「多角形」コマンドでは、多角形のどの部分の長さを指定するか（中心→頂点指定／中心→辺指定／辺寸法指定）を選択し、寸法、角の数を指定することで正多角形を作図します。

5 コントロールバー「中心→辺指定」を🖱して選択する。

6 コントロールバー「寸法」ボックスの▼を🖱し、表示されるリストの「（無指定）」を🖱。

7 コントロールバー「角数」ボックスを🖱し、「6」を入力する。

8 多角形の中心点として円中心の交点を🖱。

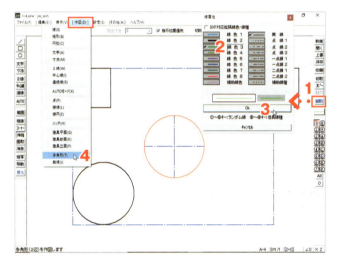

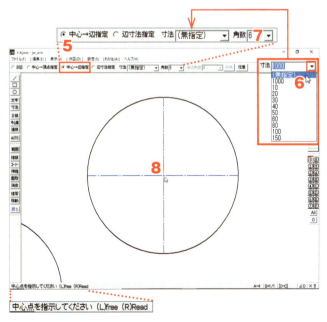

1▶4 円・弧・多角形の作図

➡ **8**を中心として辺の中点をマウスポインタ位置とする正六角形が仮表示され、操作メッセージは「◎ 位置をマウスで指示してください」になる。

9 位置として右図の一点鎖線と円の交点を🖱。

➡ **8**を中心位置とした円に外接する正六角形が線色3・実線で作図される。

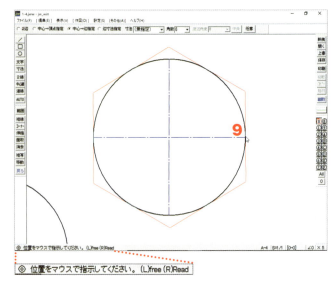

● 同じ円に内接する正六角形を作図しましょう。

10 「多角形」コマンドのコントロールバー「中心→頂点指定」を🖱で選択する。

11 多角形の中心点として円中心の交点を🖱。

➡ **11**を中心として頂点をマウスポインタ位置とする正六角形が仮表示され、操作メッセージは「◎ 位置をマウスで指示してください」になる。

12 位置として右図の一点鎖線と円の交点を🖱。

➡ **11**を中心位置とした円に内接する正六角形が作図される。

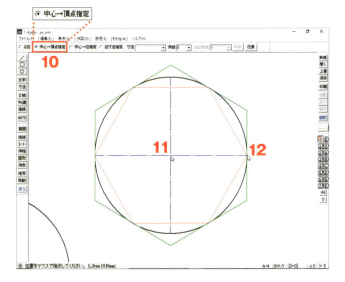

6 内接円・外接円を作図する

● 用紙左下に作図した三角形に内接する円を「線色6・実線」で作図しましょう。

1 🖱↗ 全体 で用紙全体表示にしたうえで、🖱↘ 拡大 で、用紙左下の三角形を拡大表示する。

2 「線属性」コマンドを選択する。

3 「線属性」ダイアログの「線色6」ボタンを🖱し、「Ok」ボタンを🖱。

➡ 書込線が「線色6(青)・実線」になる。

4 メニューバー[作図]-「接円」を選択する。

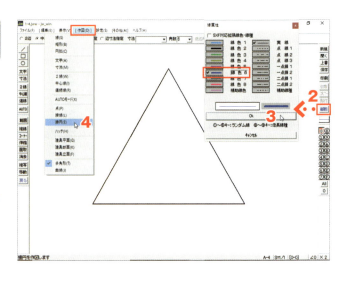

> **POINT** 「接円」コマンドでは、3つの条件（接する線・円・弧・点、半径寸法）を指定することで円や楕円を作図します。

5 コントロールバー「半径」ボックスを空白または「(無指定)」にする。

6 1番目の線として三角形の左辺を🖱。

> **POINT** コントロールバー「半径」ボックスに数値が入力されていない場合、3つの接する線・円・弧・点を指示することで接円を作図します。指示する対象が線・円・弧の場合は🖱、点の場合は🖱で指示します。

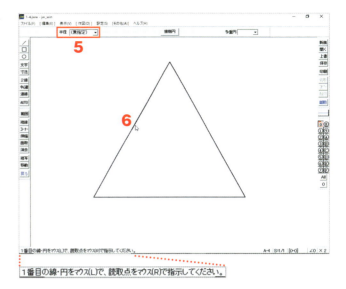

7 2番目の線として三角形の底辺を🖱。

➡ **6**、**7** の線に接する円がマウスポインタまで仮表示される。

8 3番目の線として三角形の右辺を🖱。

➡ **6**、**7**、**8** の線に接する円（内接円）が線色6・実線で作図される。

● 三角形に外接する円を作図しましょう。

9 1番目の点として三角形の左角を🖱。

10 2番目の点として三角形の右角を🖱。

➡ **9**、**10** の点を通る円がマウスポインタまで仮表示される。

11 3番目の点として三角形の頂点を🖱。

➡ **9**、**10**、**11** の点を通る円（外接円）が線色6・実線で作図される。

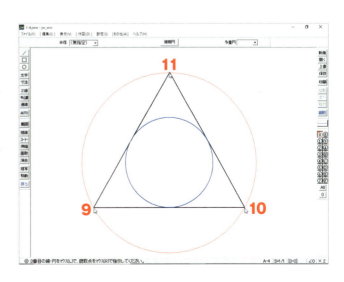

1▶4 円・弧・多角形の作図

7 楕円を作図する

●用紙右上に作図されている図に、線色2・実線で、楕円を作図しましょう。

1「線属性」コマンドを選択し、書込線を線色2・実線にする。

参考：書込線の変更→p.56

2「○」コマンドを選択する。

3 コントロールバー「扁平率」ボックスを🖱し、「40」を入力する。

> **POINT**「扁平率」ボックスに、長軸径に対する短軸径の割合を％単位で入力することで楕円（または楕円弧）の作図になります。

4 中心点として中央の交点を🖱。

➡ **4**を中心点とした扁平率40％の楕円がマウスポインタまで仮表示される。

5 円位置として右図の交点を🖱。

➡ **4**を中心とした**5**を通る扁平率40％の楕円が作図される。

> **POINT** コントロールバー「傾き」ボックスで長軸の傾きを指定できます。楕円弧を作図する場合は、コントロールバー「円弧」にチェックを付けます。

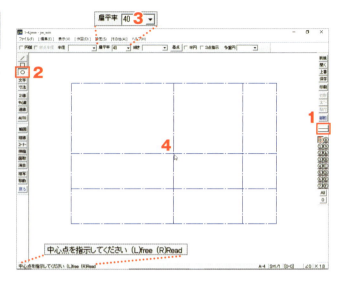

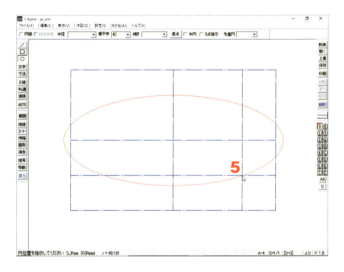

●長軸径30mm、短軸径15mmの楕円を作図しましょう。

6 コントロールバー「半径」ボックスに長軸径の「30」を入力する。

7 コントロールバー「扁平率」ボックスに短軸径として「-15」を入力する。

> **POINT**「扁平率」ボックスに「-」（マイナス）値で短軸径を入力することで、「扁平率」ボックスの表記が「短軸径」に変わり、長軸径（「半径」ボックスに入力）と短軸径を指定した楕円・楕円弧を作図できます。

➡ 長軸径30mm、短軸径15mmの楕円がマウスポインタに仮表示される。

8 円位置として中央の交点を🖱。

➡ 仮表示の楕円が作図される。

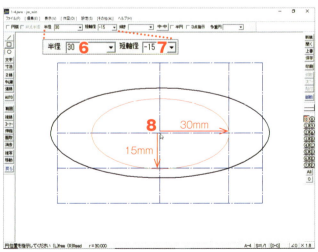

8 3点を通る円弧を作図する

●用紙右下に作図されている図に、線色2・実線で、3点を通る円弧を作図しましょう。

1 「○」コマンドのコントロールバー「円弧」にチェックを付け、「半径」ボックスを「(無指定)」にする。

2 コントロールバー「3点指示」にチェックを付ける。

3 円弧の1点目(始点)として用紙右下に作図した図形の左上角を🖱。

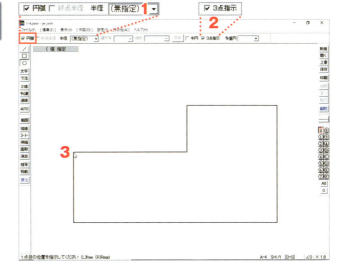

4 2点目(終点)として右上角を🖱。

➡ 3、4を両端点とする円弧がマウスポインタまで仮表示される。操作メッセージは「● 3点目の位置を指示してください」になり、その後ろに仮表示の円弧の半径寸法が表示される。

5 3点目(通過点)として右図の角を🖱。

➡ 3、4を両端点として5を通る円弧が作図される。

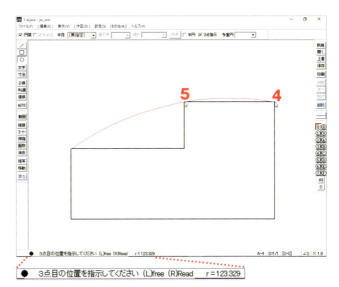

9 半円を作図する

●円弧の両端点を指示することで半円を作図しましょう。

1 「○」コマンドのコントロールバー「半円」にチェックを付ける。

> **POINT** 「半円」では、始点・終点と半円の向きを指定して半円を作図します。

2 半円の1点目(始点)として左上角を🖱。

3 半円の2点目(終点)として右上角を🖱。

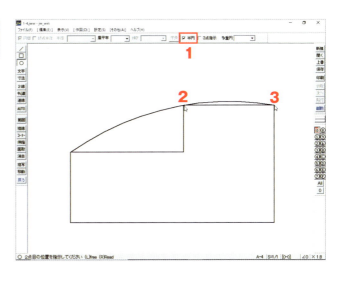

CADを使って機械や木工や製品の図面をかきたい人のための Jw_cad 8製図入門　73

1▶4 円・弧・多角形の作図

➡ **2**-**3**を直径とした半円が、**2**-**3**を結ぶ線に対してマウスポインタ側に仮表示され、操作メッセージは「◆　円弧の方向を指示してください。」になる。

4 円弧の作図方向として**2**-**3**の上側で🖱。

➡ **2**-**3**を直径とした半円が**2**-**3**の上側に作図される。

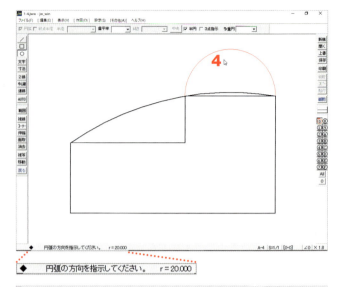

10 半径15mmの接円を作図する

●右辺、下辺と接する半径15mmの接円を作図しましょう。

1 メニューバー[作図]-「接円」を選択する。

2 コントロールバー「半径」ボックスに「15」を入力する。

> **POINT** コントロールバー「半径」ボックスに半径を入力した場合、2つの接する線・円・弧・点を指示して接円を作図します。

3 1番目の線として下辺を🖱。

4 2番目の線として右辺を🖱。

➡ **2、3、4**の条件に合う接円がマウスポインタに従い仮表示される。

> **POINT** **2、3、4**の条件に合う接円が複数ある場合は、マウスポインタを移動することで、マウスポインタ位置に近い接円が仮表示されます。**2、3、4**の条件で接円が成り立たない場合は 計算できません と表示されます。

5 マウスポインタを移動し、右図の接円が仮表示された状態で🖱。

➡ **5**で仮表示された接円が作図される。

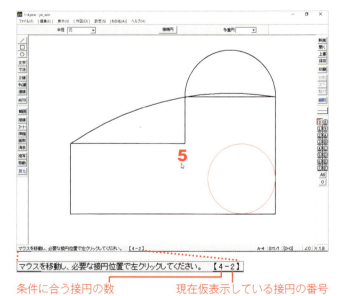

条件に合う接円の数　　　現在仮表示している接円の番号

●続けて、左辺、円弧と接する半径15mmの接円を作図しましょう。

6 1番目の線として左辺を🖱。

7 2番目の円として右図の円弧を🖱。

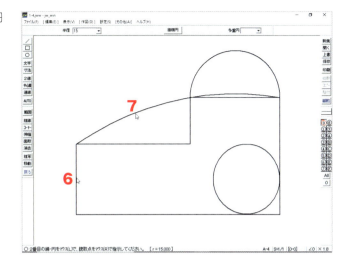

➡ **6**、**7**に接する半径15mmの接円がマウスポインタに従い仮表示される。

8 マウスポインタを移動し、右図の接円が仮表示された状態で🖱。

➡ **8**で仮表示された接円が作図される。

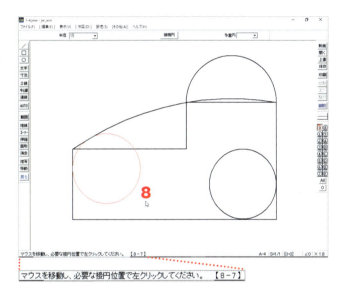

11 右下角をR面に整える

●作図した接円と右辺・下辺の角を作り、丸く面取りしましょう。

1 🖱↘ 拡大 で、右図の範囲を拡大表示する。

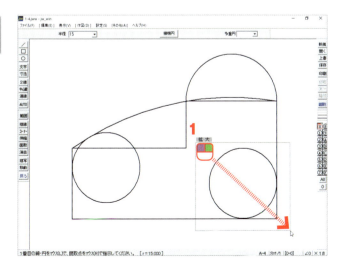

1-4 円・弧・多角形の作図

● 「コーナー」コマンドでは、円を対象線にすることはできないため、はじめに円の一部を消して円弧にしましょう。

2 「消去」コマンドを選択する。

3 部分消しの対象として円を🖱。

➡ 部分消しの対象として**3**の円が選択色になる。円を指示したため、操作メッセージは「円 部分消し（左回り）始点指示」と表示される。

4 部分消しの始点として右辺と円の接点を🖱。

5 部分消しの終点として下辺と円の接点を🖱。

➡ **3**の円の**4**－**5**間が部分消しされる。

❓ 残したい部分が消えた ➡ p.248 Q08

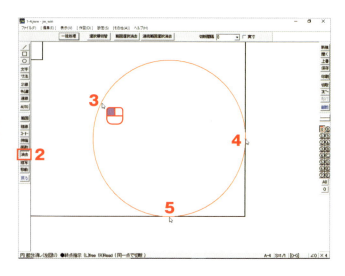

● 「コーナー」コマンドで、右辺・下辺と円弧の角を作りましょう。

6 「コーナー」コマンドを選択する。

7 線（A）として円弧との接点より上で右辺を🖱。

➡ **7**の線が選択色になり、🖱位置に水色の○が仮表示される。

8 線【B】として円弧を、円弧の半分より右辺側で🖱。

POINT 「コーナー」コマンドで円弧を🖱するときは、円弧の半分よりも角を作る側で🖱してください。**8**の円弧を半分より下側で🖱すると、🖱した端点側と**7**の線で角を作るため、円弧が円になってしまいます。

➡ 次図のように角が作られる。

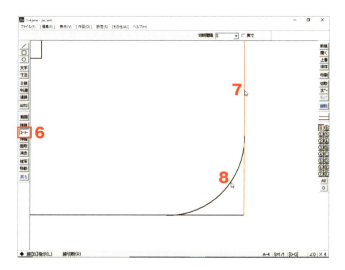

9 線（A）として円弧との接点より左で下辺を🖱。

➡ **9**の線が選択色になり、🖱位置に水色の○が仮表示される。

10 線【B】として円弧を、円弧の半分よりも下辺側で🖱。

➡ 次図のように角が作られる。

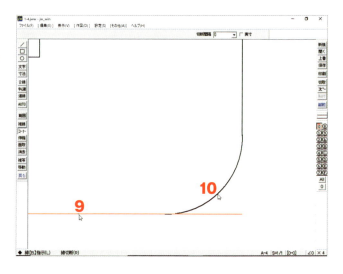

12 1つ前の拡大画面にする

●これからp.75で図の左上に作図した接円部分を拡大表示するため、1つ前の拡大画面に戻しましょう。

1 作図ウィンドウにマウスポインタをおき🖱✓前倍率。

> **POINT** 作図ウィンドウ上で🖱✓（マウスの左右両方のボタンを押したまま左下方向にマウスを移動）し、前倍率が表示された時点でマウスボタンをはなすことで、1つ前の拡大画面になります。

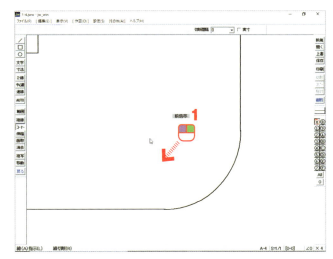

➡ p.75「11」で拡大表示する前の画面になる。

2 🖱✓拡大で、右図の範囲を囲んで拡大表示する。

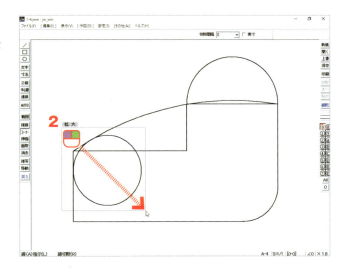

13 左上をR面に整える

●p.76と同様に、「消去」コマンドで円を部分消ししてもよいですが、ここでは「コーナー」コマンドの切断を利用しましょう。

1「コーナー」コマンドのコントロールバー「切断間隔」ボックスに「5」を入力する。

> **POINT** 操作メッセージの「線切断（R）」は、🖱位置で、線・円・弧を切断することを示します。ここでは切断個所がわかりやすいよう「切断間隔」を指定しました。

2 切断位置として右図の位置で円を🖱。

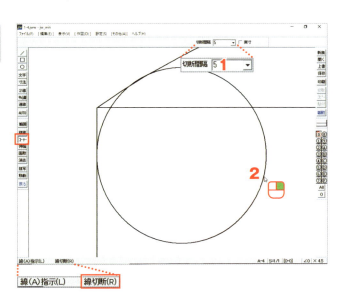

1▶4 円・弧・多角形の作図

➡ 🖱位置を中心に5mmの間隔で切断される。

◉ 角を整えましょう。

3 線(A)として右図の位置で大きい円弧を🖱。

> **POINT** 2つの円弧の交点に対し、残す側でそれぞれの円弧を🖱してください。

➡ **3**の円弧が選択色になり、🖱位置に水色の○が仮表示される。

4 線【B】として右図の位置でもう一方の円弧を🖱。

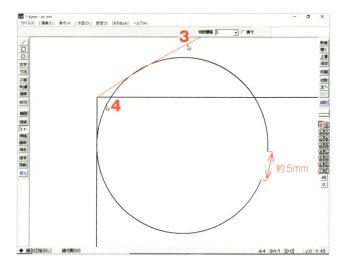

➡ 右図のように角が作られる。

5 線(A)として右図の位置で円弧を🖱。

➡ **5**の円弧が選択色になり、🖱位置に水色の○が仮表示される。

6 線【B】として**5**の円弧との交点よりも下側で左辺を🖱。

➡ 次図のように角が作られる。

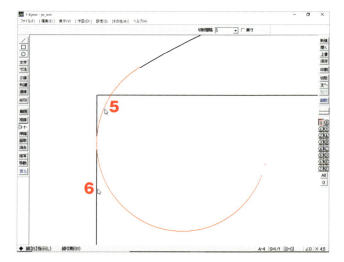

◉ 水平線を円弧まで縮めましょう。

7 「伸縮」コマンドを選択する。

8 伸縮の対象線として水平線を、円弧との交点に対して残す側で🖱。

➡ 🖱位置に水色の○が仮表示され、操作メッセージは「伸縮点指示」になる。

9 伸縮する位置(伸縮点)として円弧との交点を🖱(Read)。

➡ 水平線の左端が、**9**の交点まで縮む。

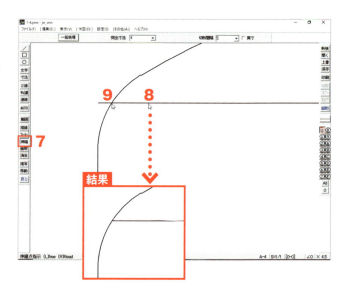

14 接線を作図する

●書込線を「線色3・実線」にし、接線の作図練習をしましょう。

1 「線属性」コマンドを選択し、書込線を「線色3・実線」にする。

2 メニューバー[作図]−[接線]を選択する。

> **POINT** 「接線」コマンドでは、コントロールバーで選択した条件で円・弧の接線を作図します。

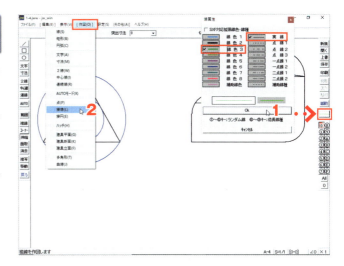

●2つの円・弧を指定して接線を作図しましょう。

3 コントロールバー「円→円」が選択されていることを確認し、用紙右下の図の半円を🖱。

➡ 操作メッセージが「● 次の円を指示してください」になる。

4 もう一方の円として用紙左下の図の外接円を、右図の位置で🖱。

➡ 次図のように接線が作図される。

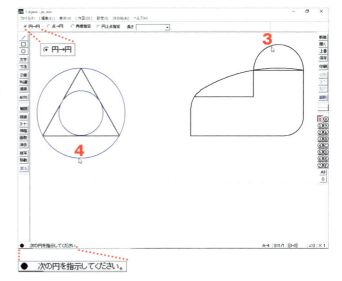

5 接線を作図する円として**3**と同じ半円を🖱。

➡ 操作メッセージが「● 次の円を指示してください」になる。

6 もう一方の円として**4**と同じ外接円を、右図の位置で🖱。

➡ 結果の図のように接線が作図される。

> **POINT** 接線は円・弧を🖱した側に作図されます。円・弧を🖱する位置に注意してください。

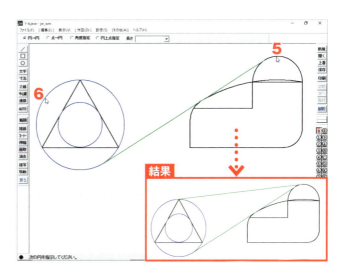

CADを使って機械や木工や製品の図面をかきたい人のためのJw_cad 8製図入門　79

15 印刷線幅を設定して印刷する

●線色2(極太線)を0.5mm、線色3(太線)を0.25mm、線色6(細線)を0.13mmに設定し、印刷しましょう。

1 メニューバー[設定]-「基本設定」を選択し、「jw_win」ダイアログの「色・画面」タブを🖱。

2 「線幅を1/100mm単位とする」にチェックを付ける。

3 「プリンタ出力 要素」欄の「線色2」の「線幅」ボックスを「50」、「線色3」の「線幅」ボックスを「25」、「線色6」の「線幅」ボックスを「13」に変更し、「OK」ボタンを🖱。

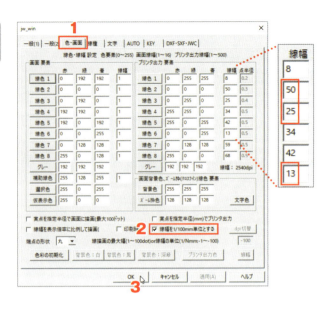

4 「印刷」コマンドを選択し、印刷する。

参考：印刷→p.54

5 上書き保存する。

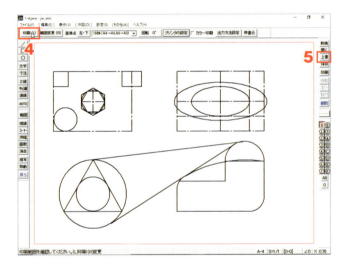

●カラーでも印刷しましょう。

6 コントロールバー「カラー印刷」にチェックを付ける。

→ 各線色の要素が印刷されるカラーで表示される。

❓ 表示される色が右図とは違う ➡ 次ページ「HINT」

> **POINT** カラー印刷時の印刷色は、線色ごとに指定されています。その指定方法は、次ページの「ONE POINT LESSON」で説明しています。

7 コントロールバー「印刷」ボタンを🖱。

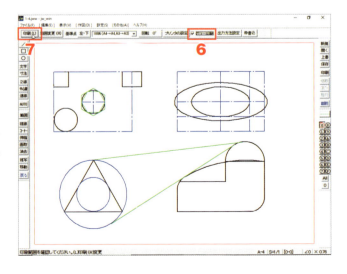

ONE POINT LESSON　カラー印刷色の指定

カラー印刷時の印刷色は、線色（1〜8）ごとに「基本設定」コマンドの「jw_win」ダイアログ「色・画面」タブの「プリンタ出力要素」欄で指定します。
ここでは、線色6の印刷色を赤に変更する例で説明します。

1　メニューバー［設定］－「基本設定」を選択する。

2　「jw_win」ダイアログの「色・画面」タブを🖱。

3　「プリンタ出力 要素」欄の「線色6」ボタンを🖱。

4　「色の設定」パレットで、印刷色として赤を🖱で選択し、「OK」ボタンを🖱。

5　「jw_win」ダイアログの「OK」ボタンを🖱。
　　➡ 線色6のカラー印刷色が赤に変更される。

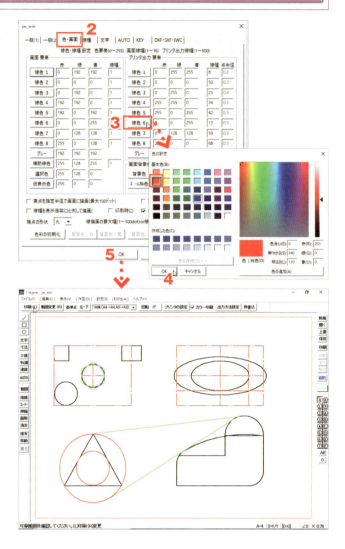

HINT　カラー印刷色を初期設定色にする

Jw_cadの初期設定状態では、各線色のカラー印刷色は、初期設定の画面表示色に準じた色になっています。
「jw_win」ダイアログの「色・画面」タブで次の操作をすることで、変更した各線色のカラー印刷色を初期設定の色に戻すことができます。

1　「色彩の初期化」ボタンを🖱。

2　「プリンタ出力色」ボタンを🖱。

3　「jw_win」ダイアログの「OK」ボタンを🖱。

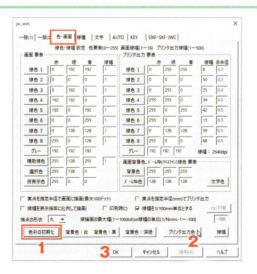

1-5 基本作図操作の総合練習

用紙サイズをA3、尺度を1：1（縮尺1/1）に設定し、線色2（太線）と線色6（細線）を使い分けて以下の図を作図しましょう。

※ 完成図「sample1-5.jww」を「jww-prim」フォルダーに収録しています。必要に応じて、印刷してご利用ください。

単位：mm

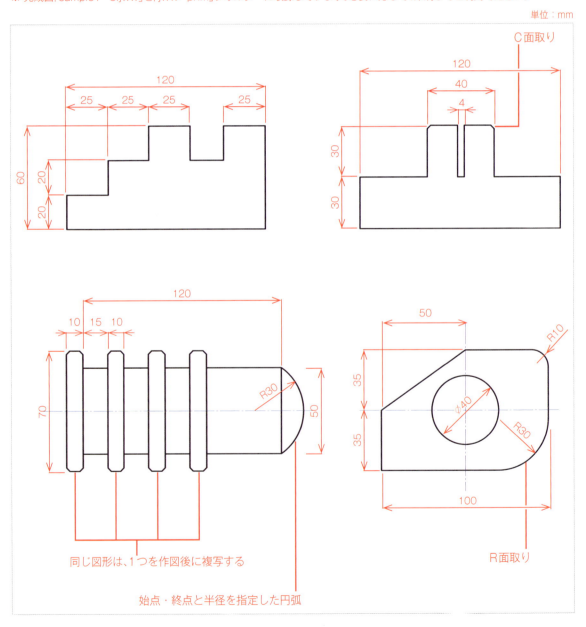

1 用紙左上に横120mm、縦60mmの長方形を作図する

●用紙サイズをA3、尺度を1：1に設定し、用紙左上に線色2・実線で横120mm、縦60mmの長方形を作図しましょう。

1 用紙サイズをA3、縮尺を1/1に設定する。

　　　　　参考：用紙サイズ・縮尺の設定→p.29

2 書込線を「線色2・実線」にする。

3 「□」コマンドを選択し、コントロールバー「寸法」ボックスに「120,60」を入力する。

　➡ 横120mm、縦60mmの長方形が、その中心にマウスポインタを合わせて仮表示され、操作メッセージは「□ 矩形の基準点を指示して下さい」になる。

4 長方形の基準点として右図の位置で🖱️。

　➡ 操作メッセージは「矩形の位置を指示して下さい」になる。

5 長方形の作図位置を決める🖱️。

　POINT 点の存在しない位置に長方形を作図する場合も、「矩形の基準点指示」の🖱️と「作図位置指示」の🖱️が必要です。

　➡ 横120mm、縦60mmの長方形が作図される。

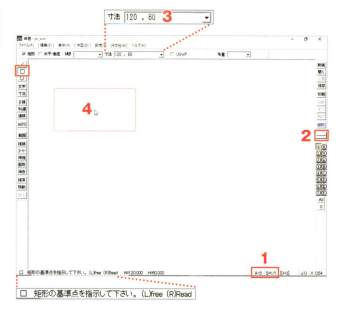

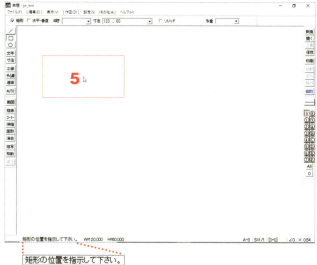

2 複線を作図する

●長方形を拡大表示し、「複線」コマンドで垂直線の複線を作図しましょう。

1 「複線」コマンドを選択する。

　　　　　参考：「複線」コマンド→p.46

2 右辺から25mm左側に複線を作図する。

3 左辺から25mm右側に複線を作図する。

4 コントロールバー「連続」ボタンを2回🖱️。

　➡ **3**で作図した線から右側に25mm間隔で2本の複線が作図される。

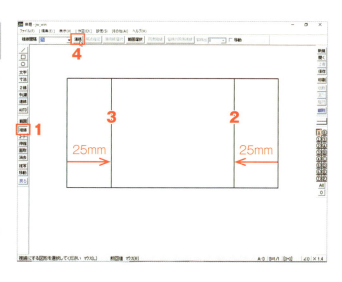

1▶5 基本作図操作の総合練習

● 下辺から20mm間隔で2本の複線を作図しましょう。

5 下辺から20mm上側に複線を作図する。

6 コントロールバー「連続」ボタンを🖱。

➡ **5**で作図された線から20mm上に複線が作図される。

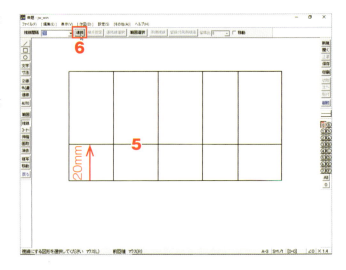

3 角を作成する

● 「コーナー」コマンドで角を作成しましょう。

1 「コーナー」コマンドを選択する。

2 線（A）として上辺を右図の位置で🖱。

> **POINT** 交差する2本の線を指示するとき、その交点に対し、線を残す側で🖱します。

➡ 🖱した線が選択色になり、🖱位置に水色の○が仮表示される。

3 線【B】として右図の垂直線を🖱。

➡ 指示した2本の線の交点に次図のように角が作られる。

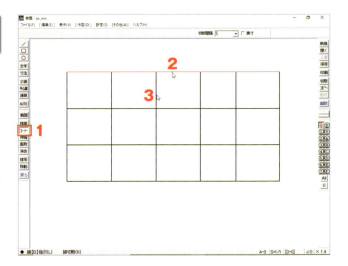

4 線（A）として右図の水平線を、次に指示する線との交点より右側で🖱。

➡ 🖱した線が選択色になり、🖱位置に水色の○が仮表示される。

5 線【B】として右図の垂直線を、**4**の線との交点より下側で🖱。

➡ 指示した2本の線の交点に角が作られる。

6 同様にして、その左の角も作成する。

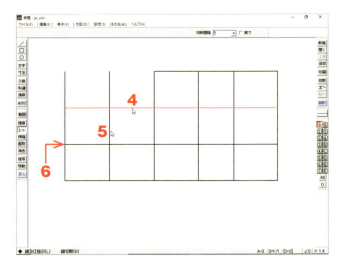

7 線(A)として右図の水平線を、次に指示する線との交点より左側で🖱。

➡ 🖱した線が選択色になり、🖱位置に水色の○が仮表示される。

8 線【B】として右図の垂直線を、**7**の線との交点より上側で🖱。

➡ 指示した2本の線の交点に次図のように角が作られる。

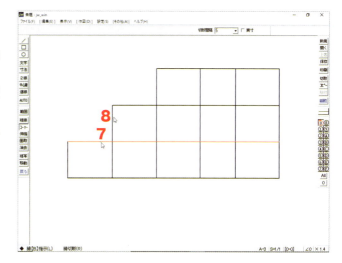

9 線(A)として右図の水平線を、次に指示する線との交点より左側で🖱。

➡ 🖱した線が選択色になり、🖱位置に水色の○が仮表示される。

10 線【B】として右図の垂直線を、**9**の線との交点より上側で🖱。

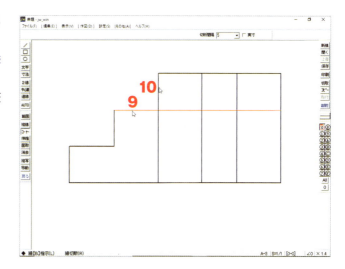

➡ 右図のように角が作られ、凹部分の底辺になる線がなくなる。

> **POINT** **9**で🖱した水平線は1本の線なので交点に対して🖱した左側を残して角が作られ、交点から右側の線は消えます。右側の線を残して角を作るには、あらかじめ水平線を切断して2本の線に分けておく必要があります。

● コーナー作成をやり直すため、元に戻しましょう。

11「戻る」コマンドを選択する。

➡ **9**～**10**の操作が取り消され、**9**の操作前に戻る。

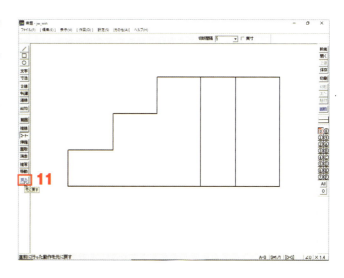

CADを使って機械や木工や製品の図面をかきたい人のための Jw_cad 8 製図入門　**85**

4 線を切断して角を作成する

●前項と同じ結果にならないよう、水平線をあらかじめ2本に切断したうえで角を作りましょう。

1 コントロールバー「切断間隔」ボックスに「5」が入力されていることを確認し、水平線を右図の位置で🖱(線切断)。

> **POINT** p.77で指定した「切断間隔」は、指定を変更するまで有効です。🖱する線が切断間隔より短い場合、**1**の操作で線全体が消去されるのでご注意ください。

→ 水平線が🖱位置を中心に5mmの間隔で切断され、2本に分かれる。🖱位置には切断位置を示す赤い○が仮表示される。

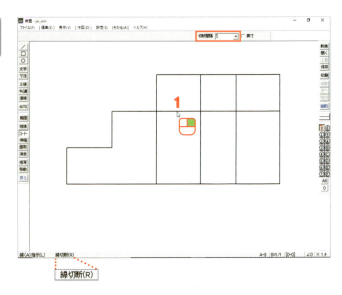

●前項と同じ角を作りましょう。

2 線〈A〉として右図の水平線を、次に指示する線との交点より左側で🖱。

→ 切断した左の線が選択色になり、🖱位置に水色の○が仮表示される。

3 線【B】として右図の垂直線を、**2**の線との交点より上側で🖱。

→ 切断した右の線を残して次図のように角が作られる。

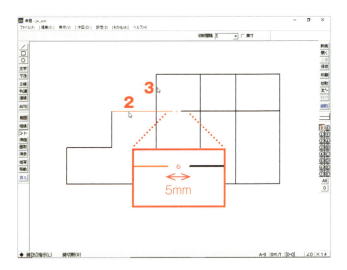

●凹部分の底辺の角を作りましょう。

4 線〈A〉として右図の垂直線を、次に指示する線との交点より上側で🖱。

5 線【B】として右図の水平線を、**4**の線との交点より右側で🖱。

6 同様にして、凹部分の底辺の右の角も作成する。

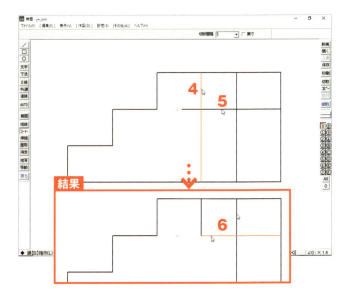

🖊 やってみよう

「コーナー」コマンドの「線切断」機能を利用して、右図のように整えましょう。
切断位置を示す赤い○は、他のコマンドを選択すると消えます。

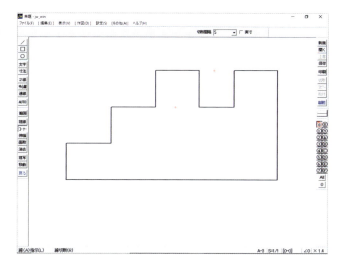

5 名前を付けて保存する

● ここまでを名前「1-5」として保存しましょう。

1 「保存」コマンドを選択する。

2 「ファイル選択」ダイアログのフォルダーツリーで保存先として「jww-prim」フォルダーが開いていることを確認し、「新規」ボタンを🖱。

3 「新規作成」ダイアログの「名前」ボックスに「1-5」を入力し、「OK」ボタンを🖱。
　➡ 図面ファイル「1-5.jww」として保存される。

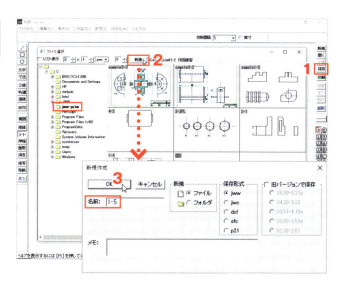

6 用紙右上に長方形を作図する

● 用紙右上に横120mm、縦30mmの長方形を作図しましょう。

1 「□」コマンドを選択し、コントロールバー「寸法」ボックスに「120,30」を入力する。

> **POINT** 「数値入力」ボックスへの「,」(カンマ)の入力は「..」(ドット2つ)でも代用できます。そのため、「120,30」は、「120..30」とも入力できます。

2 長方形の基準点として右図の位置で🖱し、長方形の作図位置を決める🖱。
　➡ 横120mm、縦30mmの長方形が作図される。

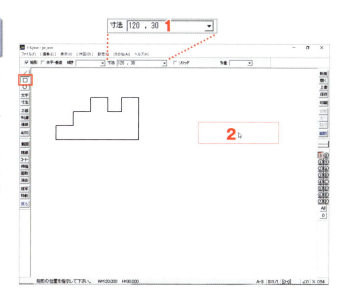

CADを使って機械や木工や製品の図面をかきたい人のためのJw_cad 8製図入門　**87**

1▶5 基本作図操作の総合練習

7 印刷されない線種で2点間の中心線を作図する

●書込線を「線色2・補助線種」にしましょう。

1 「線属性」コマンドを選択する。

2 「線属性」ダイアログの「補助線種」ボタンを🖱。

> **POINT** 「補助線種」で作図された線・円・弧は印刷されません。これは作図補助のための線種です。

3 「線色2」と「補助線種」が選択されていることを確認し、「Ok」ボタンを🖱。

→ ダイアログが閉じ、書込線が「線色2(黒)・補助線種」になる。

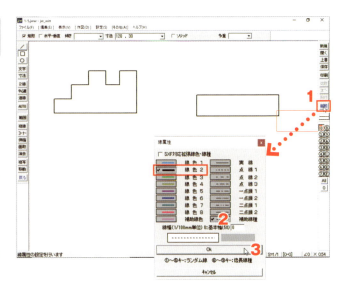

●長方形左上角と右上角の2点間の中心線を作図しましょう。

4 「中心線」コマンドを選択する。

5 1番目の点として長方形の左上角を🖱。

> **POINT** 点は🖱で指示します。この長方形の場合、**5**、**6**で左辺と右辺を🖱しても作図される中心線は同じです。

6 2番目の点として右上角を🖱。

7 中心線の始点として右図の位置で🖱。

8 中心線の終点として右図の位置で🖱。

→ **5**と**6**(2点間)の中心線が、書込線「線色2・補助線種」で**7**から**8**まで作図される。

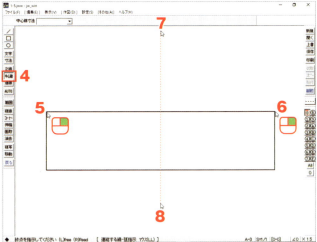

8 横40mm、縦30mmの長方形を作図する

●長方形の上辺と中心線の交点に、中下を合わせ横40mm、縦30mmの長方形を線色2・実線で作図しましょう。

1 書込線を「線色2・実線」にする。

2 「□」コマンドを選択し、コントロールバー「寸法」ボックスに「40,30」を入力する。

3 長方形の基準点として長方形上辺と中心線の交点を🖱。

4 マウスポインタを上に移動し、**3**の点に仮表示の長方形の中下を合わせ、作図位置を決める🖱。

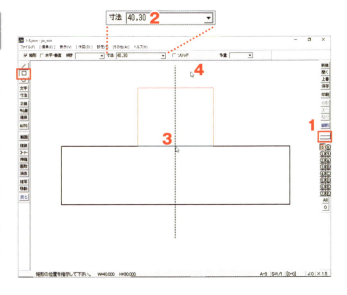

88　CADを使って機械や木工や製品の図面をかきたい人のための Jw_cad 8 製図入門

9 重複線を1本に整理する

●重なって作図されている線（下の長方形上辺と上の長方形下辺）を1本にしましょう。

1 メニューバー［編集］−「データ整理」を選択する。

> **POINT** 「データ整理」コマンドは、同じ位置に重なった同じ線を1本にします。はじめにデータ整理の対象を選択範囲枠で囲むことで指定します。この指定方法を「範囲選択」と呼びます。

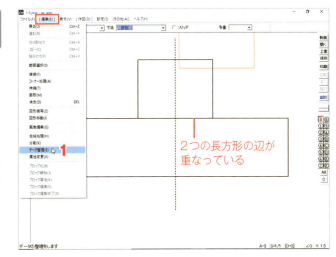

2 範囲選択の始点として右図の位置で🖱。

→ **2**の位置を対角とする選択範囲枠がマウスポインタまで表示される。

3 右図のように図を囲み終点を🖱。

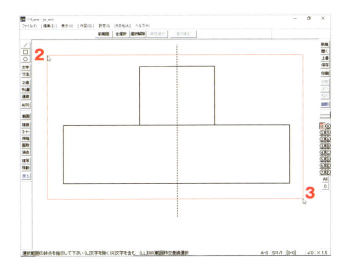

→ 選択範囲枠に全体が入る線要素が選択色になる。

> **POINT** 選択範囲枠に全体が入る線・円・弧要素がデータ整理の対象として選択色になります。選択範囲枠から一部でもはみ出した要素は選択されません。ここでは、補助線は選択されていても、右図のように選択されていなくてもこの後の操作には影響ありません。

4 コントロールバー「選択確定」ボタンを🖱。

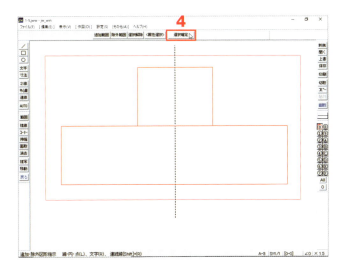

1▶5 基本作図操作の総合練習

5 コントロールバー「重複整理」ボタンを🖱。

→ 重複した線の整理が行われ、作図ウィンドウ左上に -1 と、減った線の本数が表示される。

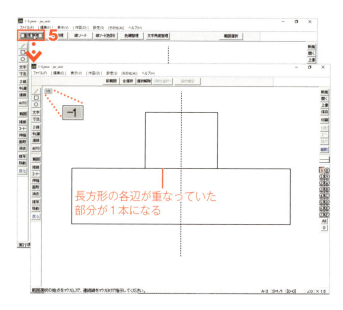

長方形の各辺が重なっていた部分が１本になる

10 中心線から2mm振り分けで2本の線を作図する

● 中心線から左右2mmの振り分けで2本の線を作図しましょう。

1 「2線」コマンドを選択する。

> **POINT** 「2線」コマンドは、基準線の両側に指定間隔の線を、始点・終点指示で作図します。

2 コントロールバー「2線の間隔」ボックスに「2」を入力する。

3 基準線として中心線を🖱。

→ 操作メッセージは「始点を指示してください」になる。

4 始点として右上角を🖱。

→ 基準線とした中心線の両側に **4** を始点とした2本の線がマウスポインタまで仮表示される。

5 終点として右図の角を🖱。

→ 基準線とした中心線の両側 **4**－**5** 間に、2mm振り分けで2本の平行線が作図される。操作メッセージは「始点を指示してください」になる。

> **POINT** 基準線を変更するまでは、**3** で指示した基準線の両側に、始点・終点指示で2線を作図します。

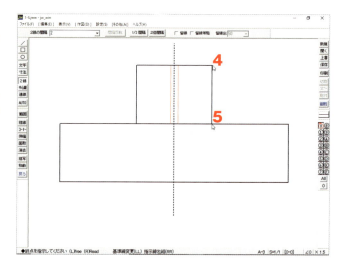

11 「消去」コマンドの「節間消し」で整える

◉ 中心線を消しましょう。

1 「消去」コマンドを選択する。

2 消去対象として中心線を🖰。

➡ **2**の線が消去される。

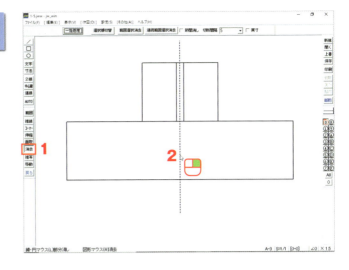

◉ 「消去」コマンドの「節間消し」を利用して、線を部分的に消しましょう。

3 コントロールバー「節間消し」にチェックを付ける。

> **POINT** コントロールバー「節間消し」にチェックを付けると🖰の部分消しが節間消しになり、🖰した線、円・弧の、🖰位置両側の一番近い点間を消します。

4 節間消しの対象として右図の位置で水平線を🖰。

➡ 🖰した線の🖰位置両側の一番近い点間が消え、次図のようになる。

5 節間消しの対象として右図の位置で水平線を🖰。

➡ 🖰した線の🖰位置両側の一番近い点間が消える。

6 節間消しの対象として右図の位置で上辺を🖰。

➡ 🖰した線の🖰位置両側の一番近い点間が消える。

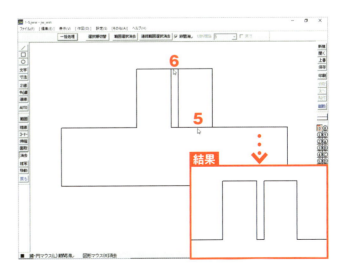

1-5 基本作図操作の総合練習

12 角をC面取りする

●右図のように角から「辺の長さ○mmの直角二等辺三角形」を切り取ったものを「C面取り」と呼び、図面上では「C2」のように表記します。
「C2」で面取りしましょう。

1 「面取」コマンドを選択する。

2 コントロールバー「角面（辺寸法）」を選択し、「寸法」ボックスを🖱して「2」を入力する。

3 線（A）として上辺を🖱。
　➡ 🖱した線が選択色になり、🖱位置に水色の○が仮表示される。

4 線【B】として左辺を🖱。
　➡ 🖱した3と4の線の交点に2mmのC面が作成される。

5 線（A）としてもう一方の上辺を🖱。
　➡ 🖱した線が選択色になり、🖱位置に水色の○が仮表示される。

6 線【B】として右辺を🖱。
　➡ 🖱した5と6の線の交点に2mmのC面が作成される。

POINT 2でコントロールバー「角面（面寸法）」を選択した場合は、面取りした面部分が指定寸法になります。

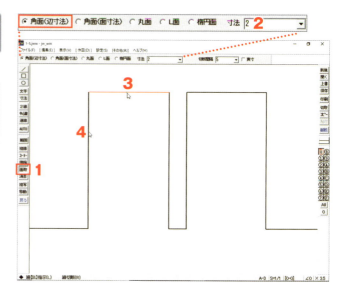

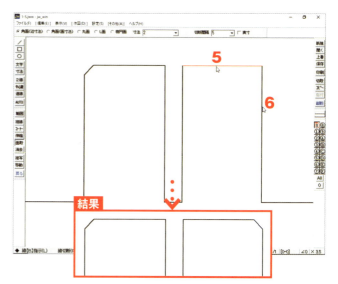

13 左下に横120mm、縦50mmの長方形とその中心線を作図する

●用紙左下に横120mm、縦50mmの長方形とその中心線を作図しましょう。

1 「□」コマンドを選択し、横120mm、縦50mmの長方形を作図する。

2 書込線を「線色6・一点鎖2」にする。

3 「中心線」コマンドを選択し、右図のように長方形の中心線を作図する。

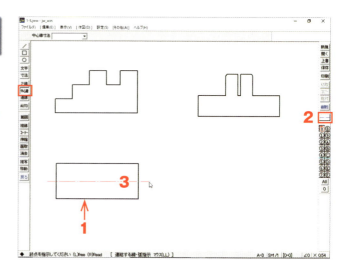

14 横10mm、縦70mmの長方形を作図する

●長方形の左辺と中心線の交点に、右中を合わせ横10mm、縦70mmの長方形を線色2・実線で作図しましょう。

1 書込線を「線色2・実線」にする。

2 「□」コマンドを選択し、コントロールバー「寸法」ボックスに「10,70」を入力する。

3 長方形の基準点として長方形左辺と中心線の交点を🖱。

4 マウスポインタを左に移動し、3の点に仮表示の長方形の右中を合わせ、作図位置を決める🖱。

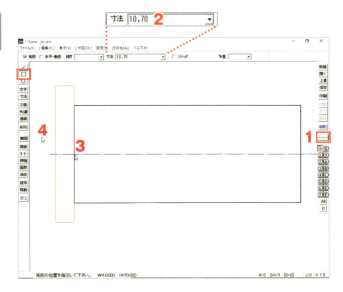

15 長方形の4つの角をC面取りする

●作図した長方形の角も、「C2」で面取りしましょう。

1 「面取」コマンドを選択する。

2 コントロールバー「角面（辺寸法）」が選択され、「寸法」ボックスが「2」になっていることを確認する。

3 線(A)として上辺を🖱。

➡ 🖱した線が選択色になり、🖱位置に水色の○が仮表示される。

4 線【B】として右図の位置で右辺を🖱。

> **POINT** 線が重なっていない位置で🖱してください。線が重なった位置で🖱すると、120mm×50mmの長方形左辺を対象としてしまい、正しく面取りできないことがあります。

➡ 🖱した3と4の線の交点に2mmのC面が作成される。

5 線(A)として右図の位置で右辺を🖱。

6 線【B】として下辺を🖱。

7 同様にして、残り2カ所の角もC面取りする。

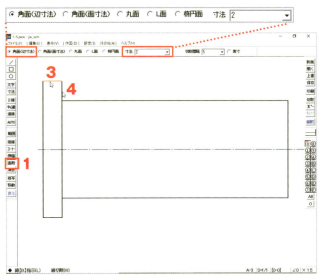

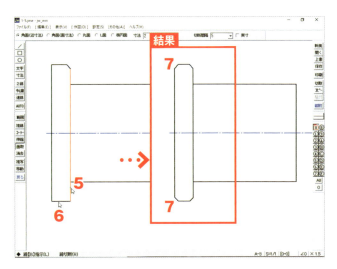

CADを使って機械や木工や製品の図面をかきたい人のための Jw_cad 8 製図入門 93

16 図形を複写する

●前項でC面取りした図形を25mm右に3つ複写しましょう。

1「複写」コマンドを選択する。

→ 操作メッセージは、「範囲選択の始点をマウス(L)で…指示してください」と表示される。

> **POINT**「複写」コマンドでは、はじめに複写対象を範囲選択します。

2 範囲選択の始点として右図の位置で🖱。

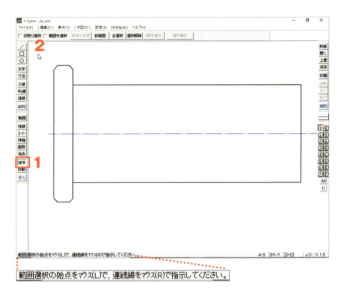

→ **2**の位置を対角とする選択範囲枠がマウスポインタまで表示される。操作メッセージは「選択範囲の終点を指示して下さい…」になる。

3 表示される選択範囲枠で右図のように複写対象の図を囲み、終点を🖱。

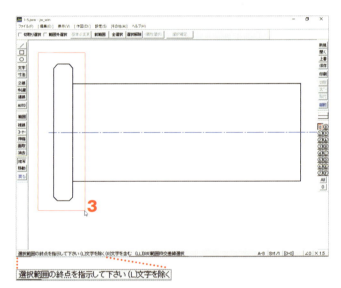

→ 選択範囲枠に全体が入る線が複写対象として選択色になる。

> **POINT** 選択範囲枠に全体が入る線・円・弧要素が複写対象として選択色で表示されます。選択範囲枠から一部でもはみ出した要素は選択されません。

4 複写する図が選択色で表示されていることを確認し、コントロールバー「選択確定」ボタンを🖱。

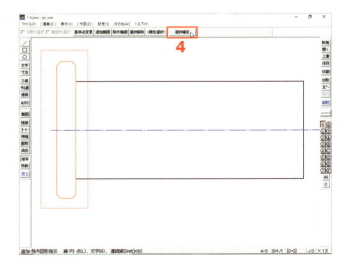

➡ 複写対象が確定し、右図のようにマウスポインタに複写の基準点を合わせ複写要素が仮表示される。操作メッセージは「複写先の点を指示して下さい」になる。

POINT 4の段階で赤い○が表示されていた位置が自動的に複写の基準点（マウスポインタの位置）になります。ここでは複写先を数値（距離）で指示するため、基準点の位置は関係ありません。

5 コントロールバー「数値位置」ボックスに「25,0」を入力し、Enterキーを押して確定する。

POINT 「数値位置」ボックスには、複写元から複写先までの距離を「X方向の距離,Y方向の距離」の順に「,」（半角カンマ）で区切って入力します。複写元から右と上は＋（プラス）数値で、左と下は－（マイナス）数値で入力します。ここでは右に25mmなのでX方向の数値は「25」、上下には動かないためY方向の数値は「0」を入力します。

➡ 25mm右に複写要素が複写され、4で選択確定した複写元の要素は選択色のまま、操作メッセージは「複写先の点を指示して下さい」と表示される。

POINT 他のコマンドを選択するまでは、次の複写先を指示することで同じ複写要素（選択色で表示されている要素）を続けて複写できます。

● さらに右に、もう2つ複写しましょう。

6 コントロールバー「連続」ボタンを。

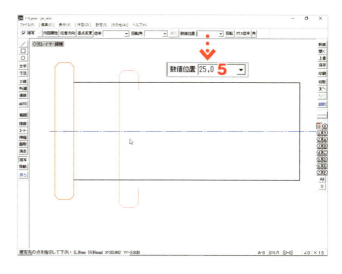

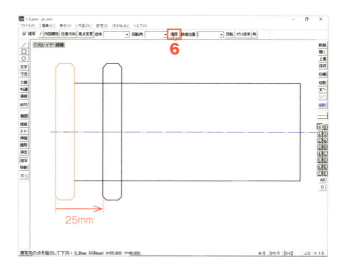

➡ 25mm右にもう1つ複写される。

POINT コントロールバー「連続」ボタンを🖱することで、🖱した回数分、同じ方向・同じ距離に続けて複写できます。

7 コントロールバー「連続」ボタンを🖱。

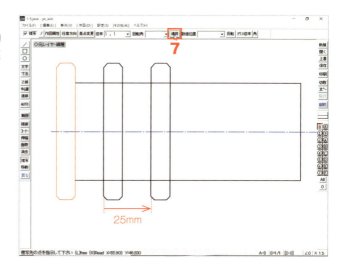

1-5 基本作図操作の総合練習

➡ さらに25mm右にもう1つ複写される。

8 「複写」コマンドを終了するため、「／」コマンドを選択する。

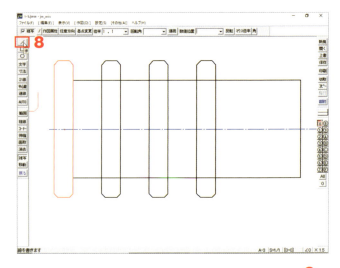

17 始点・終点と半径を指定して円弧を作図する

● 右辺の両端点を始点・終点とする半径30mmの円弧を作図しましょう。

1 「○」コマンドを選択し、コントロールバー「円弧」にチェックを付ける。

2 コントロールバー「半径」ボックスに「30」を入力する。

3 コントロールバー「3点指示」にチェックを付ける。

4 1点目(始点)として右上角を🖱。

5 2点目(終点)として右下角を🖱。

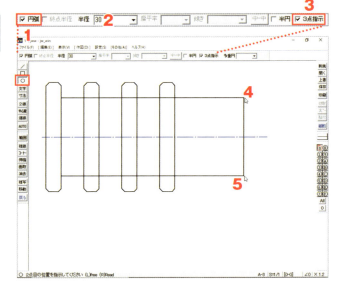

➡ **4**と**5**を両端点とする半径30mmの円弧が複数仮表示され、操作メッセージは「必要な円弧を指示してください」になる。この場合候補は4つある。

POINT 点線で仮表示されている候補の円弧にマウスポインタを近づけると円弧が実線の仮表示になります。その状態で🖱することで、実線で仮表示されている円弧を作図します。

6 右図の円弧のそばにマウスポインタを近づけ実線で仮表示された状態で🖱。

➡ **6**で選択した円弧が作図される。

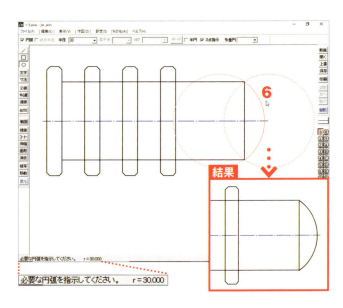

やってみよう

「消去」コマンドの「節間消し」を利用して、右図のように加工しましょう。

参考：節間消し→p.91

また、「データ整理」コマンドで、p.93の長方形の作図で重複した線およびp.95で複写した重複線を整理しましょう。

参考：データ整理→p.89

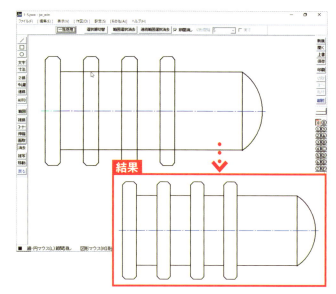

18 右下の図の中心線と円・長方形を作図する

● 右下の図の中心線を「線色6・一点鎖2」で作図しましょう。

1 書込線を「線色6・一点鎖2」にする。

2 「／」コマンドを選択し、コントロールバー「水平・垂直」にチェックを付ける。

3 右図のように交差する水平線と垂直線を作図する。

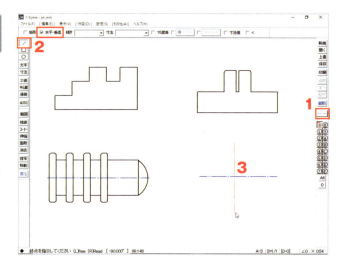

● 作図した2本の一点鎖線の交点を中心とする半径20mmの円と横100mm、縦70mmの長方形を「線色2・実線」で作図しましょう。

4 書込線を「線色2・実線」にする。

5 「○」コマンドを選択し、コントロールバー「円弧」のチェックを外して、半径20mmの円の中心を一点鎖線の交点に合わせて作図する。

参考：円の作図→p.37

6 「□」コマンドを選択し、コントロールバー「寸法」ボックスに「100,70」を入力する。

7 長方形の基準点として一点鎖線の交点を🖱し、仮表示の長方形の中中を合わせ、作図位置を決める🖱。

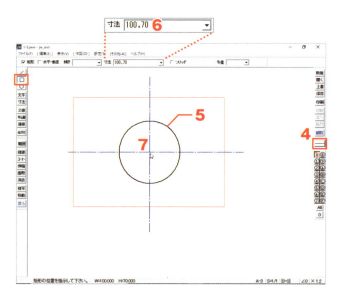

1▶5 基本作図操作の総合練習

19 斜めの部分を作図して整える

●左上の斜線を作図しましょう。

1 「／」コマンドを選択し、左辺と一点鎖線の交点から上辺と一点鎖線の交点まで斜線を作図する。

●斜線と上辺、左辺との角を整えましょう。

2 「コーナー」コマンドを選択し、結果の図のように2カ所の角を作成する。

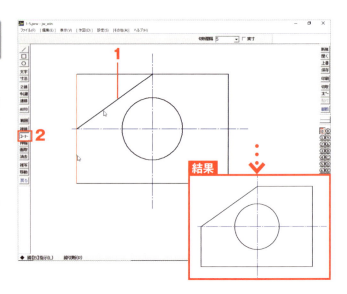

20 R面取りする

●右下角を半径30mmでR面取りしましょう。

1 「面取」コマンドを選択する。

2 コントロールバー「丸面」を選択し、「寸法」ボックスに「30」を入力する。

3 線（A）として右辺を🖱。

　➡ 🖱した線が選択色になり、🖱位置に水色の○が仮表示される。

4 線【B】として下辺を🖱。

　➡ 🖱した3と4の線の交点に半径30mmのR面が作成される。

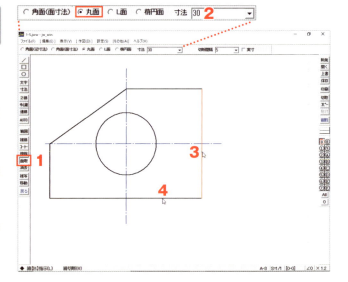

●右上角を半径10mmでR面取りしましょう。

5 コントロールバー「寸法」ボックスに「10」を入力する。

6 線（A）として上辺を🖱。

　➡ 🖱した線が選択色になり、🖱位置に水色の○が仮表示される。

7 線【B】として右辺を🖱。

　➡ 🖱した6と7の線の交点に半径10mmのR面が作成される。

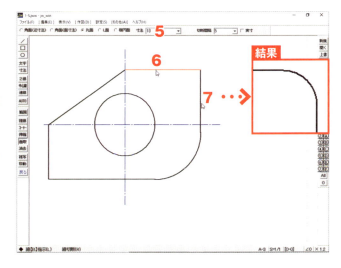

21 印刷線幅を設定して印刷する

● 線色2（太線）を0.25mm、線色6（細線）を0.18mmに設定し、印刷しましょう。

1. メニューバー［設定］－「基本設定」を選択し、「jw_win」ダイアログの「色・画面」タブを🖱。
2. 「線幅を1/100mm単位とする」にチェックを付ける。
3. 「プリンタ出力 要素」欄の「線色2」の「線幅」ボックスを「25」に、「線色6」の「線幅」ボックスを「18」に変更し、「OK」ボタンを🖱。
4. 「印刷」コマンドを選択し、印刷する。
5. 上書き保存する。

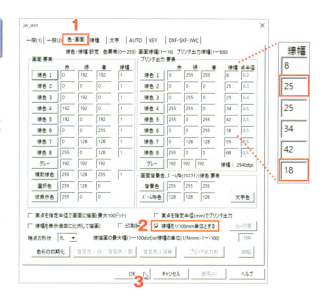

HINT　A4用紙に縮小印刷するには

A3用紙に作図した図面をA4用紙に縮小印刷するには、「印刷」コマンドのコントロールバー「印刷倍率」ボックスの▼を🖱し、表示されるリストから「71％（A3→A4, A2→A3）」を🖱で選択します。

リストにない倍率は、「任意倍率」を🖱で選択し、「印刷倍率入力」ダイアログ（下図）に印刷倍率（単位%）を入力して指定します。

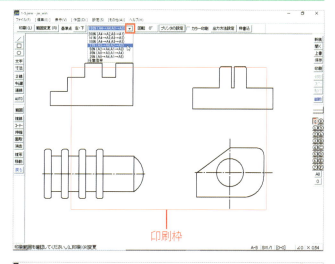

印刷枠

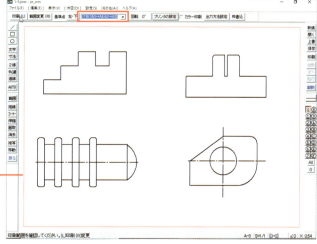

選択した倍率に準じて
印刷枠の大きさが変化

ONE POINT LESSON 「面取」コマンド

「面取」コマンドの「角面（辺寸法）」（→p.92）
「角面（面寸法）」のいずれもその面の角度は45°
です。
角度が45°でない、右図のような面取りは以下
の手順で作図します。

1. 「面取」コマンドを選択し、コントロールバー「L面」を選択する。
2. 「寸法」ボックスに「30,10」を入力する。

   POINT　「L面」では、指示した2本の線の交点をL字型に面取りします。2本の線を指示する順序は、「寸法」ボックスに「,」区切りで入力した数値の順序に合わせます。

3. 線（A）として上辺を🖱。

   → 🖱した線が選択色になり、🖱位置に水色の○が仮表示される。

4. 線【B】として左辺を🖱。

   → 結果の図のようにL字の面が作成される。

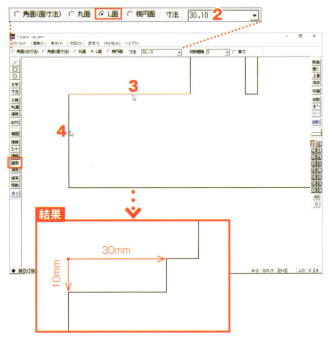

5. 「／」コマンドを選択し、作成された面取りの角どうしを結ぶ線を作図する。
6. 「消去」コマンドを選択し、**1**～**4**の面取りで作成した2本の線を消去する。

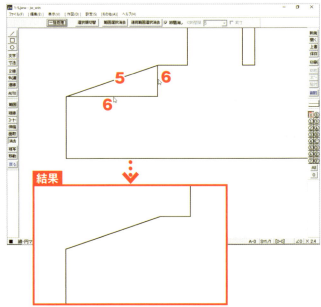

CHAPTER 2

ハッチング作図と
文字・寸法の記入操作
を学ぶ

2-1	ハッチングの作図	102
2-2	文字の記入と図面枠の作成	108
2-3	寸法の記入	130

2-1 ハッチングの作図

ハッチングは、「ハッチ」コマンドでハッチングを施す範囲（「ハッチング範囲」と呼ぶ）とパターンを指定して作図します。
練習用図面「2-1」を開き、「ハッチ」コマンドの基本操作を学習しましょう。

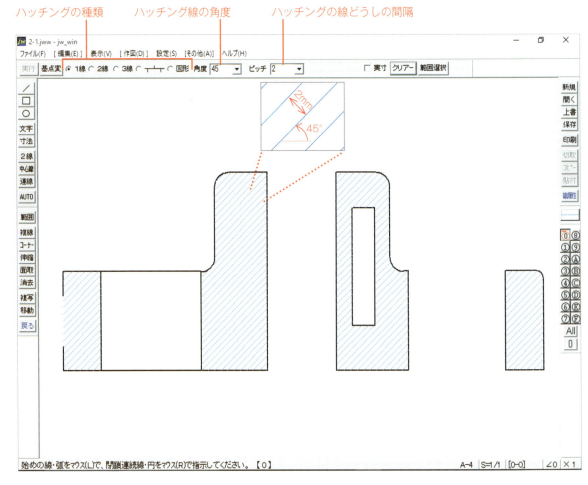

「ハッチ」コマンドで作図したハッチ線は、1本ごとに独立した線要素です。通常の線要素と同様に消去や伸縮などの編集ができます。すでに作図されているハッチ線のパターンやピッチを変更する機能はありません。変更する場合は既存のハッチ線を消し、再度「ハッチ」コマンドでハッチングを施してください。

1 閉じた連続線内にハッチングを作図する

●練習用図面「2-1」を開き、右側に作図されている閉じた図形内にハッチングを作図しましょう。

1 「開く」コマンドを選択し、図面ファイル「2-1」を開く。

2 メニューバー［作図］－「ハッチ」を選択する。

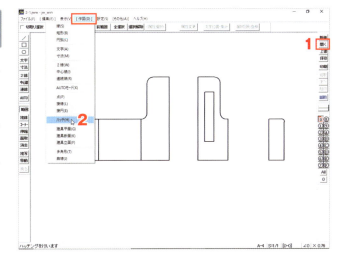

●ハッチング範囲を指定しましょう。

3 ハッチング範囲として右図の図形の外形線を🖱。

> **POINT** ハッチング範囲の外形線が閉じた連続線や円のときは🖱で指定します。

➡ **3**の線に連続しているすべての線が選択色になり、その内部がハッチング範囲になる。

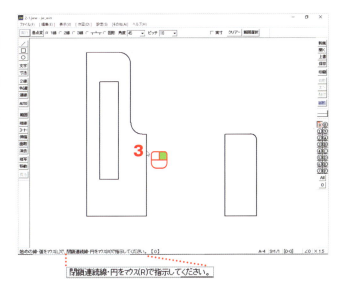

●続けて他のハッチング範囲も指定しましょう。

4 選択された範囲の内側にある長方形の辺を🖱。

> **POINT** 中抜きはハッチング範囲と中抜きの範囲の両方をハッチング範囲として指定します。

➡ **4**の線に連続しているすべての線が選択色になる。

5 右側の図形の外形線を🖱。

➡ **5**の線に連続しているすべての線が選択色になる。

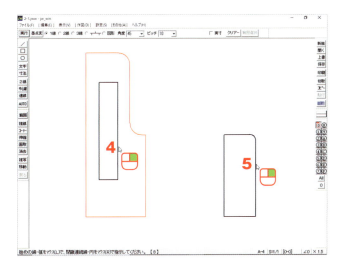

CADを使って機械や木工や製品の図面をかきたい人のための Jw_cad 8 製図入門　**103**

2-1 ハッチングの作図

●ハッチングの種類とピッチを指定しましょう。

6 コントロールバー「1線」が選択されていること、「角度」ボックスが「45」であることを確認し、「ピッチ」ボックスに「2」を入力する。

> **POINT** 「ピッチ」は尺度（縮尺）に関係なく印刷したときの原寸で指定します。このような指定をJw_cadでは「図寸（図面寸法）」と呼びます。実寸で指定する場合は、コントロールバー「実寸」にチェックを付けます。

7 書込線を「線色1・実線」にする。

8 コントロールバー「実行」ボタンを🖱️。

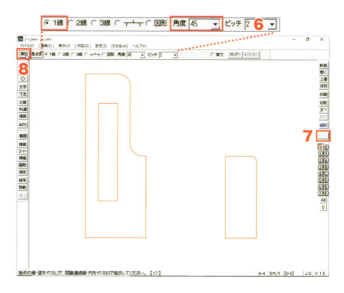

➡ 右図のようにハッチングが書込線で作図される。ハッチング範囲は選択色のままである。

> **POINT** 続けて、同じ範囲にさらにハッチングを作図できます（→下記「HINT」）。

●他の範囲にハッチングを作図するため、現在のハッチング範囲を解除しましょう。

9 コントロールバー「クリアー」ボタンを🖱️。

➡ ハッチング範囲が解除され、元の色に戻る。

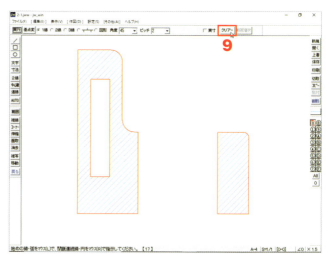

HINT 格子状にハッチングを作図するには

上記**9**を行う前に、コントロールバー「角度」ボックスに「−45」を入力して「実行」ボタンを🖱️すると、同じ範囲に−45°のハッチングが追加作図され、右図のように格子状になります。

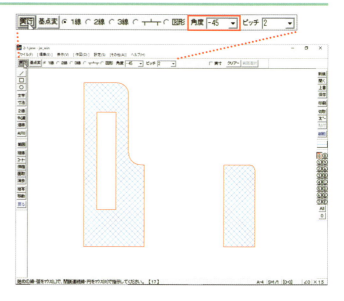

2 閉じていない範囲にハッチングを作図する

ハッチングを作図する範囲が閉じた連続線でない場合、範囲を示す外形線を1本ずつ🖱して指定します。

◉左側の図形でハッチング範囲を指定しましょう。

1 ハッチング範囲の始めの線として下辺を🖱。

> **POINT** ハッチング範囲の外形線が閉じた連続線でない場合は、始めの線を🖱し、それに連続する線を1本ずつ🖱してハッチング範囲の外形を指定します。

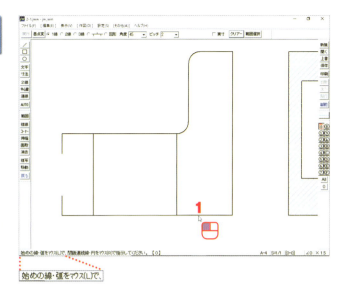

➡ **1**の線が始めの線として選択色で波線表示され、操作メッセージは「■ 次の線・円をマウス(L)で指示してください」になる。

2 次の線として1に連続する右辺を🖱。

➡ **2**の線が選択色になり、操作メッセージは「■ 次の線・円をマウス(L)で指示してください」になる。

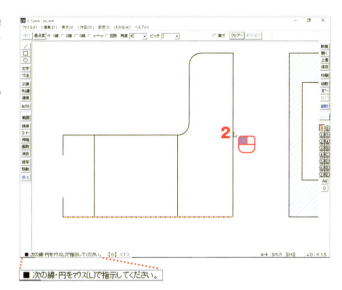

3 次の線として2に連続する上辺を🖱。

➡ **3**の線が選択色になる。

4 次の線として3に連続する面取りの円弧を🖱。

➡ **4**の円弧が選択色になる。

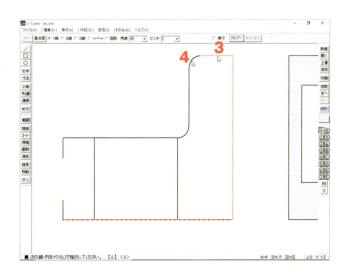

2•1 ハッチングの作図

5 次の線として4に連続する左辺を🖱。
6 次の線として5に連続する面取りの円弧を🖱。
7 次の線として6に連続する左辺を🖱。
8 次の線として波線で表示されている始めの線を、右図の位置で🖱。
➡ 2~8で指定した線・円弧に囲まれた内部がハッチング範囲として確定する。

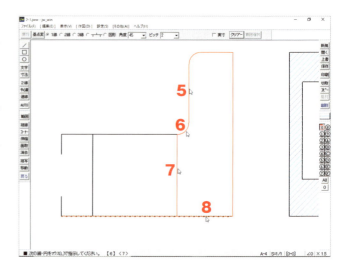

●続けて、その左の範囲を指定しましょう。

9 ハッチング範囲の始めの線として右図の垂直線を🖱。
➡ 9の線が始めの線として選択色で波線表示される。
10 次の線として9に連続する上辺を🖱。
11 次の線として10に連続する左辺を🖱。
12 次の線として右図の下辺を🖱。

> **POINT** この図のように線が連続していない場合、次の線は11と同一線上の線ではなく、11の延長上で交差する12の線を指示します。同一線上の線を🖱した場合 計算できません と表示され、次の線として選択されません。

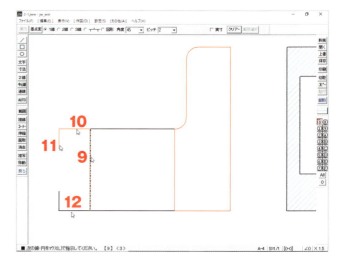

➡ 11の線の延長線に連続して12の線も選択色になる。

13 次の線として波線で表示されている始めの線を🖱。

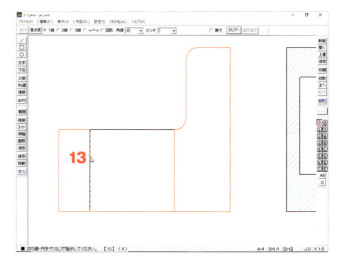

106　CADを使って機械や木工や製品の図面をかきたい人のためのJw_cad 8 製図入門

➡ **10**〜**13**で指定した線に囲まれた内部がハッチング範囲として確定する。

14 コントロールバー「1線」が選択され、「角度」ボックスが「45」、「ピッチ」ボックスが「2」であることを確認し、「実行」ボタンを🖱。

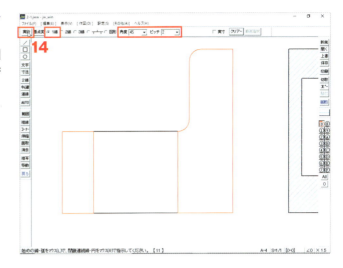

➡ 右図のようにハッチングが書込線で作図される。ハッチング範囲は選択色のままである。

15 コントロールバー「クリアー」ボタンを🖱。

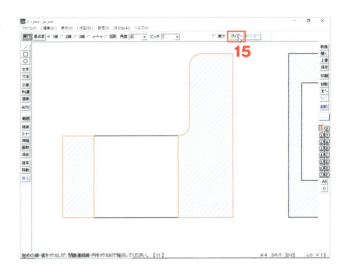

➡ ハッチング範囲が解除され、元の色に戻る。

以上で、ハッチングの作図練習は終了です。図面を保存せずにJw_cadを終了して結構です。

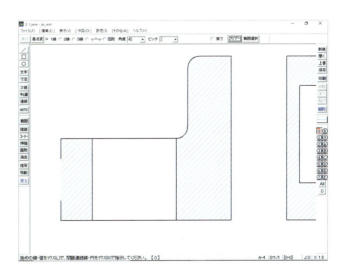

2-2 文字の記入と図面枠の作成

文字の記入は「文字」コマンドを選択し、記入する文字を入力した後、記入位置をクリックします。
ここでは、図面の表題欄の作図をモチーフに、文字記入の手順や記入されている文字の変更、消去などの方法を学習します。また、A4用紙用の図面枠も作図しましょう。

「書込み文字種変更」ダイアログ

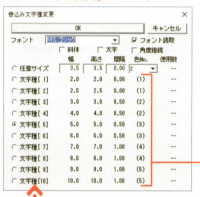

文字の種類には、文字サイズが固定された「文字種[1]」～「文字種[10]」と、サイズを指定して記入できる「任意サイズ」があります。
文字のサイズを決める「幅」「高さ」「間隔」は、図面の尺度(縮尺)にかかわらず、実際に印刷される幅・高さ・間隔(mm)で指定します。図面の尺度(縮尺)によって実際に印刷される大きさが変化する「実寸」に対し、文字のサイズ指定のような尺度(縮尺)に左右されない寸法をJw_cadでは「図寸(図面寸法)」と呼びます。

サイズが固定されている10種類の文字種
(「基本設定」コマンドで変更可能)

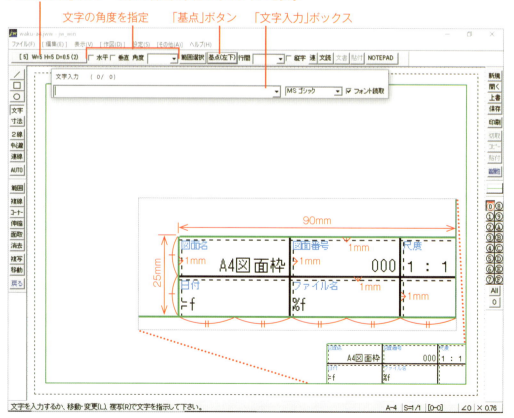

1 文字種1〜10のサイズを設定する

●はじめに、サイズ固定の文字種1〜10のサイズを設定しましょう。

1 Jw_cadを起動し、メニューバー［設定］－「基本設定」を選択する。

2 「jw_win」ダイアログの「文字」タブを🖱。

> **POINT** 文字種ごとに「横」「縦」「間隔」ボックスに幅、高さ、文字と文字の間隔を図寸（mm）で入力します。「色No.」ボックスには、書込線の線色と同じ線色1〜8を指定します。この線色は、画面の表示色およびカラー印刷時の色の別で、文字の太さの別を示すものではありません。

文字の各部サイズ名称

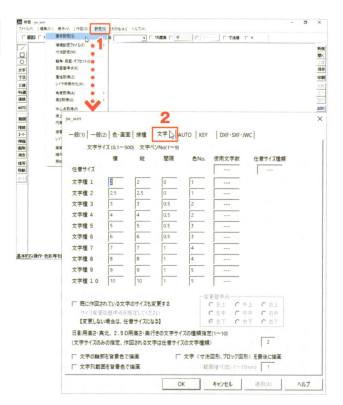

3 文字種1〜10を下表のサイズにするため、各文字種の「横」「縦」ボックスを🖱し、右図のように数値を書き換える。

文字種1	2.5mm角	文字種6	6mm角
文字種2	3mm角	文字種7	7mm角
文字種3	3.5mm角	文字種8	10mm角
文字種4	4mm角	文字種9	14mm角
文字種5	5mm角	文字種10	20mm角

4 文字種3〜10は黒で表示するため、右図のように「色No.」ボックスの数値を「2」に変更する。

5 「OK」ボタンを🖱。

> **POINT** 「jw_win」ダイアログ「文字」タブの設定は、図面ファイルを保存した際、図面とともに保存されます。また、Jw_cad終了時の「jw_win」ダイアログの「文字」タブの設定が次回のJw_cad起動時にも保持されます。

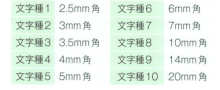

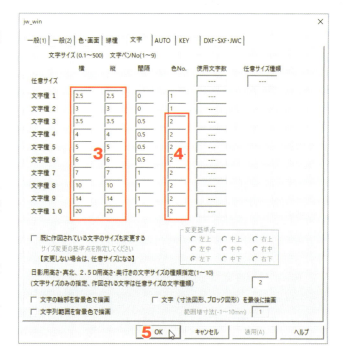

2 表題欄の外枠を作図する

●尺度1：1でA4用紙に、横90mm、縦25mmの長方形を作図しましょう。

1 用紙サイズをA4、縮尺を1/1に設定する。
　　　　　参考：用紙サイズ・縮尺の設定→p.29

2 書込線を「線色2・実線」にする。

3 「□」コマンドを選択し、コントロールバー「寸法」ボックスに「90,25」を入力する。

4 長方形の基準点として作図ウィンドウのほぼ中央で🖱し、さらに作図位置を決める🖱。

3 分割線を作図する

●作図した外枠の縦を2つに等分割する線を作図しましょう。

1 メニューバー[編集]－[分割]を選択する。

2 コントロールバー「等距離分割」が選択されていることを確認し、「分割数」ボックスに「2」を入力する。

> **POINT**　「分割」コマンドでは、2つの線・円・弧・点間を指定数で等分割する線や円・弧・点を作図します。対象とする要素が線・円・弧の場合は🖱で、点の場合は🖱で指示します。

3 1つ目の要素として上辺を🖱。

➡ 上辺が選択色になり、操作メッセージは「□線【B】指示 マウス(L)　●分割終点指示 マウス(R)」になる。

> **POINT**　1つ目の要素として線を選択したため、2つ目の要素は線または点を指示します。円・弧は選択できません。2つの要素の両方またはいずれかが線の場合、2つの要素間を指定数で等分割する線が作図されます。

4 2つ目の要素として下辺を🖱。

➡ 上辺と下辺の間を2等分する線が作図される。

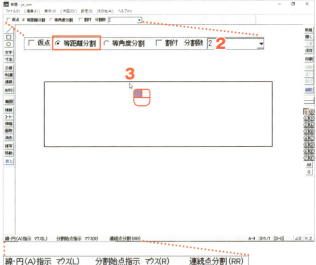

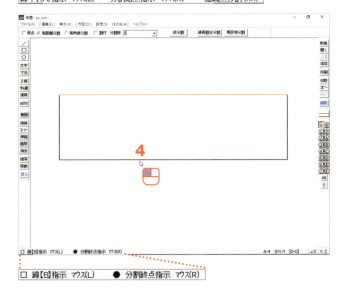

●外枠の横を5つに等分割する線を作図しましょう。

5 コントロールバー「分割数」ボックスに「5」を入力する。

6 1つ目の要素として左辺を🖱。
  ➡ 左辺が選択色になり、操作メッセージは「□線【B】指示 マウス(L) ●分割終点指示 マウス(R) 」になる。

7 2つ目の要素として右辺を🖱。
  ➡ 左辺と右辺の間を5等分する線が作図される。

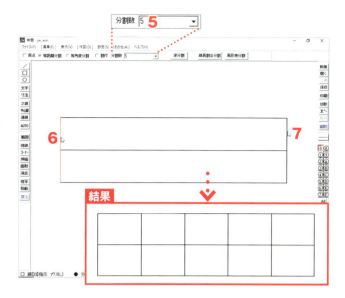

4 不要な線を消去する

●表題欄として不要な2本の線を消去しましょう。

1 「消去」コマンドを選択する。

2 不要な右図の線を🖱。
  ➡ 🖱した線が消去される。

3 もう1本の不要な線を🖱。
  ➡ 🖱した線が消去される。

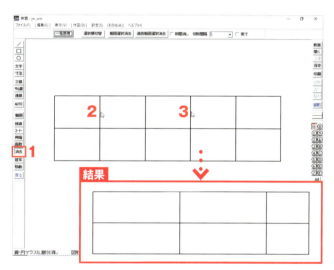

5 文字記入位置の目安とする補助線を作図する

●各記入欄枠の左辺と上辺から1mmの位置に補助線を作図しましょう。

1 「線属性」コマンドを選択し、書込線を「線色2・補助線種」にする。

2 「複線」コマンドを選択し、コントロールバー「複線間隔」ボックスに「1」を入力する。

3 右図のように5本の補助線を作図する。

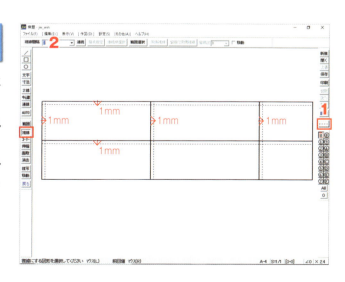

6 3mm角の大きさで文字を記入する

●はじめに記入文字の大きさを指定しましょう。

1「文字」コマンドを選択する。

2 コントロールバー「書込文字種」ボタンを🖱。

➡「書込み文字種変更」ダイアログが開く。

> **POINT**「書込み文字種変更」ダイアログで、これから記入する文字の大きさ（文字種）を選択します。文字種[1]〜[10]にない大きさの文字を記入する場合は、「任意サイズ」を選択して、大きさを指定します。文字のフォントや斜体、太字の指定もこのダイアログで行えます。

3「書込み文字種変更」ダイアログで「幅」「高さ」が「3.0」(mm)の「文字種[2]」を🖱。

➡「書込み文字種変更」ダイアログが閉じ、コントロールバー「書込文字種」ボタンの表記が現在の書込文字種「[2]W=3 H=3 D=0(1)」に変わる。

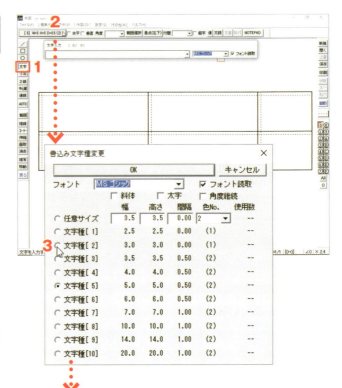

●記入文字「図面名」を入力しましょう。

4「文字入力」ボックスに「図面名」を入力する。

➡ 入力した文字の外形枠がその左下をマウスポインタに合わせて仮表示される。

●文字「図面名」の左上を補助線の交点に合わせて記入するため、文字の基点（文字外形枠におけるマウスポインタの位置）を変更しましょう。

5 コントロールバー「基点（左下）」ボタンを🖱。

➡「文字基点設定」ダイアログが開く。

> **POINT** 文字の基点として、下図の9カ所を指

6「文字基点設定」ダイアログの「文字基点」欄の「左上」を🖱。

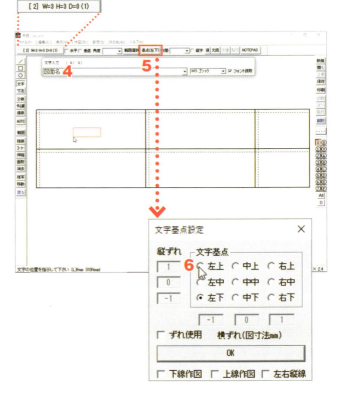

➡「文字基点設定」ダイアログが閉じ、コントロールバーの「基点(左下)」ボタンが「基点(左上)」に変わる。マウスポインタに左上を合わせ文字外形枠が仮表示される。

7 文字の記入位置として右図の補助線交点を🖱。

➡🖱位置に文字の左上を合わせ文字種2で「図面名」が記入される。文字種2の「色No.」は「1」に設定されているため、記入された文字は線色1で表示される。

> **POINT** 文字の移動や消去などの編集時、ここで記入した「図面名」3文字をひとまとまりとして扱います。この文字要素を扱ううえでの最小単位を「文字列」と呼びます。

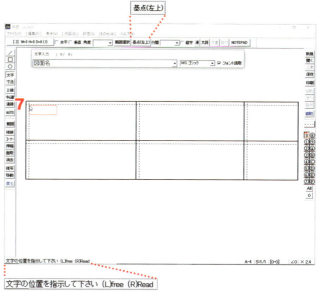

● 「図面番号」「尺度」「日付」「ファイル名」の文字も各補助線の交点に文字の左上を合わせて記入しましょう。

8 「文字入力」ボックスに「図面番号」を入力する。

➡マウスポインタに左上を合わせ文字「図面番号」の外形枠が仮表示される。

9 文字の記入位置として右図の補助線交点を🖱。

➡🖱位置に文字の左上を合わせ文字種2で「図面番号」が記入される。

10 残りの文字「尺度」「日付」「ファイル名」を、**8**～**9**と同様にして、それぞれの欄の補助線交点に合わせ右図のように記入する。

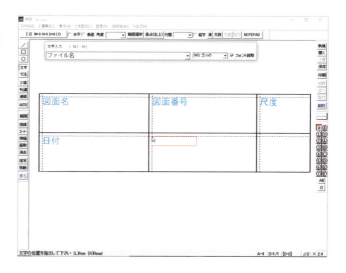

2·2 文字の記入と図面枠の作成

7 右下を基点として5mm角の文字を記入する

●「尺度」欄に5mm角の大きさで基点を右下にして文字「1：1」を記入しましょう。

1 「文字」コマンドのコントロールバー「書込文字種」ボタンを🖱し、「書込み文字種変更」ダイアログで「幅」「高さ」が「5.0」（mm）の「文字種[5]」を🖱で選択する。

2 コントロールバー「基点」ボタンを🖱し、「文字基点設定」ダイアログの「文字基点」欄の「右下」を🖱で選択する。

3 「文字入力」ボックスに「1：1」を入力する。

→ 入力した文字の外形枠がその右下をマウスポインタに合わせて仮表示される。

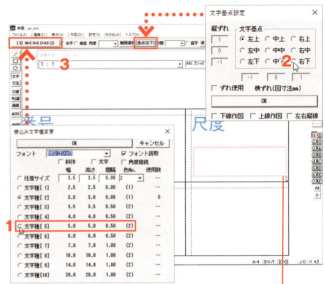

外形枠右下にマウスポインタを合わせて仮表示

4 コントロールバー「基点（右下）」ボタンを🖱。

5 「文字基点設定」ダイアログの右図枠囲みの数値を確認し、「ずれ使用」にチェックを付け、「OK」ボタンを🖱。

POINT 「ずれ使用」にチェックを付けることで、基点から「縦ずれ」「横ずれ」ボックスで指定した数値分離れた位置がマウスポインタの位置になります。

→ 文字の基点（右下）から右に1mm（横ずれ1）、下に1mm（縦ずれ−1）離れた位置にマウスポインタを合わせて文字「1：1」の外形枠が仮表示される。

6 文字の記入位置として枠の右下角を🖱。

→ 🖱位置から左に1mm、上に1mmの位置に文字の右下を合わせ、文字「1：1」が記入される。

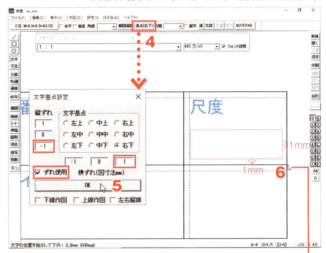

文字の基点（右下）から右に1mm、下に1mm離れた位置にマウスポインタを合わせて外形枠が仮表示

●文字「図面枠」と「000」も同様に記入しましょう。

7 「文字入力」ボックスに「図面枠」を入力し、文字の記入位置として「図面名」欄の右下角を🖱。

8 「文字入力」ボックスに「000」を入力し、文字の記入位置として「図面番号」欄の右下角を🖱。

8 ファイル名・日付に変換表示される埋め込み文字を記入する

●ファイル保存日時に変換される文字を、左下を基点とし、「ずれ使用」を利用して記入しましょう。

1「文字入力」ボックスに「＝f」を入力する。

> **POINT** Jw_cadには、ファイル名やファイル保存日時に変換表示される特殊な文字があります。これを「埋め込み文字」と呼びます。埋め込み文字「＝f」は、半角文字で入力してください。

2 コントロールバー「基点」ボタンを🖱し、「文字基点設定」ダイアログの「ずれ使用」にチェックが付いていることを確認し、「左下」を🖱。

3 文字の記入位置として「日付」欄の左下角を🖱。

→ 🖱位置から右に1mm、上に1mmの位置に文字の左下を合わせ、文字「＝f」が記入される。

> **POINT** 埋め込み文字は、文字の左下を基準に変換表示されるため、左下を基点として記入します。

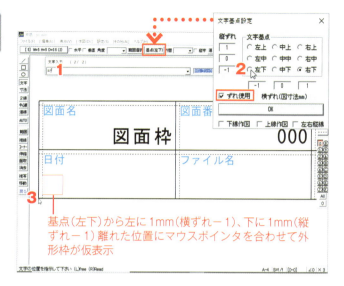

基点(左下)から左に1mm(横ずれ－1)、下に1mm(縦ずれ－1)離れた位置にマウスポインタを合わせて外形枠が仮表示

●ファイル名に変換される埋め込み文字を「ファイル名」枠に記入しましょう。

4「文字入力」ボックスに「％f」を半角文字で入力する。

5 文字の記入位置として「ファイル名」欄左下角を🖱。

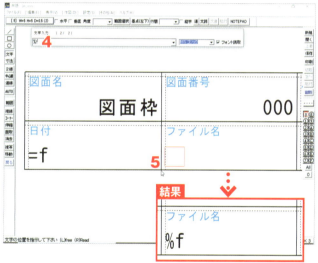

9 名前を付けて保存する

●ここまでの図面ファイルを名前「waku-a4」として保存しましょう。

1「保存」コマンドを選択する。

2「ファイル選択」ダイアログのフォルダーツリーで保存先の「jww-prim」フォルダーが開いていることを確認し、「新規」ボタンを🖱。

3「名前」ボックスに「waku-a4」を入力する。

4「メモ」ボックスに「A4図面枠」を入力する。

5「OK」ボタンを🖱。

→ 図面ファイル「waku-a4.jww」として保存される。

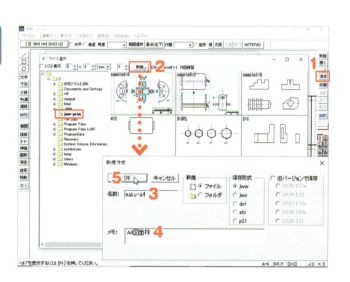

10 埋め込み文字を確認する

●前ページで記入した埋め込み文字が、ファイル保存年月日とファイル名に変換表示されることを確認しましょう。

1 メニューバー[設定]-「基本設定」を選択する。

2 「jw_win」ダイアログの「一般(2)」タブを🖱。

3 「プリンタ出力時の埋め込み文字(ファイル名・出力日時)を画面にも変換表示する」にチェックを付け、「OK」ボタンを🖱。

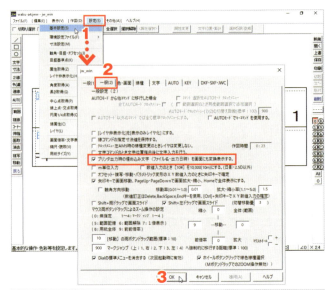

→ 「=f」が図面を保存した年月日に、「%f」が図面ファイル名「waku-a4.jww」に変換表示される。

POINT 埋め込み文字は、文字の左下の位置を基準に変換表示されます。変換表示されたときの文字の長さを想定したうえで、埋め込み文字の記入位置や記入欄の大きさを決める必要があります。

POINT 「=f」の代わりに「=J」と記入することで、ファイルの保存日を「令和〇年〇月〇日」と元号で表示できます。

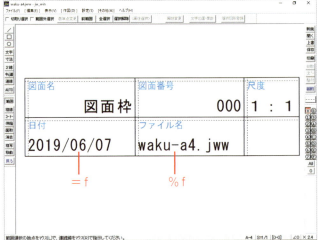

11 印刷枠を補助線で作図する

●使用するプリンタの印刷可能な範囲を示す印刷枠を補助線で作図しましょう。

1 「印刷」コマンドを選択し、「印刷」ダイアログの「プリンター名」が使用するプリンタであることを確認し、「OK」ボタンを🖱。

→ 1で確認したプリンタの用紙サイズ、印刷の向きで、印刷枠が表示される。

2 用紙サイズと印刷の向きを確認、変更するため、コントロールバー「プリンタの設定」ボタンを🖱。

3 「プリンターの設定」ダイアログで用紙サイズ「A4」、印刷の向き「横」を選択し、「OK」ボタンを🖱。

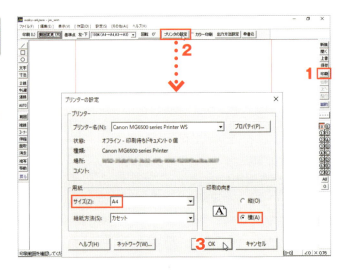

➡ A4横の印刷枠が表示される。

◉表示されている印刷枠を「線色2・補助線種」で作図しましょう。

4 書込線を「線色2・補助線種」にする。

5 印刷枠がA4用紙枠の中央に表示されていることを確認し、コントロールバー「枠書込」ボタンを🖱。

参考：用紙枠→p.28

➡ 印刷枠が線色2・補助線種で作図される。

6「印刷」コマンドを終了するために「／」コマンドを選択する。

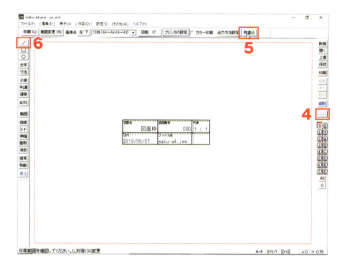

12 縮小表示する

◉次項の操作が行いやすいよう、用紙枠の外まで作図ウィンドウに表示しましょう。

1 作図ウィンドウのほぼ中央にマウスポインタをおき、🖱↖ 縮小 。

➡ **1** の位置を中心に作図ウィンドウが縮小表示される。

> **POINT** 作図ウィンドウで🖱↖（左右両ボタンを押したまま左上に移動）し、縮小 が表示されたらボタンをはなすことで、🖱↖ 位置を中心に縮小表示されます。また、p.15の **10** の指定により、PgDn（PageDown）キーを押すことでも縮小表示できます。

2 🖱↖ 拡大 で用紙枠よりひとまわり広い右図の範囲を拡大表示する。

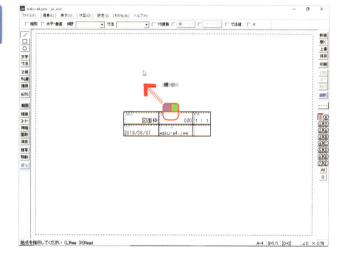

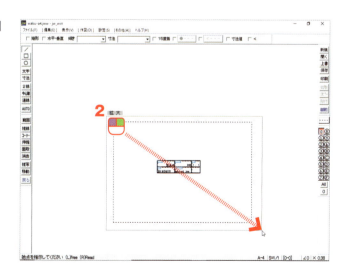

13 図面枠を作図する

●前項で作図した印刷枠の各辺から7mm内側に図面枠を「線色3・実線」で作図しましょう。

1 書込線を「線色3・実線」にする。

2 「複線」コマンドを選択し、コントロールバー「複線間隔」ボックスに「7」を入力する。

3 基準線として印刷枠の上辺を🖱。

4 基準線の下側で作図方向を決める🖱。

　➡ **3**の上辺から7mm下に複線が作図される。

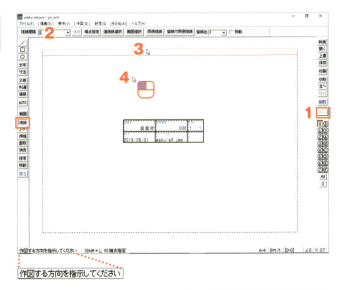

5 次の基準線として印刷枠の左辺を🖱。

> **POINT** 連続して複線を作図する場合、2本目以降の複線の作図方向を決めるときの操作メッセージには「前複線と連結　マウス(R)」が表示されます。作図方向を決めるクリックを🖱で行うことで、1つ前に作図された複線と現在作図中の複線の交点に角を作ります。

6 基準線の右側で作図方向を決める🖱（前複線と連結）。

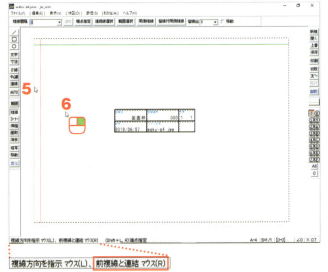

角が作成される

　➡ 1つ前の複線との交点に角が作成され、連結した複線が作図される。

7 次の基準線として下辺を🖱。

8 基準線の上側で作図方向を決める🖱（前複線と連結）。

> **POINT** **8**で誤って🖱したときは、「戻る」コマンドで取り消さずに、後で「コーナー」コマンドで角を作ってください。「戻る」コマンドで取り消した場合、再度指示する次の複線は1本目の複線と見なされます。そのため、作図方向指示を🖱でしても、**6**で作図した複線との角を作ることはできません。

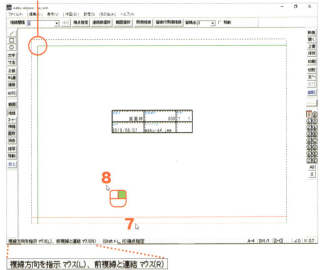

➡ 1つ前の複線との交点に角が作成され、連結した複線が作図される。

9 次の基準線として右辺を🖱。

10 基準線の左側で作図方向を決める🖱（前複線と連結）。

➡ 1つ前の複線との交点に角が作成され、連結した複線が作図される。

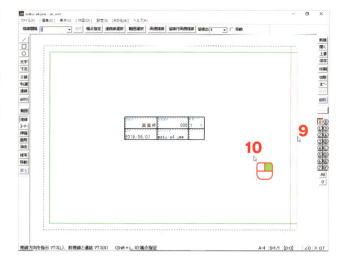

最初に作図した上辺と最後に作図した右辺は自動的には連結されません。

●「コーナー」コマンドで角を作りましょう。

11 「コーナー」コマンドを選択する。

12 線（A）として上辺を🖱。

13 線【B】として右辺を🖱。

➡ **12**と**13**の交点に角が作成される。

参考：「コーナー」コマンド→p.36

14 印刷時の線の太さを設定する

●線色ごとの印刷時の線の太さを、次のように設定しましょう。

　　細線（線色1、線色6）：0.18mm
　　太線（線色2）：0.35mm
　　極太線（線色3）：0.7mm

1 メニューバー［設定］－「基本設定」を選択し、「jw_win」ダイアログの「色・画面」タブを🖱。

2 「線幅を1/100mm単位とする」にチェックを付ける。

3 「プリンタ出力 要素」欄の「線色1」の「線幅」ボックスを「18」、「線色2」の「線幅」ボックスを「35」、「線色3」の「線幅」ボックスを「70」、「線色6」の線幅ボックスを「18」に変更する。

4 「OK」ボタンを🖱。

➡ 印刷線幅が確定し、ダイアログが閉じる。

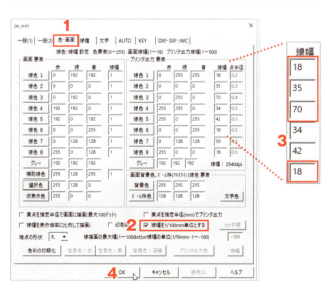

CADを使って機械や木工や製品の図面をかきたい人のための Jw_cad 8 製図入門　**119**

15 外枠の線色・線種を変更する

●作図済みの表題枠の外枠を極太線の「線色3」に変更しましょう。

1 メニューバー[編集]-「属性変更」を選択する。

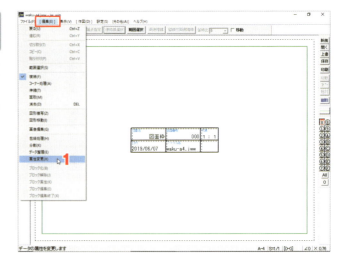

2 コントロールバー「線種・文字種変更」にチェックが付いていることを確認する。

> **POINT** 「属性変更」コマンドは、🖱した線・円・弧・実点の線色・線種を現在の書込線の線色・線種に変更します（線色だけ、または線種だけの変更はできません）。書込レイヤについては、p.163で学習します。

3 書込線が「線色3・実線」であることを確認する。

4 変更対象として表題枠の下辺を🖱。

➡ 作図ウィンドウ左上に 属性変更◆書込レイヤに変更 と表示され、🖱した線が書込線と同じ「線色3・実線」に変更される。

5 変更対象として表題枠の右辺を🖱。

➡ 作図ウィンドウ左上に 属性変更◆書込レイヤに変更 と表示され、🖱した線が書込線と同じ「線色3・実線」に変更される。

6 同様にして、表題枠の上辺と左辺を🖱し、「線色3・実線」に変更する。

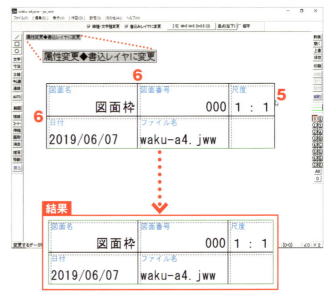

16 表題枠を図面枠右下に移動する

◉中央に作図してある表題枠全体を図面枠の右下に移動しましょう。

1 「移動」コマンドを選択する。

➡ 操作メッセージは、「範囲選択の始点をマウス(L)で…指示してください」になる。

> **POINT** 「移動」コマンドでは、はじめに移動対象を範囲選択します。

2 範囲選択の始点として右図の位置で🖱。

➡ 2の位置を対角とする選択範囲枠がマウスポインタまで表示される。

3 表示される選択範囲枠で右図のように移動対象を囲み、終点を🖱(文字を含む)。

> **POINT** 選択範囲枠に全体が入る線・円・弧に加え、文字要素を移動対象にするため、選択範囲の終点を🖱します。3で🖱した場合は、選択範囲枠内の文字以外の要素を移動対象にします。

➡ 選択範囲枠に入るすべての要素が移動対象として選択色になる。

❓ 文字が選択色にならない ➡ p.251 Q19

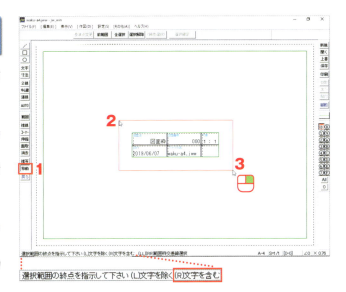

4 文字も含めた表題枠全体が選択色になったことを確認し、コントロールバー「選択確定」ボタンを🖱。

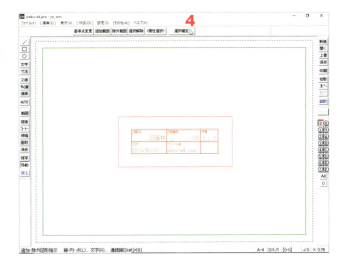

➡ 移動対象が確定し、右図のようにマウスポインタに移動の基準点を合わせ移動要素が仮表示される。

> **POINT** 4の段階で作図ウィンドウに仮表示されている赤い○の位置が自動的に移動の基準点になります。

現在の基準点では表題枠を正確な位置に移動できません。

◉正確な位置に移動するために、移動の基準点を表題枠右下角に変更しましょう。

5 コントロールバー「基点変更」ボタンを🖱。

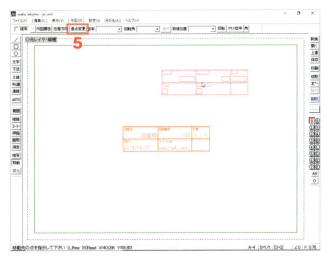

➡ 操作メッセージは「基準点を指示して下さい」になる。

6 移動の基準点として表題枠右下角を🖱。

> **POINT** 移動先として、どの点を🖱するかをあらかじめ想定して基準点を決めてください。

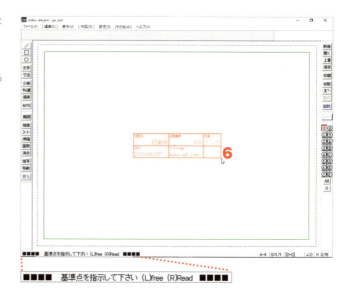

➡ **6**の角を基準点として移動要素が仮表示され、操作メッセージは「移動先の点を指示して下さい」になる。

7 移動先の点として図面枠右下角を🖱。

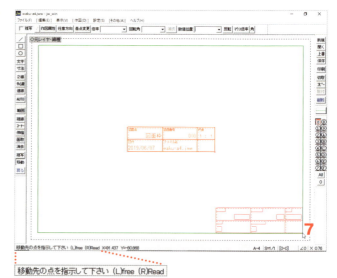

➡ **7**の点に基準点を合わせ、表題枠が移動される。移動対象の表題枠は選択色のまま、マウスポインタには移動要素が仮表示され、操作メッセージは「移動先の点を指示して下さい」と表示される。

> **POINT** 他のコマンドを選択するまでは、次の移動先を指示することで、再移動ができます。

● 移動を終了して、移動によって重なった枠線を1本にしましょう。

8 「／」コマンドを選択する。

➡ 移動対象が解除され、元の色で表示される。

9 「データ整理」コマンドで図面枠全体を対象として重複整理を行う。

参考：重複整理→p.89

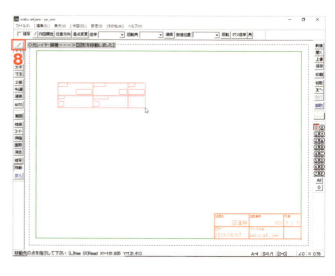

17 文字を移動する

●文字「000」を右下の枠に移動しましょう。

1「文字」コマンドを選択する。

> **POINT** 操作メッセージには「移動・変更(L)」と表示されています。「文字入力」ボックスに文字を入力せずに既存の文字を🖱で移動・変更になります。

2 移動する文字「000」を🖱。

> ➡ 現在の基点（左下・ずれ使用）をマウスポインタに合わせ、文字外形枠が仮表示される。「文字入力」ダイアログのタイトルは「文字変更・移動」になり、入力ボックスには「000」が色反転して表示される。

> **POINT** 移動先を🖱または🖱することで、現在の文字基点が指示位置に合うように移動されます。また、「文字変更・移動」ボックスの文字を変更することで文字が書き換えられます。

●表題枠右下角から左と上へ1mmの位置に文字の右下が合うように移動するため文字の基点を変更しましょう。

3 コントロールバー「基点」ボタンを🖱。

4「文字基点設定」ダイアログの「ずれ使用」にチェックが付いていることと「縦ずれ」「横ずれ」の数値を確認し、文字基点「右下」を🖱で選択する。

> ➡ ダイアログが閉じ、基点（右下）から右と下へ1mmの位置にマウスポインタを合わせ、文字外形枠が仮表示される。

5 移動先として表題枠右下角を🖱。

> ➡ 🖱した右下角から左と上へ1mmの位置に基点（右下）を合わせ、文字「000」が移動される。

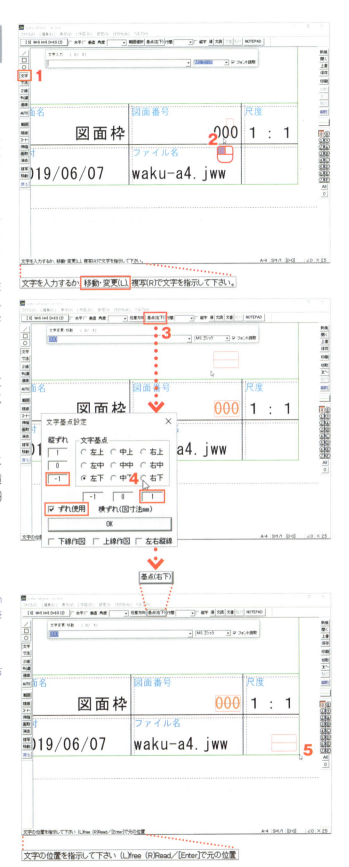

CADを使って機械や木工や製品の図面をかきたい人のための Jw_cad 8 製図入門　**123**

2・2 文字の記入と図面枠の作成

18 文字を複写する

●文字「図面番号」を右下枠に複写しましょう。

1 「文字」コマンドで複写する文字「図面番号」を🖱。

> **POINT** 操作メッセージには「複写(R)」と表示されています。「文字入力」ボックスに文字を入力せずに既存の文字を🖱で複写になります。

➡ 現在の基点(右下・ずれ使用)をマウスポインタに合わせ、文字外形枠が仮表示される。「文字入力」ダイアログのタイトルは「文字変更・複写」になり、入力ボックスには「図面番号」が色反転して表示される。

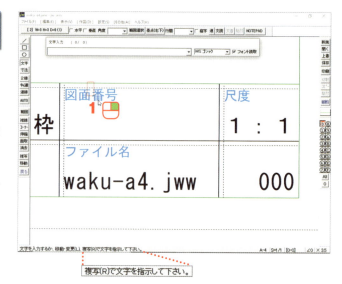

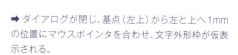

●補助線の交点に文字の左上が合うように複写するため文字の基点を変更しましょう。

2 コントロールバー「基点」ボタンを🖱。

3 「文字基点設定」ダイアログの「ずれ使用」にチェックが付いていることと、「縦ずれ」「横ずれ」の数値を確認し、文字基点「左上」を🖱で選択する。

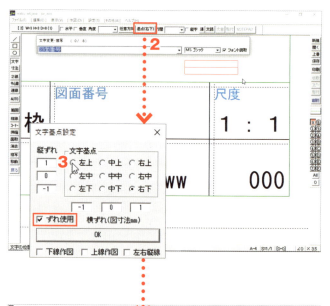

➡ ダイアログが閉じ、基点(左上)から左と上へ1mmの位置にマウスポインタを合わせ、文字外形枠が仮表示される。

> **POINT** 複写先を🖱または🖱することで、現在の文字基点が指示位置に合うように複写されます。また、「文字変更・複写」ボックスの文字を変更することで文字を書き換えて複写できます。

4 複写先として右図の枠左上の角を🖱。

➡ 🖱した交点から右と下に1mmの位置(補助線交点)に基点(左上)を合わせ、文字「図面番号」が複写される。

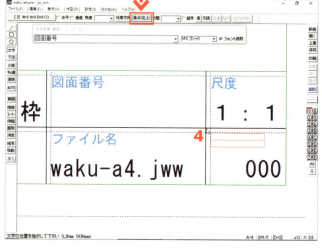

19 文字を書き換える

●文字「図面枠」を「A4図面枠」に書き換えましょう。

1「文字」コマンドで、書き換える文字「図面枠」を🖱。

> **POINT** 操作メッセージに「移動・変更(L)」と表示されています。記入されている文字の内容を書き換える場合も、移動と同様に書き換え対象の文字を🖱します。

→「文字入力」ダイアログのタイトルが「文字変更・移動」になり、文字入力ボックスには「図面枠」が色反転して表示される。またマウスポインタには現在の基点（左上）で文字外形枠が仮表示される。

2「文字変更・移動」ボックスの「図面枠」の先頭を🖱し、入力ポインタを移動する。

3「A4」を入力する。

→「文字変更・移動」ボックスが「A4図面枠」になり、現在の基点（左上）を基準に2文字分追加された文字外形枠が、変更対象の文字とマウスポインタの位置の2カ所に右図のように仮表示される。

4 Enter キーを押し、文字変更を確定する。

> **POINT** この段階で、Enter キーを押すことで文字の変更が確定します。また、図面上の別の位置を🖱または🖱することで文字の書き換えと移動が同時に行えます。

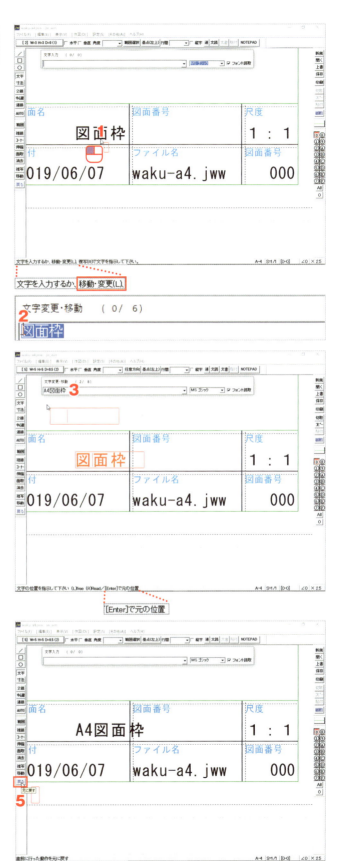

→文字「図面枠」が現在の基点（左上）を基準に「A4図面枠」に書き換えられる。

> **POINT** 文字の移動と同様に、現在の基点を基準に文字が書き換えられるため、変更前後で文字数が異なる場合は、右図のように文字の位置がずれることになります。ここでは**4**の操作の前に、基点を右下に変更しておくべきでした。

●文字の書き換えをやり直すため、変更操作を取り消しましょう。

5「戻る」コマンドを🖱。

→文字「A4図面枠」が変更前の「図面枠」に戻る。

CADを使って機械や木工や製品の図面をかきたい人のためのJw_cad 8 製図入門　**125**

2・2 文字の記入と図面枠の作成

20 文字列ごとの基点を利用して文字を書き換える

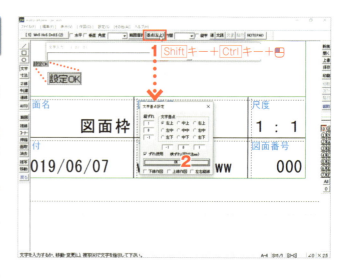

●文字の移動・変更時に現在の基点ではなく、文字列ごとに記憶されている記入・編集時の基点を利用する設定にしましょう。

1「文字」コマンドのコントロールバー「基点」ボタンを、Shiftキーとctrlキーを押したまま🖱。

　➡ 作図ウィンドウ左上に 設定OK と表示され、「文字基点設定」ダイアログが開く。

2「文字基点設定」ダイアログの「OK」ボタンを🖱。

> **POINT** **1**の操作により、文字列ごとに記憶されている（記入または前回編集時の）基点で、文字の移動・変更・複写が行えます。ただし、「ずれ使用」については記憶されていません。この設定はJw_cadを終了するまで有効です。再びShiftキーとCtrlキーを押したまま、「設定」ボタンを🖱すると解除されます。

●文字「図面枠」を「A4図面枠」に書き換えましょう。

3 書き換える文字「図面枠」を🖱。

　➡ 文字の基点が自動的に右下（文字「図面枠」記入時の基点）に変更され、マウスポインタには現在の基点（右下）で文字外形枠が仮表示される。「文字変更・移動」ダイアログの入力ボックスには「図面枠」が色反転して表示される。

4「文字変更・移動」ボックスの「図面枠」の先頭を🖱し、入力ポインタを移動する。

126　CADを使って機械や木工や製品の図面をかきたい人のためのJw_cad 8製図入門

5 「A4」を入力する。

➡「文字変更・移動」ボックスが「A4図面枠」になり、現在の基点（右下）を基準に2文字分追加された文字外形枠が、変更対象の文字とマウスポインタの位置の2ヵ所に仮表示される。

6 Enter キーを押し、文字変更を確定する。

➡ 文字「図面枠」が基点（右下）を基準に「A4図面枠」に書き換えられる。

21 文字を消去する

● 文字「図面番号」を消去しましょう。

1 「消去」コマンドを選択する。

2 コントロールバー「選択順切替」ボタンを🖱️。

➡ 作図ウィンドウ左上に【文字】優先選択消去 と表示され、文字要素を優先的に消去するモードになる。

> **POINT** 文字要素も線・円要素同様に「消去」コマンドで🖱️して消します。そのため、文字を🖱️したつもりでもその近くの線が消えることがあります。コントロールバー「選択順切替」ボタンを🖱️することで、文字要素を優先して消す【文字】優先選択消去 と、文字以外の要素を優先的に消す 線等優先選択消去 を切り替えできます。

3 消去対象の文字「図面番号」を🖱️。

➡ 文字「図面番号」が消える。

🖐️ やってみよう

「図面名」後の罫線を消して「図面名」枠を横に広げ、右図のように文字「A4図面枠」を移動しましょう。

22 図面を印刷する

●図面を印刷しましょう。

1 「印刷」コマンドを選択し、印刷する。

参考：印刷→p.54

2 p.119で設定した線の太さで印刷されたこと、補助線が印刷されないことを確認する。

3 上書き保存する。

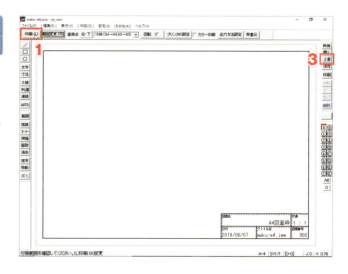

HINT 文字の色と太さとフォント

記入した文字の画面表示色は、文字種ごとの「色No.」設定によるものです。線の色と同様の線色1〜9（9は印刷されない補助線色）が設定できます。

線・円・弧要素の場合、線色の別は印刷時の線の太さおよびカラー印刷の色の別です。しかし文字要素の場合、線色の別はカラー印刷の色の別だけで、文字の太さには関係ありません。

細い文字を記入したい場合は、文字のフォントを細いものに変えます。Jw_cadは標準ではフォントに「MSゴシック」を使用する設定になっています。このフォントをMSゴシックよりも細いMS明朝などにして文字を記入します。

記入する文字のフォントは、「書込み文字種変更」ダイアログの「フォント」ボックスで指定します。「フォント」ボックスの ▼ を 🖱 で表示されるリストから使用するフォントを 🖱 で選択してください。

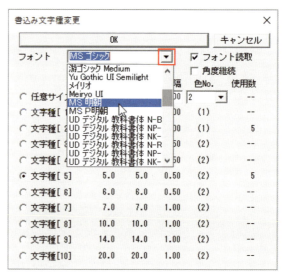

リストに表示されるフォントは、そのパソコンに入っているTrueTypeフォントです。そのため、パソコンによって異なります。フォント名に「P」の付いたプロポーショナルフォントを選択した場合、文字の間隔やバランスが指定どおりにならない場合があるのでご注意ください。

> **HINT** 記入済みの文字の大きさ（文字種）や
> フォントを変更するには

記入済みの文字の大きさ（文字種）やフォントは
「属性変更」コマンドで変更できます。

1 メニューバー[編集]-「属性変更」を選択し、
コントロールバー「書込文字種」ボタンを🖱
して、「書込み文字種変更」ダイアログで変
更後のフォント・文字種を指定する。

2 コントロールバー「基点」ボタンを確認する。

> **POINT** コントロールバーの「基点」を基準に
> 文字の大きさが変更されます。

3 大きさ・フォントを変更する文字を🖱。

　→ **2**で指定の基点を基準に、**1**で指定した文字種・フォ
　　ントに変更される。

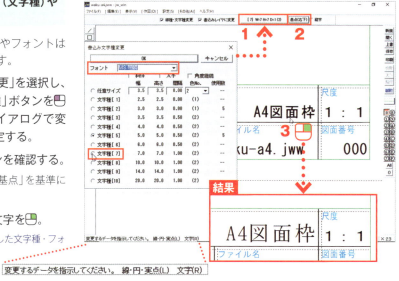

自主作図課題 2

用紙サイズをA3、尺度を1：1に設定し、A4図面枠と同様の手順で以下のA3図面枠を作図しましょう。
文字種1〜10のサイズ（→p.109）と印刷線幅（→p.119）は、A4図面枠と同じ設定にして、「jww-prim」
フォルダーに、ファイル名「waku-a3」、メモ「A3図面枠」として保存してください。

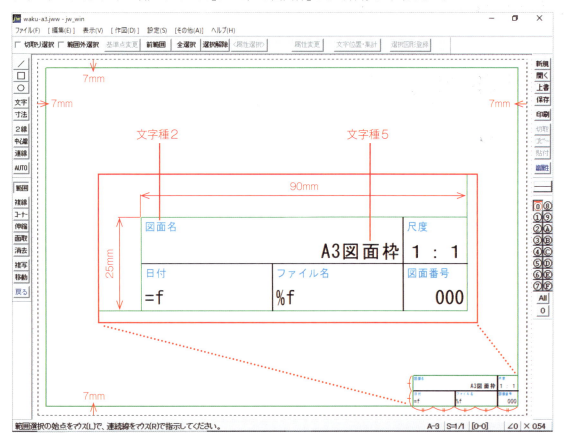

CADを使って機械や木工や製品の図面をかきたい人のための Jw_cad 8 製図入門　**129**

2-3 寸法の記入

p.82の単元「1-5 基本作図操作の総合練習」で作図した図面「1-5」を開き、寸法を記入しましょう。
「寸法」コマンドを選択し、寸法部の記入位置を指定した後、図面上の2点をクリックすることで、2点間の寸法を記入します。寸法部の寸法補助線（Jw_cadでは「引出線」と呼ぶ）、寸法線は書込線の線色ではなく、寸法設定で指定された線色で記入されます。

※「1-5」の完成図「sample1-5」を「jww-prim」フォルダーに収録しています。「1-5」を作図していない場合にご利用ください。

単位：mm

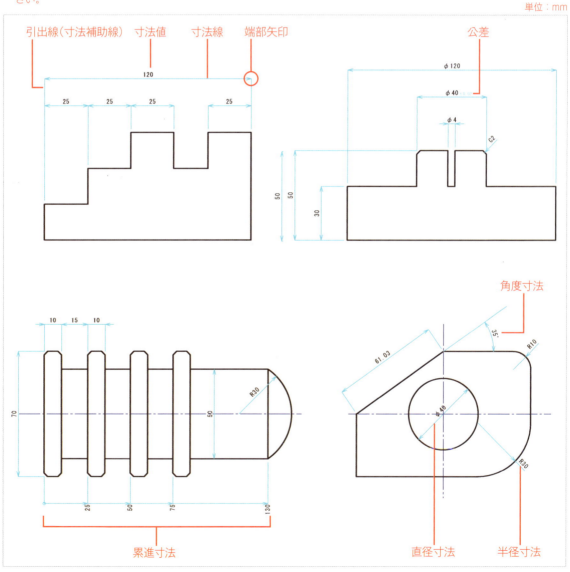

1 文字種1～10のサイズを変更する

●図面「1-5」を開き、文字種1～10のサイズ設定を変更しましょう。

1. 「開く」コマンドを選択し、図面ファイル「1-5」(または「jww-prim」フォルダーに収録の「sample1-5」)を開く。
2. メニューバー[設定]-「基本設定」を選択し、「jw_win」ダイアログの「文字」タブを🖱。
3. 下表を参考に、各文字種の「横」「縦」の数値を変更する。

文字種1	2.5mm角	文字種6	6mm角
文字種2	3mm角	文字種7	7mm角
文字種3	3.5mm角	文字種8	10mm角
文字種4	4mm角	文字種9	14mm角
文字種5	5mm角	文字種10	20mm角

4. 文字種3～10の「色No.」を「2」に変更し、「OK」ボタンを🖱。

POINT 文字種1～10のサイズ設定は、開いた図面ファイルの設定になります。図面ファイル「1-5」には文字は記入されていない(「文字」タブの「使用文字数」ボックスに数値がない)ため、3～4の変更操作を行っても図面に影響はありません。

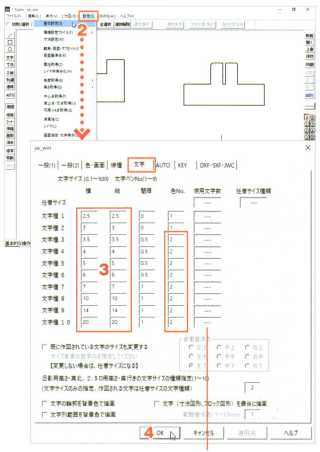

図面内に使用されている文字種ごとの文字数を表示

2 寸法の記入位置に補助線を作図する

●用紙左上に作図されている図を拡大表示し、寸法の記入位置指示のための補助線を作図しましょう。

1. 書込線を「線色2・補助線種」にする。
2. 用紙左上の図を拡大表示する。
3. 「複線」コマンドを選択し、右図のように上辺から15mm間隔で上に2本の補助線を作図する。

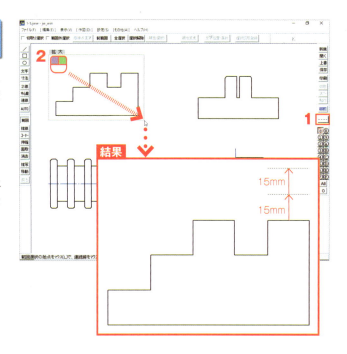

2・3 寸法の記入

3 寸法の設定を確認・変更する

●これから記入する寸法線、寸法補助線（引出線）、矢印の線色や寸法値の文字サイズを指定しましょう。

1 「寸法」コマンドを選択する。

2 コントロールバー「設定」ボタンを🖱。
　→「寸法設定」ダイアログが開く。

3 「文字種類」ボックスを🖱し、既存の数値を消去して「3」を入力する。

4 同様に「寸法線色」「引出線色」「矢印・点色」ボックスを「1」にする。

> **POINT** 寸法線、寸法補助線（引出線）、矢印（または実点）の線色は、書込線色にかかわりなく、ここで設定した線色で記入されます。

5 「矢印設定」の「長さ」ボックスが「3」、「角度」ボックスが「15」、「逆矢印の寸法線突出寸法」が「5」になっていることを確認する。

6 「半径（R）、直径（φ）」欄で「前付」を選択する。

7 「角度単位」として「度（°）」を選択し、「小数点以下桁数」ボックスを「0」にする。

8 「指示点からの引出線位置　指定［－］」欄の「引出線位置」ボックスを「2」にする。

9 「寸法線と値を【寸法図形】にする」にチェックを付ける。

10 「OK」ボタンを🖱。

> **POINT** 5や8などの長さの指定はすべて図寸で指定します。「OK」ボタンは、上下2つあるうちのどちらを🖱しても同じです。

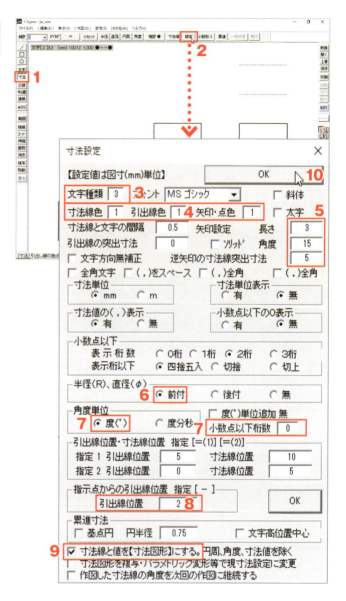

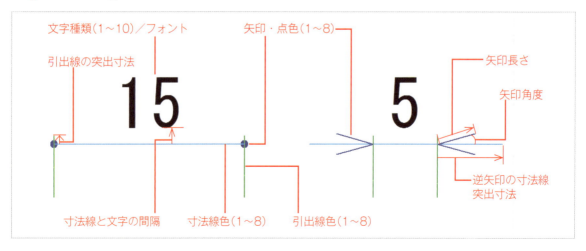

4 水平方向の寸法を記入する

● 上の補助線上に、水平方向の全体寸法を記入しましょう。

1 「寸法」コマンドのコントロールバー「端部●」ボタンを🖱。

➡ 「端部->」になり、寸法線端部に矢印を記入する設定に切り替わる。

2 コントロールバーの引出線タイプボタン「＝」を3回🖱し、「－」にする。

POINT 「＝」ボタンを🖱するたびに、「＝（1）」⇒「＝（2）」⇒「－」に切り替わります。引出線タイプ「－」では、はじめに寸法線の記入位置を指示します。

➡ 操作メッセージは「■　寸法線の位置を指示して下さい」になる。

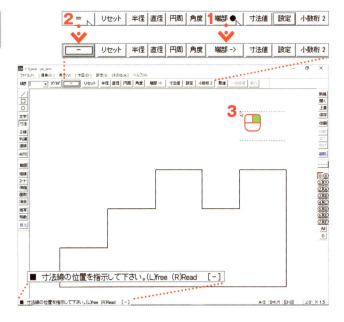

3 寸法線を記入する位置として上の補助線端点を🖱。

➡ 🖱位置に寸法線の記入位置を示すガイドラインが赤い点線で水平方向に表示され、操作メッセージは「○ 寸法の始点を指示して下さい」になる。

POINT 「寸法」コマンドでは、図面上の2点（測り始めの点と測り終わりの点）を指示することで、その間隔を寸法として記入します。寸法の始点・終点として点のない位置を指示することはできません。寸法の始点、終点指示は🖱、🖱のいずれでも既存の点を読み取ります。

4 寸法の始点（測り始めの点）として右図の角を🖱。

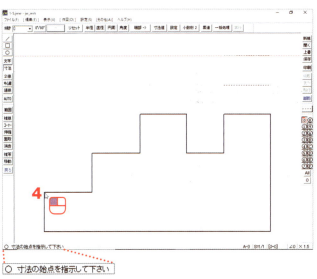

➡ 操作メッセージは「●　寸法の終点を指示して下さい」になる。

5 寸法の終点（測り終わりの点）として右上角を🖱。

➡ **4**－**5**間の間隔（寸法値）が作図ウィンドウ左上に表示され、寸法線の記入位置のガイドライン上に寸法線と寸法値が次図のように記入される。

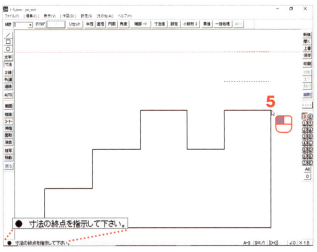

2▶3 寸法の記入

POINT 引出線タイプ「-」では、寸法の始点・終点指示位置から「寸法設定」ダイアログの「指示点からの引出線位置　指定[-]」欄で指定した間隔（ここではp.132の **8** で指定した2mm）を空けて寸法補助線（引出線）を記入します。

| 指示点からの引出線位置　指定[-] |
| 引出線位置 | 2 |

●次の補助線上に寸法を記入します。現在表示されているガイドラインとは異なる位置に寸法を記入するため、現在の寸法位置指定を解除しましょう。

6 コントロールバー「リセット」ボタンを🖱。

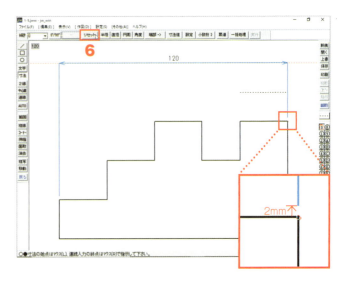

→ 赤い点線のガイドラインが消え、操作メッセージは「■　寸法線の位置を指示して下さい」になる。

7 寸法線を記入する位置として下の補助線端点を🖱。

→ 🖱位置に寸法線の記入位置を示すガイドラインが赤い点線で水平方向に表示され、操作メッセージは「○寸法の始点を指示して下さい」になる。

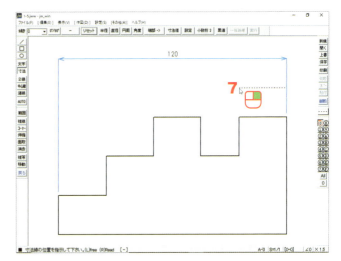

8 寸法の始点として右図の角を🖱。

9 寸法の終点として次の角を🖱。

→ **8**－**9** の寸法が右図のように記入される。操作メッセージは「○●寸法の始点はマウス(L)、連続入力の終点はマウス(R)で指示して下さい」になる。

POINT 寸法の始点と終点を指示した後の指示は、🖱と🖱では違う働きをします。直前に記入した寸法の終点から次に指示する点までの寸法を記入するには、次の点を🖱で指示します。

10 連続入力の終点として次の角を🖱。

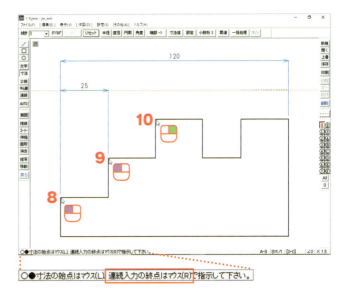

➡ 直前の終点 **9** から🖱した **10** までの寸法がガイドライン上に記入される。

11 連続入力の終点としてさらに次の角を🖱。

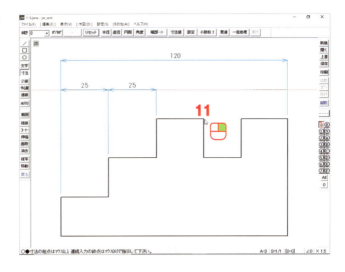

➡ 直前の終点 **10** から🖱した **11** までの寸法がガイドライン上に記入される。操作メッセージは「○●寸法の始点はマウス(L)、連続入力の終点はマウス(R)で指示して下さい」になる。

> **POINT** 直前に記入した寸法の終点から連続して寸法を記入しない場合は、次の点を🖱することで寸法の始点とします。

12 寸法の始点として次の角を🖱(始点指示)。

➡ 操作メッセージは「● 寸法の終点を指示して下さい」になる。

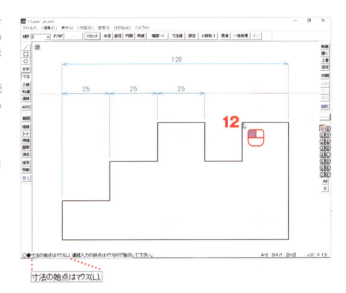

13 終点として右上角を🖱。

➡ 右図のようにガイドライン上に **12** - **13** 間の寸法が記入される(**11** - **12** 間の寸法は記入されない)。

14 コントロールバー「リセット」ボタンを🖱し、現在の寸法位置指定を解除する。

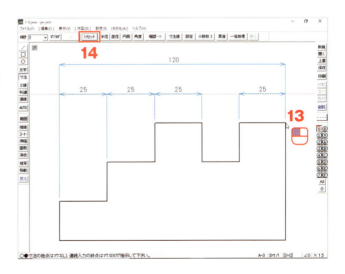

CADを使って機械や木工や製品の図面をかきたい人のための Jw_cad 8 製図入門　**135**

2・3 寸法の記入

5 垂直方向の寸法を記入する

●用紙右上の図に垂直方向の寸法を記入しましょう。

1 書込線が補助線種になっていることを確認し、「複線」コマンドで右図のように15mm間隔で補助線を作図する。

2 「寸法」コマンドを選択し、コントロールバー「0°/90°」ボタンを🖱して、「傾き」ボックスを「90」にする。

> **POINT** コントロールバー「傾き」ボックスに寸法の記入角度「90」を指定することで垂直方向に寸法を記入できます。「傾き」ボックスの角度は、「0°/90°」ボタンを🖱することで0°⇔90°に切り替えできます。

3 寸法線を記入する位置として右図の補助線の端点を🖱。

　➡ 🖱位置に寸法線位置を示すガイドラインが垂直方向に表示される。

4 寸法の始点として左下角を🖱。

5 寸法の終点として右図の角を🖱。

　➡ **4**－**5**間の寸法が垂直方向に記入される。

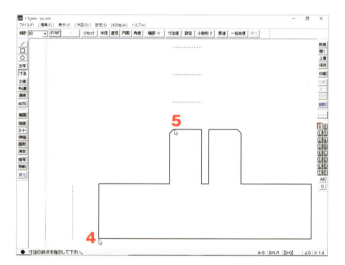

6 コントロールバー「リセット」ボタンを🖱し、現在の寸法位置指定を解除する。

7 寸法線を記入する位置として右図の補助線の端点を🖱。

　➡ 🖱位置に寸法線位置を示すガイドラインが垂直方向に表示される。

8 寸法の始点として左下角を🖱。

9 寸法の終点としてその上の角を🖱。

　➡ **8**－**9**間の寸法が垂直方向に記入される。

10 コントロールバー「リセット」ボタンを🖱し、現在の寸法位置指定を解除する。

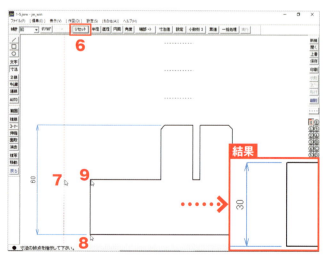

6 寸法線端部の矢印を外側に記入する

●上辺の凹部分は間隔が狭いため、寸法線端部の矢印を外側に記入しましょう。

1 コントロールバー「端部->」ボタンを🖱し、「端部-<」に切り替える。

> **POINT** 端部形状「端部-<」は、寸法線の外側に端部の矢印を記入します。始点⇒終点の順序によって、作図される寸法端部の形状が異なります(⇒下段のHINT)。

2 コントロールバー「0°/90°」ボタンを🖱し、「傾き」ボックスを「0」にする。

3 寸法線を記入する位置として右図の補助線の端点を🖱。

　➡ 🖱位置に寸法線位置を示すガイドラインが水平方向に表示される。

4 寸法の始点として左の角を🖱。

5 寸法の終点として右の角を🖱。

　➡ 4-5間の寸法が右図の結果の図のように記入される。

6 コントロールバー「リセット」ボタンを🖱し、現在の寸法位置指定を解除する。

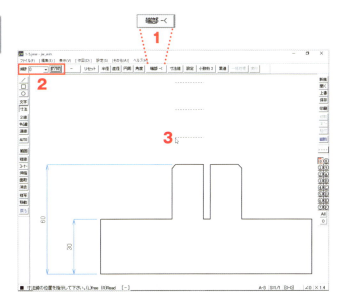

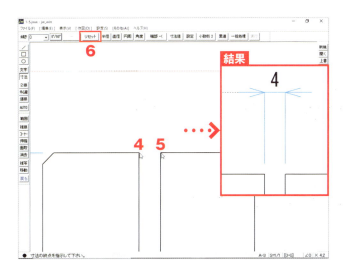

HINT 端部の形状「端部-<」の注意点

寸法線端部の矢印を寸法線の外側に記入する「端部-<」では、始点⇒終点の指示順で結果が図のように異なります。

左から右(または下から上)の順に、**1** 始点⇒**2** 終点を指示すると、外側に寸法線の延長線と端部矢印が記入されます。

　→ A

右から左(または上から下)の順に、**1** 始点⇒**2** 終点を指示すると、外側に寸法線の延長線は記入せずに端部矢印のみが記入されます。

　→ B

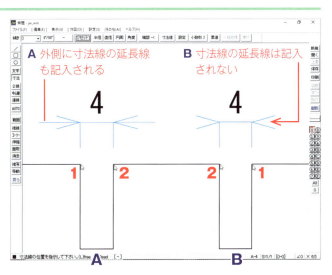

2-3 寸法の記入

7 端部形状 を「端部->」で寸法を記入する

●端部形状を「端部->」にして、次の補助線上に凸部の寸法を、その次の補助線上に全体の寸法を記入しましょう。

1 コントロールバー「端部-<」ボタンを🖱し、「端部->」に切り替える。

> **POINT** 「端部-<」ボタンを🖱することで、「端部->」⇒「端部●」と🖱した場合と逆回りに切り替わります。

2 寸法線を記入する位置として次の補助線の端点を🖱。

3 寸法の始点として左の角を🖱。

4 寸法の終点として右の角を🖱。

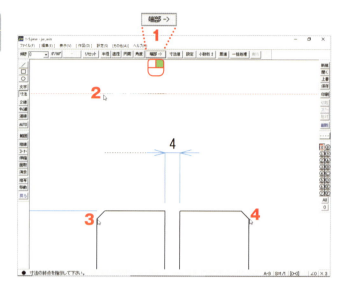

➡ **3**-**4**間の寸法が右図のように記入される。

5 コントロールバー「リセット」ボタンを🖱し、現在の寸法位置指定を解除する。

6 寸法線を記入する位置としてさらに上の補助線の端点を🖱。

7 寸法の始点として左の角を🖱。

8 寸法の終点として右の角を🖱。

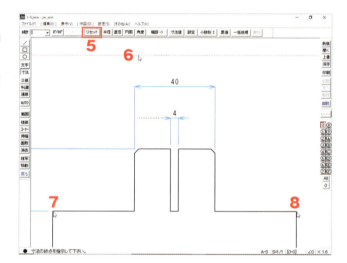

➡ **7**-**8**間の寸法が右図のように記入される。

9 コントロールバー「リセット」ボタンを🖱し、現在の寸法位置指定を解除する。

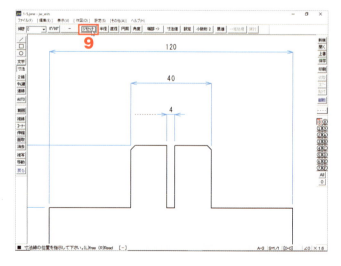

🖋 やってみよう

用紙左下に作図した図を拡大表示し、上下左に15mm離れた補助線を作図したうえで、右図のように寸法を記入しましょう。

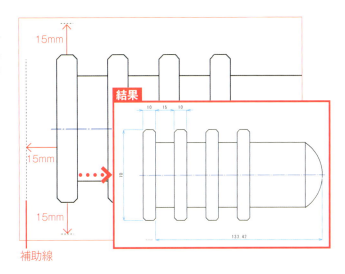

8 円弧の半径寸法を記入する

● 円弧の半径寸法を記入しましょう。

1. 「寸法」コマンドのコントロールバー端部形状を「端部->」にし、「半径」ボタンを🖱。
2. コントロールバー「傾き」ボックスに半径寸法の記入角度「45」を入力する。
3. 半径寸法を記入する円弧を🖱。

   POINT 半径寸法の寸法値は、3で円弧を🖱すると円弧の内側に、🖱すると円弧の外側に記入されます。

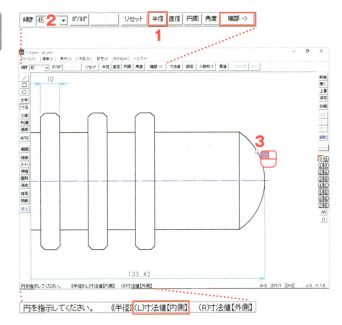

➡ 3の円弧の半径寸法が右図のように45°の角度で記入される。

POINT 半径寸法値の「R」は、「寸法設定」ダイアログの「半径(R)、直径(φ)」欄で「前付」「後付」「無」の指定ができます。

4. コントロールバー「リセット」ボタンを🖱し、半径寸法の記入を終了する。

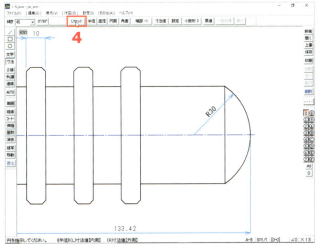

⑨ 寸法だけを記入する

●寸法補助線を記入せずに寸法だけを記入しましょう。

1 「寸法」コマンドのコントロールバー「0°/90°」ボタンを🖱し、「傾き」ボックスを「90」にする。

2 寸法線を記入する位置として右図の位置を🖱。

　→ 🖱位置に寸法線位置を示すガイドラインが垂直方向に表示される。

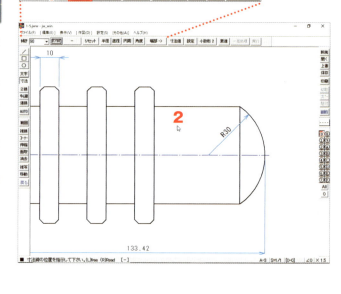

3 コントロールバー端部形状が「端部->」であることを確認し、寸法の始点として下辺とガイドラインの交点を🖱。

　POINT 寸法の始点・終点指示時にガイドラインとの交点を読み取ることができます。

4 寸法の終点として上辺とガイドラインの交点を🖱。

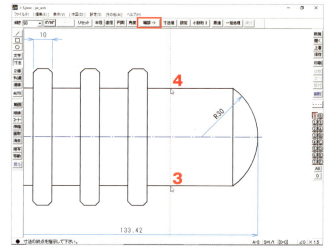

　→ 寸法補助線（引出線）を記入せずに、**3**－**4**間の寸法が垂直方向に記入される。

5 コントロールバー「リセット」ボタンを🖱し、現在の寸法位置指定を解除する。

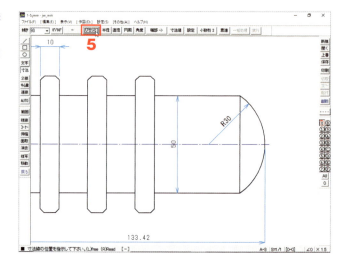

10 円弧の半径寸法を外側に記入する

● 用紙右下の図の円弧に半径寸法を記入しましょう。

1 「寸法」コマンドのコントロールバー端部形状「端部->」を確認し、「半径」ボタンを🖱。

2 コントロールバー「傾き」ボックスに半径寸法の記入角度「-45」を入力する。

3 半径寸法を記入する円弧として右図の円弧を🖱（寸法値【外側】）。

→ 3の円弧の半径寸法が次図のように-45°の角度で円弧の外側に記入される。

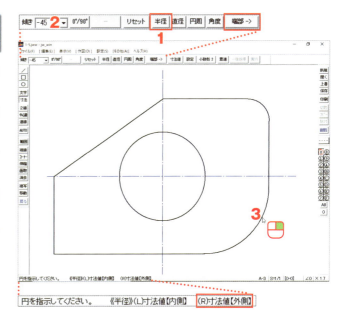

● 右上の円弧寸法は、比較のため端部形状を「端部-<」にして記入しましょう。

4 コントロールバー「端部->」ボタンを🖱し、「端部-<」にする。

5 コントロールバー「傾き」ボックスに半径寸法の記入角度「45」を入力する。

6 半径寸法を記入する円弧として右図の円弧を🖱（寸法値【外側】）。

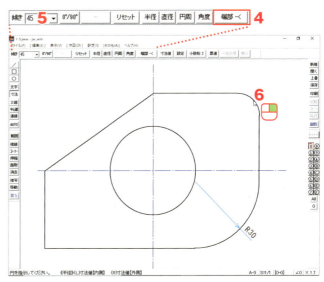

→ 6の円弧の半径寸法および端部矢印が右図のように45°の角度で円弧の外側に記入される。

POINT 半径寸法を記入するときも端部の矢印は「端部->」では円・弧の内側に記入され、「端部-<」では円・弧の外側に記入されます。必要に応じて使い分けてください。

7 コントロールバー「リセット」ボタンを🖱し、半径寸法の記入を終了する。

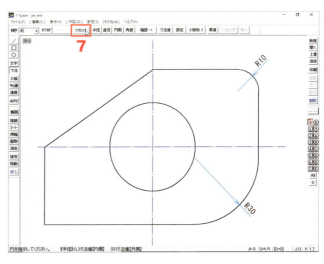

2・3 寸法の記入

11 円の直径寸法を記入する

●円の直径寸法を記入しましょう。

1. 「寸法」コマンドのコントロールバー「直径」ボタンを🖱。

2. コントロールバー「傾き」ボックスに直径寸法の記入角度「45」を入力する。

3. 端部の矢印を円内側に記入するため、コントロールバー端部形状を「端部->」にする。

4. 直径寸法を記入する円を🖱（寸法値【内側】）。

   POINT 直径寸法は、円・弧を🖱すると円・弧の内側に、🖱すると円・弧の外側に記入されます。

→ 4の円の直径寸法が右図のように45°の角度で記入される。

   POINT 直径寸法値の「φ」は、「寸法設定」ダイアログの「半径(R)、直径(φ)」欄で「前付」「後付」「無」の指定ができます。

5. コントロールバー「リセット」ボタンを🖱し、直径寸法の記入を終了する。

12 斜線に平行に寸法を記入する

●寸法記入位置として、斜線から15mm外側に平行に補助線を作図しましょう。

1. 書込線が補助線種であることを確認し、「複線」コマンドで斜線から15mm外側に補助線を作図する。

●斜線に平行に寸法を記入するため、「寸法」コマンドのコントロールバー「傾き」ボックスに斜線の角度を入力しましょう。

2. 「寸法」コマンドを選択する。

3. メニューバー[設定]－「角度取得」－「線角度」を選択する。

➡ 作図ウィンドウ左上に 線角度 と表示され、操作メッセージは「基準線を指示してください」になる。

4 角度取得の基準線として斜線（またはその複線）を🖱。

> **POINT** メニューバー［設定］−「角度取得」−「線角度」で既存線を🖱することで、その線の角度を選択コマンドの角度入力ボックスに取得します。この機能は、「寸法」コマンドに限らず、角度入力ボックスが表示されるコマンドで共通して利用できます。

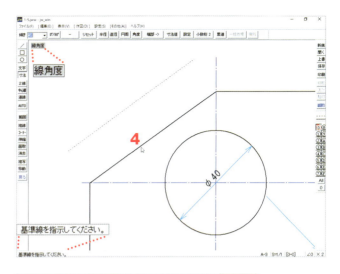

➡ 作図ウィンドウ左上に 34.9920202° と、🖱した斜線の角度が表示され、コントロールバー「傾き」ボックスにその角度が取得される。

5 コントロールバー引出線タイプが「−」、端部形状が「端部−>」になっていることを確認し、寸法線の記入位置として **1** で作図した補助線端点を🖱。

➡ 補助線上に寸法線位置のガイドラインが斜線と平行に表示される。

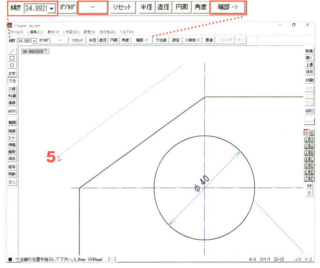

6 寸法の始点として斜線の左端点を🖱。

7 寸法の終点として斜線の右端点を🖱。

➡ 斜線に平行に寸法が記入される。

> **POINT** 記入される寸法値の小数点以下の桁数は、コントロールバー「小数桁」ボタンを🖱することで0〜3桁まで指定できます。

8 コントロールバー「リセット」ボタンを🖱し、現在の寸法位置指定を解除する。

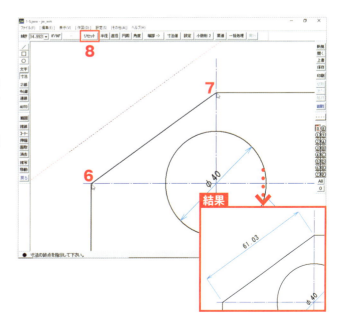

CADを使って機械や木工や製品の図面をかきたい人のためのJw_cad 8製図入門

2▶3 寸法の記入

13 延長上に線を作図する

●斜線の角度寸法を記入するため、斜線延長上に同じ角度の細線(線色1)を作図しましょう。

1 書込線を「線色1・実線」にする。
2 「中心線」コマンドを選択する。
3 1番目の線として斜線を🖱し、2番目の線として同じ斜線を🖱。

> **POINT** 「中心線」コマンドで、1番目と2番目の線として同じ線を指示することで、その線上または延長上の線を作図できます。

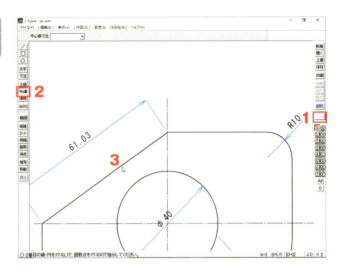

4 中心線の始点として右図の角を🖱。
→ 4の位置からマウスポインタまで、3の斜線と同じ角度の線が仮表示される。

5 中心線の終点として右図の位置で🖱。

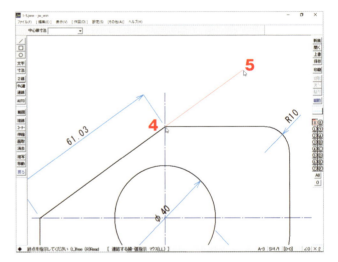

14 角度寸法を記入する

●斜線の角度寸法を記入しましょう。

1 「寸法」コマンドを選択する。
2 コントロールバー引出線タイプ「－」を確認し、「角度」ボタンを🖱。
→ ステータスバーの操作メッセージは「● 原点を指示してください」になる。

3 角度寸法の原点として右図の角を🖱。

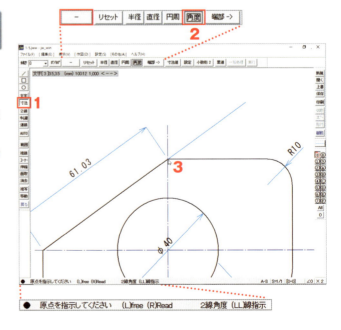

➡ 操作メッセージは「■　寸法線の位置を指示して下さい」になる。

4 角度寸法の記入位置として右図の位置を🖱。

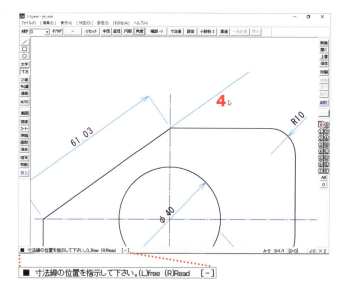

➡ **4**の位置に、角度寸法位置を示すガイドラインの円が表示される。

5 角度寸法の始点としてガイドラインと上辺の交点を🖱。

> **POINT** 角度寸法の始点⇒終点は、左回りで指示してください。ガイドラインとの交点を読み取りできます。

6 角度寸法の終点として斜線の右端点（またはガイドラインと斜線の交点）を🖱。

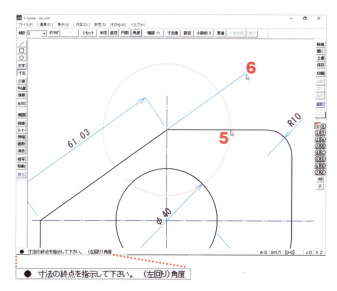

➡ **5**－**6**の角度寸法が右図のように記入される。

7 コントロールバー「リセット」ボタンを🖱し、角度寸法の記入を終了する。

> **POINT** **5**－**6**の間隔が狭い場合には、コントロールバー端部形状「端部-＞」を「端部-＜」（寸法矢印を外側に記入）にしたうえで始点・終点指示（**5**～**6**）を行ってください。

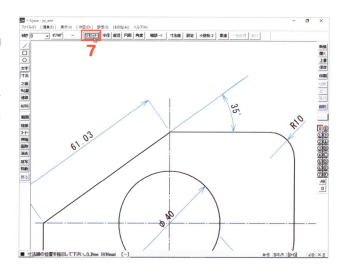

CADを使って機械や木工や製品の図面をかきたい人のための Jw_cad 8 製図入門　**145**

2-3 寸法の記入

ONE POINT LESSON　寸法図形の特性

「寸法設定」ダイアログの「寸法線と値を【寸法図形】にする」にチェックを付けた設定（p.132の❾）で、記入した寸法（寸法線と寸法値）を「寸法図形」と呼びます。

寸法図形は、「寸法線」とその実寸法を示す「寸法値」が1セットになっています。
そのため、寸法値を文字要素として扱うことはできません。
ここでは、寸法図形の特性を学習しましょう。

● 直径寸法や半径寸法の寸法線や寸法値を消しましょう。

1「消去」コマンドを選択する。

2 直径寸法の寸法線を🖱。
　➡ 🖱した寸法線とともに、その寸法値も消去される。

3 半径寸法の寸法値「R10」を🖱。
　➡ 🖱した寸法値「R10」とともに、その寸法線も消去される。

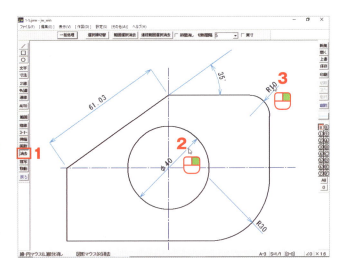

POINT 寸法図形は寸法線と寸法値が1セットになっているため、「消去」コマンドで寸法線（または寸法値）を🖱すると、その寸法値（または寸法線）も消去されます。

4「戻る」コマンドを2回🖱し、**2**～**3**の操作前に戻す。

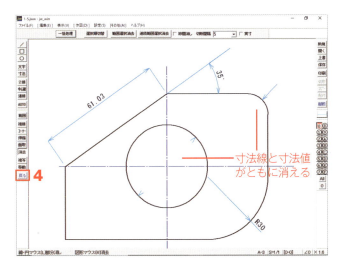

●直径寸法の寸法線を図形の左辺まで伸ばしてみましょう。

5「伸縮」コマンドを選択する。

6 伸縮対象として直径寸法の寸法線を🖱。

7 伸縮点として図形の左下角を🖱。

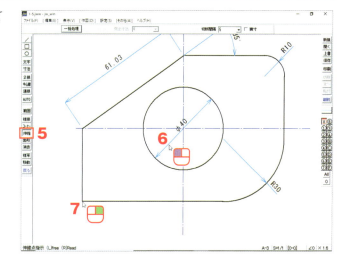

➡ **6**で🖱した寸法線が**7**の位置まで伸びるとともに寸法値も伸縮後の寸法線の実寸法の「φ80.1」に自動変更され、伸縮後の寸法線の中央に移動する。

POINT 寸法図形の寸法値は、常に寸法線の実寸法を表示します。そのため、寸法線を伸縮すると、その寸法値も自動的に変更されます。

8「戻る」コマンドを選択し、伸縮前に戻す。

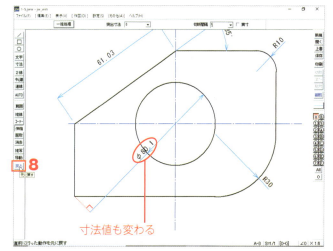

寸法値も変わる

HINT 寸法図形の解除方法

次の手順で寸法図形を解除して、線要素(寸法線)と文字要素(寸法値)に分解できます。

1 メニューバー[その他]−「寸法図形解除」を選択する。

2 解除する寸法図形の寸法線(または寸法値)を🖱。

➡ 作図ウィンドウ左上に 寸法図形解除 と表示され、🖱した寸法図形が線要素と文字要素に分解される。

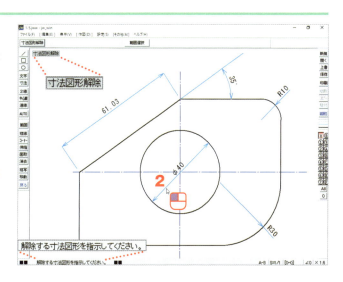

15 図の一部を伸縮し、高さや幅を変更する

●用紙右上に作図した図の凸部分を伸縮し、全体の高さ（60mm）を50mmに変更しましょう。

1 メニューバー［その他］－「パラメトリック変形」を選択する。

> **POINT** 「パラメトリック変形」コマンドは、図の一部の線を伸び縮みさせることで図全体の長さ（幅）を変更します。はじめに対象を範囲選択しますが、このとき伸び縮みさせる線の片方の端点が選択範囲枠に入るように囲みます。次に変形位置を指示して、パラメトリック変形します。

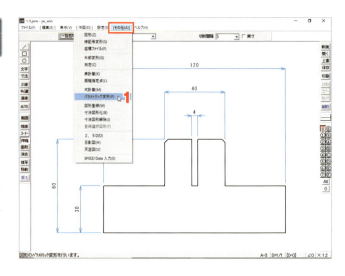

2 範囲選択の始点として右図の位置で🖱。

➡ **2**の位置を対角とする選択範囲枠がマウスポインタまで表示される。

3 選択範囲枠に凸部分の上半分と寸法が入るよう囲み、終点を🖱。

> **POINT** 終点を🖱（文字を除く）した場合も、寸法図形の寸法値は選択されます。

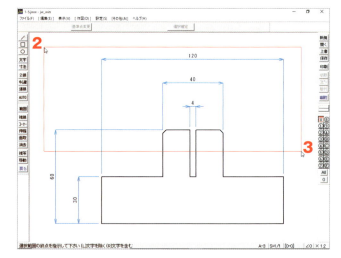

➡ 選択範囲枠に全体が入る要素が選択色で、片方の端点が入る線要素が選択色の点線で表示される。

> **POINT** 以降の指示で選択色の点線で表示されている線が伸び縮みし、それに伴い選択色の要素が移動します。

4 コントロールバー「選択確定」ボタンを🖱。

➡ パラメトリック変形の対象要素が確定し、操作メッセージは「移動先の点を指示して下さい」になる。対象要素はマウスポインタに従い、変形する。

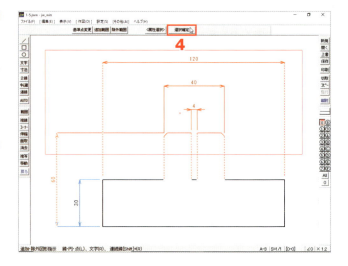

5 コントロールバー「数値位置」ボックスに「0,-10」を入力し、Enterキーを押す。

> **POINT** 「数値位置」ボックスに移動距離を「X, Y」の順に「,」(半角カンマ)で区切って入力します。右、上への距離は＋(プラス)値で、左、下への距離は－(マイナス)値で入力します。ここでは、左右には動かさず、下に10mm移動させるため「0,-10」と入力します。

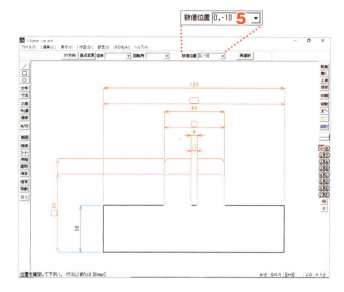

➡ 作図ウィンドウ左上に【図形をパラメトリック変形しました】（0,-10）と表示される。選択色の要素が下に10mm移動し、それに伴い選択色の点線で表示されていた要素が縮む。全体寸法「60」は寸法図形であるため、縮んだ寸法線の実寸法「50」に自動変更される。

> **POINT** コントロールバー「再選択」ボタンか他のコマンドを選択するまでは、パラメトリック変形の移動先を指示することで、再度パラメトリック変形できます。

6 コントロールバー「再選択」ボタンを🖱。

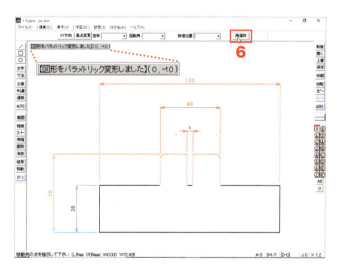

➡ パラメトリック変形が確定し、パラメトリック変形要素が元の色に戻る。

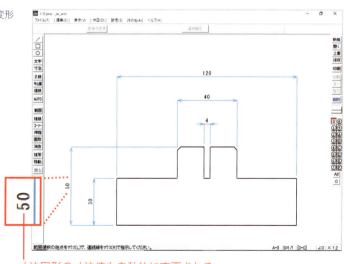

寸法図形の寸法値も自動的に変更される

CADを使って機械や木工や製品の図面をかきたい人のための Jw_cad 8 製図入門　**149**

16 寸法値を書き換える

●水平方向の寸法値「120」の表記を「φ120」に書き換えましょう。

1 「寸法」コマンドを選択する。

2 コントロールバー「寸法値」ボタンを🖱。

> **POINT** 「寸法値」は、2点の寸法値の記入や寸法値の移動、変更を行います。既存の寸法値を🖱🖱することで寸法値の変更（書き換え）になります。

3 変更対象の寸法値「120」（またはその寸法線）を🖱🖱。

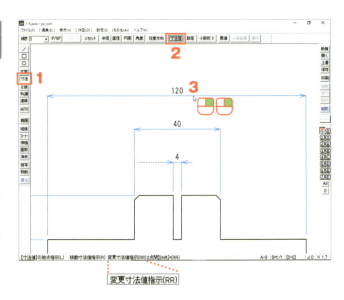

→「寸法値を変更してください」ダイアログが開く。

4 「数値入力」ボックスの「120」の先頭を🖱し、入力ポインタを移動する。

5 「φ」を入力して「φ120」にする。

> **POINT** 「φ」は 半角/全角 キーを押して日本語入力を有効にしたうえで、「ふぁい」と入力して変換します。

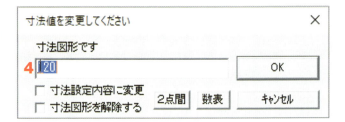

6 「寸法図形を解除する」にチェックを付ける。

> **POINT** **6**のチェックを付けずに書き換えると、移動操作の後など図全体を再描画するときに元の寸法値に戻ります。変更する寸法値が寸法図形でない場合、「寸法図形を解除する」はグレーアウトになり、チェックを付けられません。また、「寸法設定内容に変更」にチェックを付けた場合、変更後の寸法値には現在の「寸法設定」ダイアログの内容（文字種、線色、カンマ有/無など）が適用されます。

7 「OK」ボタンを🖱。

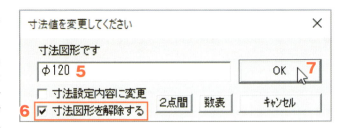

→ 作図ウィンドウ左上に φ120 寸法図形解除 と表示され、「120」が「φ120」に変更される。寸法図形は解除され、線要素と文字要素に分解される。

8 同様にして（**3**～**7**）、寸法値「40」と「4」も「φ40」、「φ4」に書き換える。

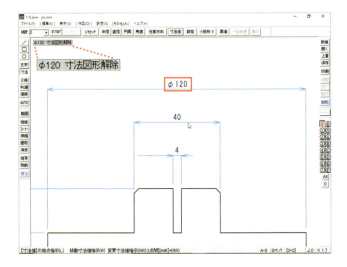

17 C面の寸法を記入する

「寸法」コマンドには、C面の寸法を記入する機能はありません。

●ここでは「／」コマンドで矢印・寸法値付きの引出線を、C面の斜線の中点（読取点は存在しない）から作図して利用します。

1 「／」コマンドを選択する。

2 操作メッセージが「始点を指示してください」と表示されている状態で、メニューバー［設定］－「中心点取得」を選択する。

> **POINT** **2**の操作の直後に、㊧した線や円・弧の中心点を読み取ります。

➡ 作図ウィンドウ左上に 中心点 と表示され、操作メッセージは「線・円指示で線・円の中心点」と表示される。

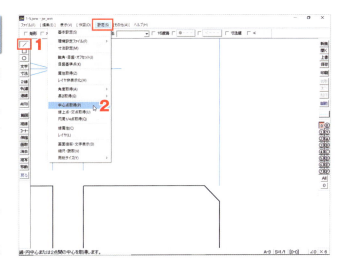

3 始点として面取りの斜線を㊧。

➡ **3**の線の中点が線の始点になり、マウスポインタまで線が仮表示される。

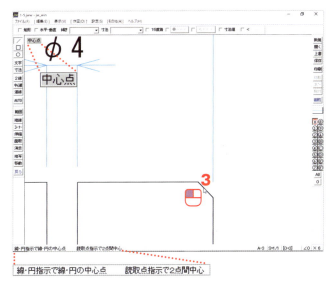

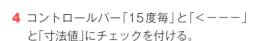

4 コントロールバー「15度毎」と「＜－－－」と「寸法値」にチェックを付ける。

> **POINT** コントロールバー「15度毎」にチェックを付けることで作図線の角度を15°ごと（0°/15°/30°/45°…）に固定します。「＜－－－」にチェックを付けると、作図線の始点に矢印が記入されます。「寸法値」にチェックを付けると、作図した線の長さを示す「寸法値」が線の中央に記入されます。

5 マウスポインタの位置に従い、仮線の角度が15°固定で変化することを確認する。

6 仮線を表示し、ステータスバーで、線の角度45°と線の長さ（ここでは10mm程度がよい）を確認し、終点を㊧。

CADを使って機械や木工や製品の図面をかきたい人のための Jw_cad 8 製図入門　**151**

2・3 寸法の記入

➡ **3** の線の中点から **6** までの角度45°の線が、始点に矢印と寸法値付きで右図のように記入される。

> **POINT** 記入された矢印の長さ・角度や寸法値の文字種は、「寸法設定」ダイアログの設定によります。「寸法設定」ダイアログの「寸法線と値を【寸法図形】にする」にチェックを付けている場合、線と寸法値は1セットの寸法図形として記入されます。

7 コントロールバー「15度毎」と「＜－－－」と「寸法値」のチェックを外す。

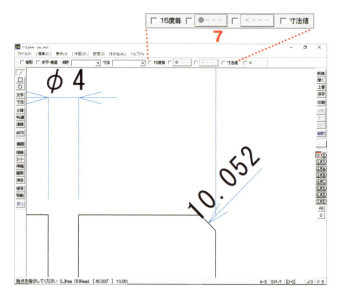

● 記入された寸法値を「C2」に書き換えましょう。

8 「寸法」コマンドを選択し、コントロールバー「寸法値」ボタンを🖱。

9 変更対象の寸法値（またはその寸法線）を🖱🖱。

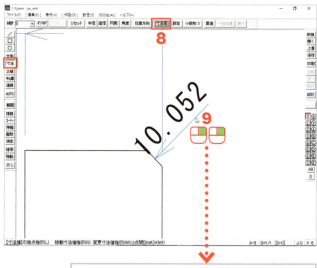

➡「寸法値を変更してください」ダイアログが開く。

10 「数値入力」ボックスの数値を「C2」に変更する。

11 「寸法図形を解除する」にチェックを付け、「OK」ボタンを🖱。

➡ 作図ウィンドウ左上に C2　寸法図形解除 と表示され、寸法値が「C2」に変更される。

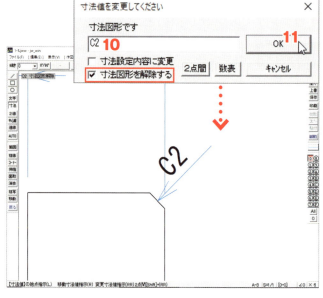

18 寸法値を移動する

●前項で変更した寸法値「C2」の末尾が、引出線の末尾にそろうように移動しましょう。

1 「寸法」コマンドのコントロールバー「寸法値」が選択されていることを確認する。

> **POINT** 「寸法値」は、2点の寸法値の記入や寸法値の移動、変更を行います。既存の寸法値を🖱することで寸法値の移動になります。

2 移動対象の寸法値「C2」を🖱（移動寸法値指示）。

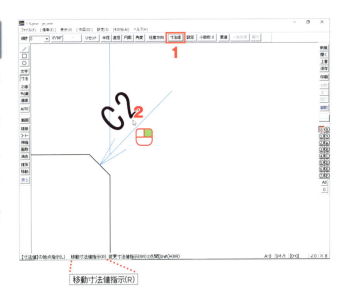

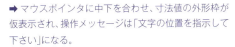

➡ マウスポインタに中下を合わせ、寸法値の外形枠が仮表示され、操作メッセージは「文字の位置を指示して下さい」になる。

3 コントロールバー「基点」ボタンを🖱。

➡ 「文字基点設定」ダイアログが開く。

> **POINT** ここで寸法値の移動方向の固定や文字基点の変更ができます。寸法値の移動方向はチェックした方向に固定されます。「文字横方向」「文字縦方向」は、画面に対する横と縦ではなく、文字に対しての横と縦です。

4 「文字横方向」にチェックを付ける。

5 「ずれ使用」にチェックが付いていないことを確認し、「右下」を🖱。

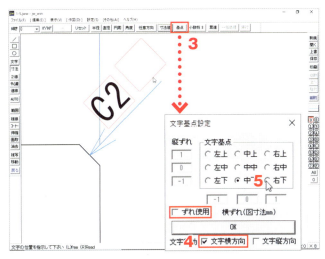

➡ ダイアログが閉じ、マウスポインタに右下を合わせ、文字外形枠が仮表示される。文字外形枠の移動方向は文字に対して横方向に固定される。

6 移動先として引出線の右端点を🖱。

➡ 結果の図のように「C2」が移動される。

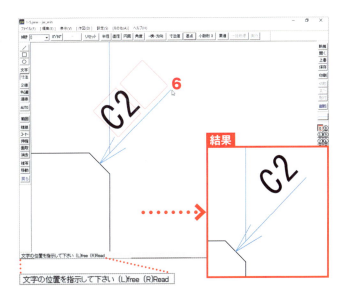

2·3 寸法の記入

19 公差を記入する

「寸法」コマンドには公差を記入する機能はありません。公差は「線記号変形」コマンドを利用して追加記入します。

● 直径寸法「φ40」に「±0.02」を追加記入しましょう。

1 メニューバー[その他]－「線記号変形」を選択する。

2 「ファイル選択」ダイアログのフォルダーツリーで「jww-prim」フォルダーを🖱🖱し、その下に表示される「【線記号変形E】面指示記号・公差」を🖱。

3 右側に表示される記号一覧から「公差±入力」を🖱🖱。

> **POINT** 「線記号変形」コマンドは、図面上の線を指定し、選択した線記号に変形します。

➡ 操作メッセージが「指示直線(1)を左クリックで指示してください」になる。

4 指示直線として公差を記入する寸法線を、寸法値よりも左側で🖱。

> **POINT** **4**で指示する寸法線が寸法図形の場合、寸法図形ですと表示され、公差を記入できません。その場合は、p.147「HINT」を参照し、寸法図形を解除したうえで、**1**～の操作を行ってください。

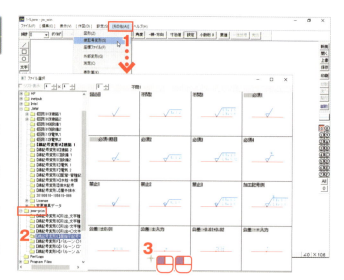

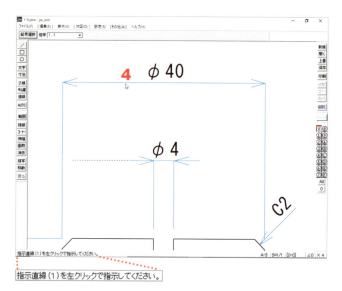

➡ マウスポインタに文字の外形枠が仮表示され、操作メッセージは「◎ 位置をマウスで指示してください」になる。

> **POINT** **4**で寸法線を🖱した位置よりもマウスポインタを右に移動すると寸法線の上側に、左に移動すると下側に、文字の外形枠が表示されます。

5 文字の記入位置として寸法値「φ40」の右下を🖱。

> **POINT** 文字列の左下と右下は🖱で読み取りできます。

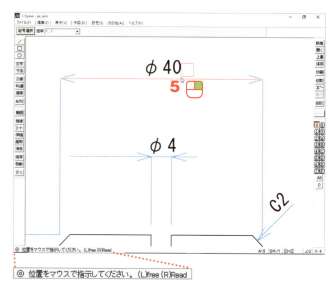

➡ 記入位置が確定し、「±」が入力された「文字入力」ボックスが開く。

6 「フォント」ボックスが「MSゴシック」になっていることを確認し、「文字入力」ボックスの「±」の後ろを🖱し、入力ポインタを移動する。

7 「文字入力」ボックスの「±」の後ろに「0.02」を入力し、Enterキーを押す。

➡ 右図のように「±0.02」が追加記入される。

POINT 寸法値「φ40」と「±0.02」は別々の文字列です。移動などの編集を行う際には注意してください。＋と－に別々の数値を記入するには、**3**で線記号「公差　－＋入力」を選択してください。

φ40 $^{+0.01}_{-0.02}$

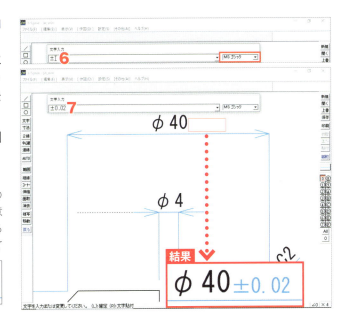

HINT　線記号変形について

線記号変形は、基本的には図面上の線を指示し、その線を選択した線記号の形状に変形します。ただし、なかには線を指示せずに位置を指示して作図するものもあります。選択する線記号によって、その後の操作手順が異なるため、ステータスバーの操作メッセージを確認しながら進めてください。

線記号によって、書込線の線色・線種で作図される要素、図面上の指示線と同じ線色・線種で作図される要素、特定の線色・線種で作図される要素があります。

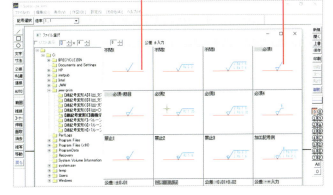

線記号は、基本的に図寸で管理されており、作図する図面の尺度（縮尺）に関係なく、常に同じ見た目の大きさで作図されます。
線記号の文字要素の大きさは、文字種番号（1～10）で管理されています。そのため、文字種1～10のサイズ設定（→p.131）が異なる図面に作図すると文字が不適切な大きさになる場合があります。
線記号の線・円・弧要素の大きさは、コントロールバー「倍率」ボックスに「横方向の倍率, 縦方向の倍率」を入力することで変更して作図できますが、文字要素の大きさは変更されません。

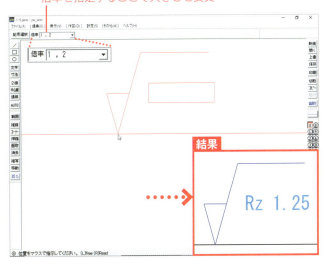

2・3 寸法の記入

20 不要な要素をまとめて消す

●用紙左下の図の下側に記入されている寸法を消しましょう。複数の要素をまとめて消すには「範囲選択消去」を利用します。

1 「消去」コマンドを選択する。

2 コントロールバー「範囲選択消去」ボタンを🖱。

> **POINT** 「範囲選択消去」では、消去する要素を範囲選択で指定し、まとめて消去します。

3 範囲選択の始点として右図の位置で🖱。

→ 3の位置を対角とする選択範囲枠がマウスポインタまで表示される。

4 右図のように寸法部を囲み、選択範囲の終点を🖱（文字を除く）。

→ 選択範囲枠に全体が入る文字以外の要素が選択色になる。

> **POINT** 選択範囲枠に全体が入る文字以外の要素が消去対象として選択され、選択色で表示されます。寸法図形の寸法値も選択されます。選択範囲枠から一部がはみ出した要素は選択されません。選択確定前に要素をクリックすることで、対象に追加することや対象から除外することができます。

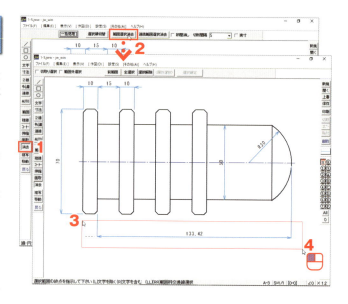

5 選択色になっている補助線を🖱。

→ 🖱した線が消去対象から除外され、元の色に戻る。

6 選択色になっていない2本の寸法補助線を🖱。

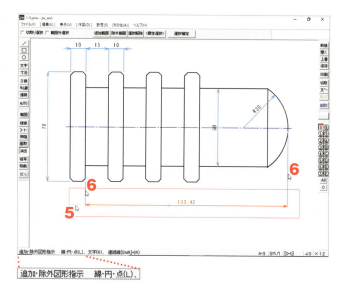

→ 🖱した線が消去対象に追加され、選択色になる。

7 コントロールバー「選択確定」ボタンを🖱。

→ 選択色で表示されていた要素が消去される。

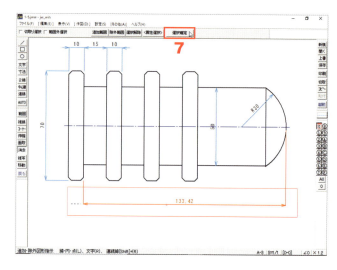

21 累進寸法を記入する

●はじめに累進寸法の設定を確認しましょう。

1 「寸法」コマンドを選択し、コントロールバー「設定」ボタンを🖱。

2 「寸法設定」ダイアログの「累進寸法」欄の「基点円」と「文字高位置中心」にチェックを付け、「円半径」ボックスの数値「0.75」を確認する。

> **POINT** 「基点円」にチェックを付けないと、基点には実点が作図されます。「円半径」ボックスでは基点円の半径(図寸mm)を指定します。「文字高位置中心」にチェックを付けると、寸法補助線(引出線)に寸法値の中心を合わせて記入します。

3 「OK」ボタンを🖱。

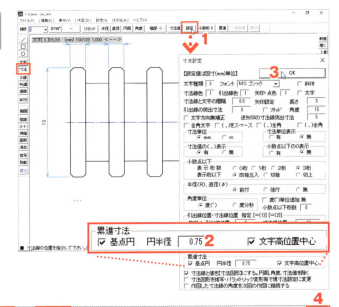

●図の下側に累進寸法を記入しましょう。

4 コントロールバー「傾き」ボックスが「0」、引出線タイプが「-」であることを確認し、「累進」ボタンを🖱。

→ 操作メッセージは「■ 寸法線の位置を指示して下さい」になる。

5 寸法線を記入する位置として右図の補助線端点を🖱。

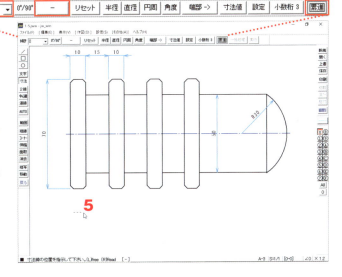

→ 🖱位置に寸法線の記入位置を示すガイドラインが赤い点線で水平方向に表示され、操作メッセージは「○ 寸法の始点を指示して下さい【累計寸法】」になる。

6 始点として右図の角を🖱。

→ 操作メッセージは「● 寸法の終点を指示して下さい。【累計寸法】」になる。

7 終点として右図の角を🖱。

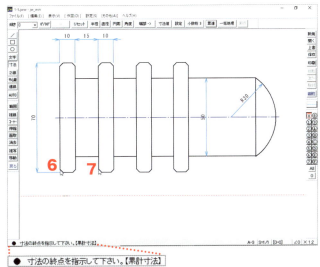

CADを使って機械や木工や製品の図面をかきたい人のための Jw_cad 8 製図入門 **157**

2・3 寸法の記入

➡ 右図のように **6**－**7**間の寸法が記入され、操作メッセージは「● 寸法の終点を指示して下さい。【累計寸法】」と表示される。

8 終点として次の角を🖱。

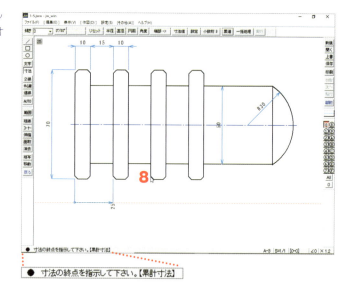

➡ 右図のように **6**－**8**間の寸法が記入され、操作メッセージは「● 寸法の終点を指示して下さい。【累計寸法】」と表示される。

9 終点として次の角を🖱。

➡ **6**－**9**間の寸法が記入され、操作メッセージは「● 寸法の終点を指示して下さい。【累計寸法】」と表示される。

10 終点として次の角を🖱。

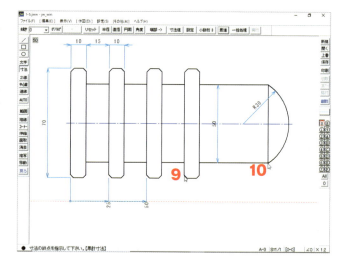

➡ **6**－**10**間の寸法が記入され、操作メッセージは「● 寸法の終点を指示して下さい。【累計寸法】」と表示される。

11 コントロールバー「リセット」ボタンを🖱し、累計寸法の記入を終了する。

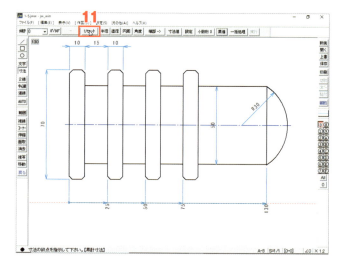

22 すべての補助線を消去する

◉図面上の補助線をすべて消去しましょう。

1「消去」コマンドを選択する。

2 コントロールバー「範囲選択消去」ボタンを🖱。

3 コントロールバー「全選択」ボタンを🖱。

> **POINT** コントロールバー「全選択」ボタンを🖱することで、図面全体を対象として選択できます。ここではすべての要素を選択した後、その中から補助線だけを選択して消去します。

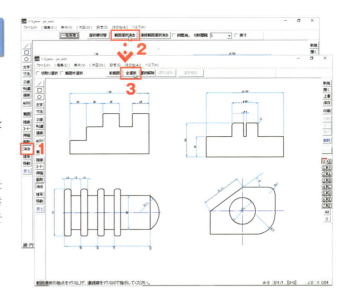

4 コントロールバー「〈属性選択〉」ボタンを🖱。
➡ 属性選択のダイアログが開く。

> **POINT** 属性選択のダイアログで条件を指定することで、選択色で表示されている要素の中から指定条件に合った要素だけを選択します。

5「補助線指定」を🖱し、チェックを付ける。

6「補助線指定」と「【指定属性選択】」にチェックが付いていることを確認し、「OK」ボタンを🖱。

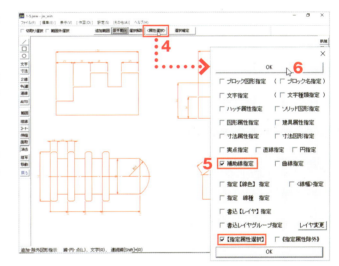

➡ 補助線のみが選択色になり、他の要素は元の色に戻る。

7 コントロールバー「選択確定」ボタンを🖱。
➡ 選択色で表示されていた補助線が消去される。

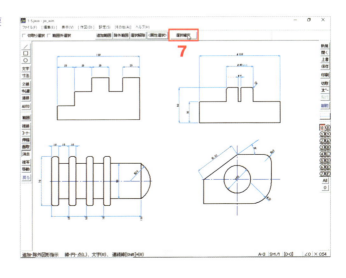

2・3 寸法の記入

23 上書き保存・印刷する

●図面を上書き保存して印刷しましょう。

1「上書」コマンドを🖱。

2「印刷」コマンドを選択し、印刷する。

参考：印刷 → p.54

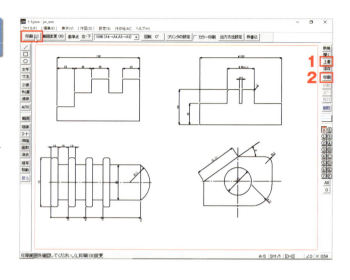

HINT 引出線タイプ「＝」「＝（1）」「＝（2）」について

引出線タイプ「＝」「＝（1）」「＝（2）」では、寸法の始点・終点位置にかかわらず、寸法補助線（引出線）の長さが右図のように均一です。
引出線タイプ「＝」では、はじめに引出線（寸法補助線）の始点を指示します（右図**1**）。

[寸法]引出し線の始点を指示して下さい。(L)free (R)Read

その後に寸法線の位置を指示します（右図**2**）。

■ 寸法線の位置を指示して下さい。(L)free (R)Read

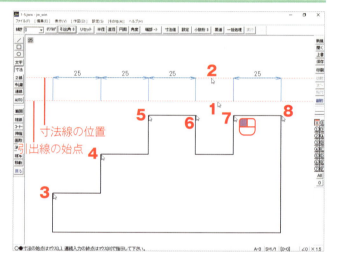

引出線タイプ「＝（1）」「＝（2）」では、寸法線の位置を指示する代わりに基準点を指示します（右図**1**）。

■ 基準点を指示して下さい (L)free (R)Read

指示した基準点から、「寸法設定」ダイアログの「引出線位置・寸法線位置　指定 [=(1)] [=(2)]」欄で設定している間隔分離れた位置に、引出線の始点位置のガイドラインと寸法線位置のガイドラインが表示されます。

引出線位置・寸法線位置　指定 [=(1)] [=(2)]			
指定 1 引出線位置	5	寸法線位置	10
指定 2 引出線位置	0	寸法線位置	5

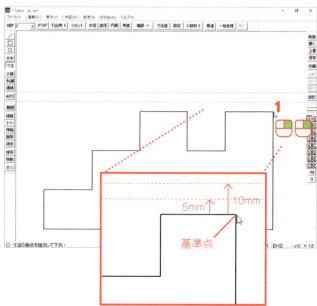

CHAPTER 3

図面を作図する

3-1	レイヤの操作練習	162
3-2	ペットテーブルの三面図を作図	174
3-3	フランジ形たわみ軸継手を作図	192

3-1 レイヤの操作練習

Jw_cadでは、基準線や外形線、寸法など、図面の各部分を複数の透明なシートにかき分け、それらのシートを重ね合わせて1枚の図面にする機能があります。この透明なシートに該当するものを「レイヤ」と呼びます。

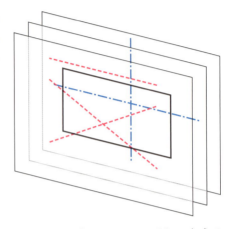

Jw_cadには、レイヤ番号0～9、A～Fまでの16枚のレイヤが用意されています。**CHAPTER 3**では、これらのレイヤを使い分けて図面を作図します。各レイヤは、作図ウィンドウでの表示・非表示の指示が可能です。非表示のレイヤに作図されている要素は印刷されないうえ、消去などの編集操作もできません。このようなレイヤ機能を利用することで、より確実で効率のよい作図が可能になります。ここでは、レイヤを使い分けて作図するために必要な操作を学習します。

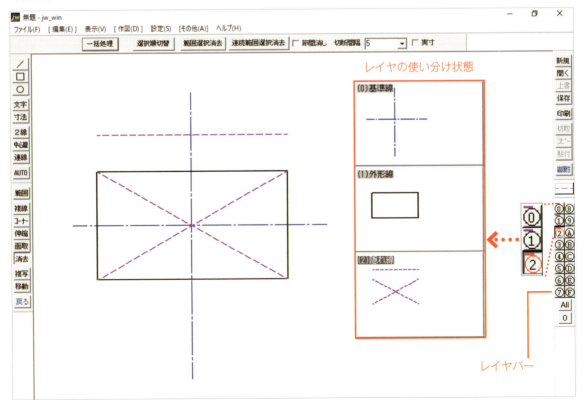

1 「0」レイヤに線色6の一点鎖線で線を作図する

●用紙サイズをA4、尺度を1：1に設定し、「0」レイヤに線色6・一点鎖2で水平線と垂直線を作図しましょう。

1 用紙サイズA4、縮尺1/1に設定する。

2 書込線を「線色6・一点鎖2」にする。

3 レイヤバーの「0」レイヤボタンが凹状態であることを確認する。

> **POINT** レイヤバーで凹状態のレイヤを「書込レイヤ」と呼びます。これから作図する要素はすべて書込レイヤに作図されます。

4 「／」コマンドで右図のように水平線を作図する。

➡ 書込線の線色6・一点鎖2で水平線が作図され、レイヤバーで凹状態になっている書込レイヤ「0」レイヤボタンの上部左半分に赤いバーが表示される。

> **POINT** レイヤボタンの上部左半分に表示される赤いバーは、そのレイヤに線・円・弧・点要素が存在することを示します。文字要素が存在する場合は、上部右半分に赤いバーが表示されます。

5 右図のように水平線と交差する垂直線を作図する。

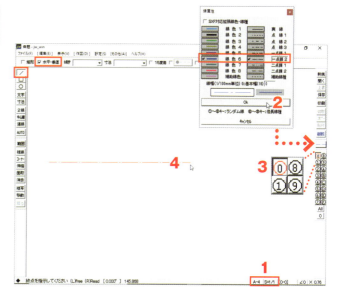

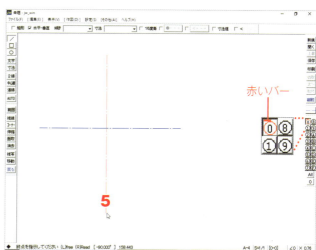

2 「1」レイヤに線色2の実線で長方形を作図する

●書込レイヤ（これから作図するレイヤ）を「1」レイヤにしましょう。

1 レイヤバーの「1」レイヤボタンを🖱。

➡ 「1」レイヤが書込レイヤ（凹状態）になる。「0」レイヤボタンは凹状態でなくなる。

> **POINT** 書込レイヤを指定（変更）するには、レイヤバーのレイヤ番号ボタンを🖱します。誤って🖱したり、他の番号を🖱した場合は、「戻る」コマンドを選択せずに、あらためて書込レイヤにするレイヤ番号ボタンを🖱してください。

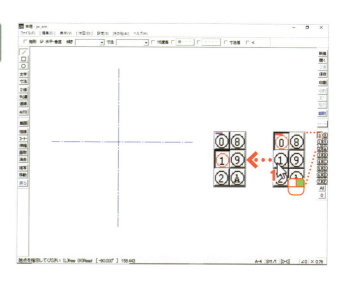

3-1 レイヤの操作練習

● 線色2・実線で横110mm、縦60mmの長方形を作図しましょう。

2 書込線を「線色2・実線」にする。

3 「□」コマンドを選択し、コントロールバー「寸法」ボックスに「110,60」を入力する。

4 一点鎖線の交点に長方形の中心を合わせ、右図のように作図する。

→ 現在の書込レイヤ「1」レイヤボタンの左上に要素の存在を示す赤いバーが表示される。

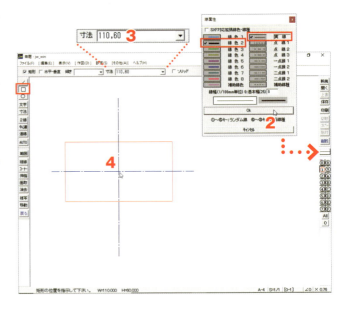

3 「2」レイヤに線色5の点線で対角線を作図する

● 「2」レイヤを書込レイヤにしましょう。

1 レイヤバーの「2」レイヤボタンを🖱。

→ 「2」レイヤが書込レイヤ(凹状態)になる。

● 線色5・点線3で対角線を作図しましょう。

2 書込線を「線色5・点線3」にする。

3 「／」コマンドを選択し、長方形の左下角と右上角を結ぶ線を作図する。

→ 現在の書込レイヤ「2」レイヤボタン左上に要素の存在を示す赤いバーが表示される。

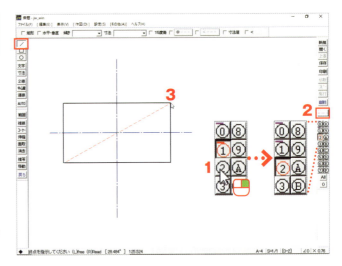

4 「1」レイヤの状態を変更する

● 「1」レイヤを「非表示」にしましょう。

1 レイヤバーの「1」レイヤボタンを🖱。

POINT 書込レイヤ以外のレイヤボタンを🖱することで、そのレイヤの状態を「非表示」⇒「表示のみ」⇒「編集可能」に変更できます。

→ 「1」レイヤボタンのレイヤ番号「1」が消える。作図ウィンドウにマウスポインタを移動すると、「1」レイヤに作図された長方形が作図ウィンドウから消える。

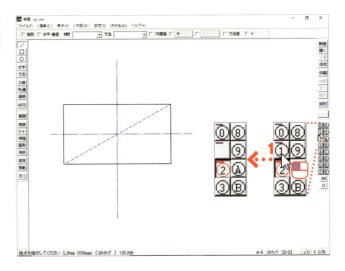

164　CADを使って機械や木工や製品の図面をかきたい人のためのJw_cad 8 製図入門

POINT レイヤボタンのレイヤ番号が消えている状態を「非表示」と呼びます。そのレイヤに作図されている要素は作図ウィンドウに表示されず、印刷や消去・伸縮などの編集操作の対象にもなりません。

●「1」レイヤを「表示のみ」にしましょう。

2 レイヤバーの「1」レイヤボタンを🖱。

➡「1」レイヤのボタンにはレイヤ番号「1」(○なし)が表示される。作図ウィンドウにマウスポインタを移動すると、「1」レイヤに作図されている要素(長方形)が作図ウィンドウにグレー表示される。

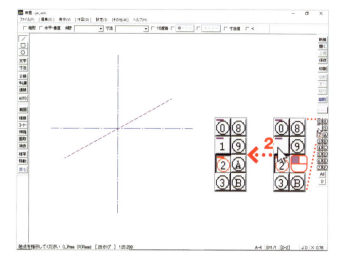

POINT レイヤボタンのレイヤ番号に○が付いていない状態を「表示のみ」と呼びます。表示のみレイヤに作図されている要素は作図ウィンドウでグレー表示され、消去・伸縮などの編集操作の対象になりません。

●確認のため、表示のみレイヤ「1」に作図されているグレー表示の長方形上辺を消去指示しましょう。

3 「消去」コマンドを選択し、グレー表示の長方形上辺を🖱。

➡ 図形がありません とメッセージが表示され、消去されない。

●表示のみレイヤ「1」に作図されている長方形の対角を結ぶ線を作図しましょう。

4 「／」コマンドを選択し、始点として長方形の右下角を🖱。

❓ 点がありません と表示される ➡p.251　Q20

POINT 表示のみレイヤに作図されている要素を編集することはできませんが、その点を読み取ることはできます。

➡ **4**の点を始点とした線がマウスポインタまで仮表示される。

5 終点として長方形の左上角を🖱。

➡ **4**と**5**を結ぶ対角線が作図される。

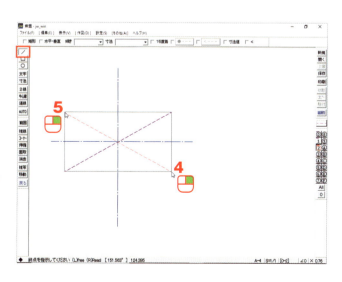

165

3・1 レイヤの操作練習

●表示のみレイヤ「1」に作図されている長方形上辺から20mm上に複線を作図しましょう。

6「複線」コマンドを選択し、「複線間隔」ボックスに「20」を入力する。

7 複線の基準線としてグレー表示の長方形上辺を🖱。

❓ 図形がありません と表示される ➡p.251 Q20

POINT 表示のみレイヤに作図されている要素を編集することはできませんが、その要素を「複線」、「伸縮」コマンドなどの基準線として指示することはできます。

➡ **7**の線から20mm離れたマウスポインタ側に複線が仮表示される。

8 基準線の上側で作図方向を決める🖱。

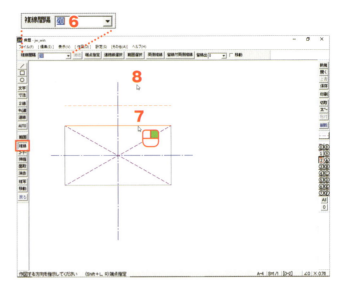

●「1」レイヤに作図されている長方形の上辺を消去するため「1」レイヤを「編集可能」にしましょう。

9 レイヤバーの「1」レイヤボタンを🖱。

➡ レイヤ番号「1」が○付きになり、作図ウィンドウにマウスポインタを移動すると「1」レイヤの線が作図した線色2(黒)で表示される。

10「消去」コマンドを選択し、「1」レイヤに作図されている長方形上辺を🖱。

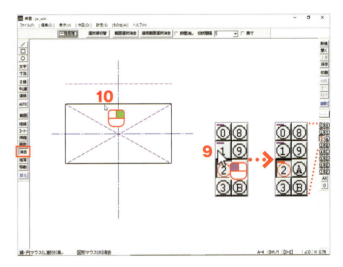

➡ 🖱した線が消去される。

POINT レイヤボタンのレイヤ番号に○が付いている状態を「編集可能」と呼びます。編集可能レイヤに作図されている要素は、書込レイヤの要素と同様に、消去・伸縮などのすべての編集操作の対象になります。

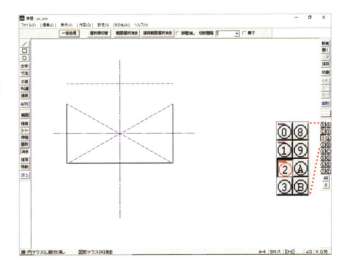

5 レイヤー覧ウィンドウでレイヤ状態を変更する

●レイヤー覧ウィンドウを開き、各レイヤに作図されている内容を確認しましょう。

1 レイヤバーで書込レイヤ「2」レイヤボタンを🖱。

→ レイヤー覧ウィンドウが開く。

> **POINT** レイヤバーの書込レイヤボタンを🖱することで、各レイヤに作図されている要素を表示するレイヤー覧ウィンドウが開きます。レイヤー覧ウィンドウで、濃いグレーのレイヤ番号が書込レイヤです。

書込レイヤ（濃いグレー）

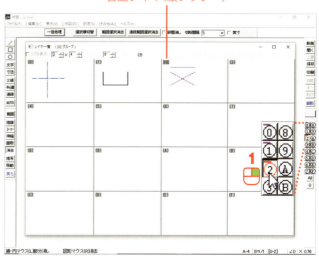

●「0」レイヤを書込レイヤにしましょう。レイヤー覧ウィンドウでもレイヤ状態を変更できます。

2「0」レイヤの枠内で🖱。

→ 左上のレイヤ番号（0）が書込レイヤを表す濃いグレー表示になり、それに連動してレイヤバーの「0」レイヤボタンも書込レイヤを示す凹状態になる。

> **POINT** レイヤー覧ウィンドウでも、レイヤバーと同様の操作でレイヤ状態の変更が行えます（レイヤ枠内で🖱：書込レイヤに変更／🖱：非表示⇒表示のみ⇒編集可能に変更）。レイヤー覧ウィンドウが開いている間は、レイヤバーでのレイヤ操作はできません。

(0)が濃いグレーになり書込レイヤになる

●「1」レイヤを非表示にしましょう。

3「1」レイヤの枠内で🖱。

> **POINT** 「1」レイヤ左上のレイヤ番号（1）を🖱しないでください。番号を🖱すると「レイヤ名の設定」操作になります。また、誤って🖱して書込レイヤにした場合は、「0」レイヤを🖱して書込レイヤにした後、「1」レイヤを🖱して非表示にしてください。

→ 左上のレイヤ番号（1）表示が消え、非表示レイヤになる。それに連動してレイヤバーの「1」レイヤボタンも非表示レイヤを示す番号なしの状態になる。

番号が消える（非表示レイヤ）

3・1 レイヤの操作練習

● 「1」レイヤを表示のみにしましょう。

4 「1」レイヤの枠内で🖱。

→ 左上に（ ）の付かないレイヤ番号1が表示され、表示のみになる。それに連動してレイヤバーの「1」レイヤボタンも表示のみレイヤを示す○なし番号の状態になる。

● レイヤ番号の表示を大きくしましょう。

5 「文字サイズ」ボックスの🔽を🖱し、「1」にする。

→ レイヤ番号を表示する文字が1段階大きくなる。

POINT 「文字サイズ」ボックスの数値を変更（-3～3）することで、レイヤ番号の文字の表示サイズを調整できます。

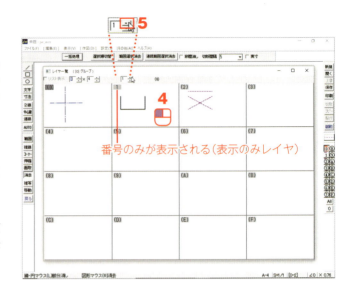

番号のみが表示される（表示のみレイヤ）

6 レイヤ名を設定する

● 各レイヤに名前（レイヤ名）を付けることができます。「0」レイヤをレイヤ名「基準線」に設定しましょう。

1 「0」レイヤの左上のレイヤ番号(0)を🖱。

→ 「レイヤ名設定」ダイアログが開き、日本語入力が有効になる。

2 「レイヤ名」ボックスに「基準線」を入力し、「OK」ボタンを🖱。

→ 「0」レイヤにレイヤ名「基準線」が設定される。

● 「1」レイヤにレイヤ名「外形線」、「2」レイヤにレイヤ名「隠れ線」を設定しましょう。

3 「1」レイヤの左上のレイヤ番号1を🖱し、「レイヤ名設定」ダイアログの「レイヤ名」ボックスに「外形線」を入力して「OK」ボタンを🖱。

4 同様に、「2」レイヤのレイヤ番号(2)を🖱し、レイヤ名「隠れ線」を設定する。

● レイヤ一覧ウィンドウを閉じましょう。

5 レイヤ一覧ウィンドウ右上の❌ を🖱。

➡ レイヤ一覧ウィンドウが閉じ、レイヤバーでは、「0」レイヤが書込レイヤの凹状態で、ステータスバー右の「書込レイヤ」ボタンには「[0-0]基準線」と、書込レイヤのレイヤ番号とレイヤ名が表示される。

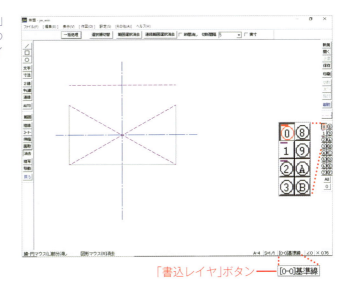

7 「1」レイヤに線色2・実線で円を作図する

● 「1」レイヤを書込レイヤにし、線色2・実線で半径20mmの円を作図しましょう。

1 レイヤバーの「1」レイヤボタンを🖱。

➡ 「1」レイヤが書込レイヤになり、ステータスバーの「書込レイヤ」ボタンには「[0-1]外形線」と、書込レイヤ「1」のレイヤ名が表示される。

2 書込線を「線色2・実線」にする。

3 「○」コマンドを選択し、コントロールバー「半径」ボックスに「20」を入力する。

4 基点を「左・下」にし、右図のように長方形の左辺と下辺に接する円を作図する。

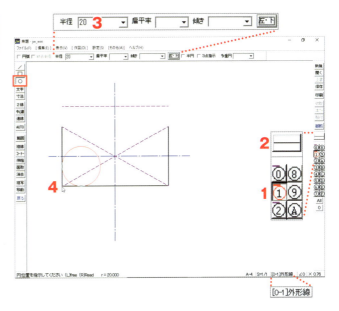

8 属性取得で書込レイヤ・書込線色・線種を一度に変更する

● 既存の対角線と同じレイヤ（2：隠れ線）に同じ線色・線種（線色5・点線3）の線を作図しましょう。はじめに書込レイヤと書込線を対角線と同じにします。

1 メニューバー［設定］-「属性取得」を選択する。

> **POINT** 線・円・弧などの要素の線色・線種・レイヤを「属性」と呼びます。「属性取得」とは、現在の書込線と書込レイヤを、🖱した要素と同じ属性（線色・線種・レイヤ）に変更する機能です。

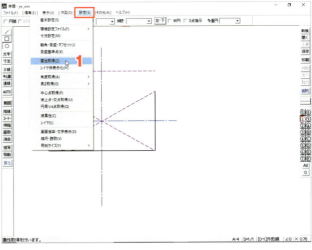

CADを使って機械や木工や製品の図面をかきたい人のための Jw_cad 8 製図入門　**169**

3▶1 レイヤの操作練習

➡ 作図ウィンドウ左上に 属性取得 と表示され、操作メッセージは「属性取得をする図形を指示してください(L)」になる。

2 属性取得の対象として右図の対角線を🖱。

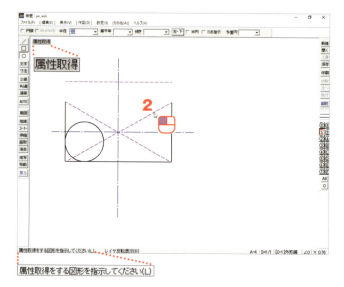

➡ 書込線が🖱した線と同じ「線色5・点線3」になり、書込レイヤが🖱した線と同じ「2：隠れ線」になる。

● 長方形下辺から20mm下に複線を作図しましょう。

3「複線」コマンドを選択し、コントロールバー「複線間隔」ボックスの数値が「20」になっていることを確認する。

4 基準線として長方形下辺を🖱。

5 基準線の下側で作図方向を決める🖱。

➡ 書込線の「線色5・点線3」で、書込レイヤ「2」に複線が作図される。

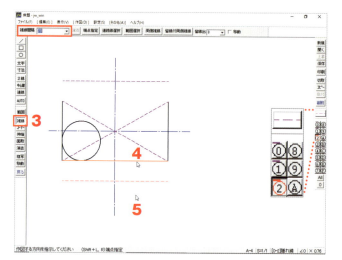

● 中心線を属性取得しましょう。属性取得コマンドの選択(**1**の操作)は Tab キーでも行えます。

6 Tab キーを押す。

➡ 作図ウィンドウ左上に 属性取得 と表示され、操作メッセージは「属性取得をする図形を指示してください(L)」になる。

❓ 図形がありません と表示される ➡ p.249 Q15

7 属性取得の対象として中心線を🖱。

➡ 書込線が🖱した線と同じ「線色6・一点鎖2」になり、書込レイヤが🖱した線と同じ「0：基準線」になる。

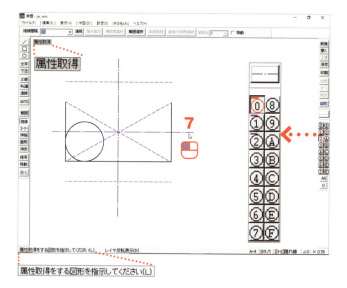

170 CADを使って機械や木工や製品の図面をかきたい人のためのJw_cad 8 製図入門

9 既存線のレイヤ・線色・線種を変更する

●一番上の水平線（「線色5・点線3」で「2」レイヤに作図）を「線色6・一点鎖2」「0」レイヤに変更しましょう。

1 メニューバー［編集］-「属性変更」を選択する。

> **POINT** 「属性変更」コマンドは、🖱した線・円・弧・実点の線色・線種を現在の書込線の線色・線種に、レイヤを現在の書込レイヤに変更します。

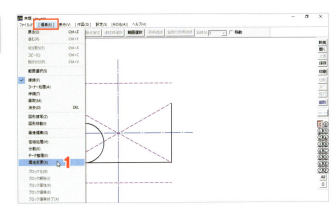

2 書込線と書込レイヤが前項で属性取得した「線色6・一点鎖2」、「0：基準線」レイヤになっていることを確認する。

3 コントロールバー「線種・文字種変更」と「書込みレイヤに変更」にチェックが付いていることを確認する。

4 変更対象として一番上の水平線を🖱。

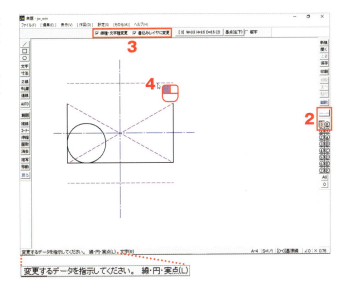

➡ 作図ウィンドウ左上に 属性変更◆書込レイヤに変更 と表示され、🖱した線が書込線と同じ「線色6・一点鎖2」、書込レイヤの「0」レイヤに変更される。

> **POINT** コントロールバー「線種・文字種変更」または「書込みレイヤに変更」のチェックを外して4の操作を行うことで、線の線色・線種だけ、またはレイヤだけを変更することもできます。

5 レイヤ一覧ウィンドウを開き、レイヤも変更されたことを確認する。

参考：レイヤ一覧ウィンドウ→p.167

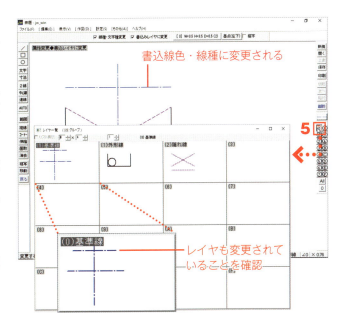

以上で、レイヤ操作の練習は終了です。
続けて、次ページの「ONE POINT LESSON」を行いましょう。

ONE POINT LESSON　クロックメニュー

Jw_cadでは、ツールバーやメニューバーの他に、作図ウィンドウで🖱ドラッグ（または🖱ドラッグ）することで表示されるクロックメニューからもコマンドを選択できます。ここでは、p.169で学習した属性取得や、p.151で学習した中心点取得をクロックメニューで行う練習をしましょう。

● はじめにクロックメニューを使用するための設定をしましょう。

1 メニューバー［設定］-「基本設定」を選択する。

2 「jw_win」ダイアログの「一般（1）」タブの「クロックメニューを使用しない」のチェックを外し、「OK」ボタンを🖱。

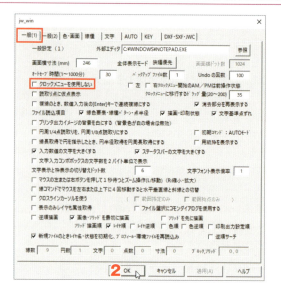

● 書込レイヤが「0：基準線」、書込線が「線色6・一点鎖2」になっていることを確認し、クロックメニューで、実線を属性取得しましょう。

3 属性取得対象の右図の実線にマウスポインタを合わせて🖱↓し、時計の文字盤を模したクロックメニューと 属性取得 が表示されたらマウスボタンをはなす。

❓ クロックメニューが レイヤ非表示化 と表示される
➡ p.251 Q21

POINT クロックメニューでコマンド名が表示された時点でマウスボタンをはなすことで、そのコマンドを選択できます。🖱↓による 属性取得 は作図操作中いつでも利用できます。

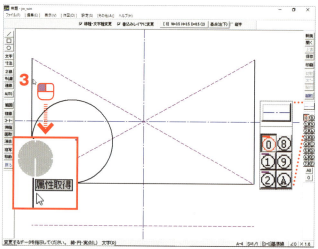

➡ 書込線、書込レイヤが🖱↓した線と同じ「線色2・実線」、「1：外形線」レイヤになる。

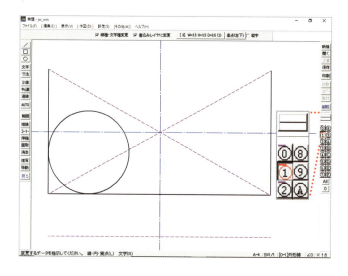

POINT クロックメニューには🖱ドラッグ/🖱ドラッグの別があり、それぞれにAM/PMの2面があります。AM/PMの2面の切り替えは、ドラッグ操作でクロックメニューを表示した状態で他方のマウスボタンをクリックするか、あるいはマウスポインタを文字盤内に移動し、再び外に戻すことで行います。最初に表示される明るい文字盤を「AMメニュー」、切り替え操作で表示される暗い文字盤を「PMメニュー」と呼びます。これ以降、クロックメニュー操作の表記を左右マウスボタンの別、AM/PMメニューの別、コマンドが割り当てられた時間（0時〜11時）から、🖱↓AM6時 属性取得 のように表記します。

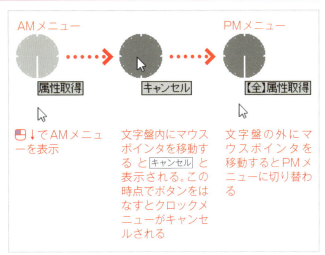

🖱できる点が存在しない、線や円・弧の中心点を読み取る「中心点取得」（→p.151）もクロックメニューから使用できます。

● 「0」「2」レイヤを非表示にし、円の中心点と右の垂直線の中点を結ぶ線を作図しましょう。

4 レイヤバーの「0」と「2」レイヤボタンを🖱し、非表示にする。

5 「／」コマンドを選択し、コントロールバー「水平・垂直」のチェックを外す。

6 始点指示時に円にマウスポインタを合わせ🖱→AM3時 中心点・A点 。

POINT 右ボタンを押したままマウスポインタを右方向に移動し、AM3時 中心点・A点 が表示されたらマウスボタンをはなしてください。

➡ **6**の円の中心点を始点とした仮線がマウスポインタまで表示される。

7 終点として右図の垂直線にマウスポインタを合わせ🖱→AM3時 中心点・A点 。

➡ 結果の図のように線の中点を終点とした線が作図される。

❓ 操作メッセージが「2点間中心◆◆B点指示◆◆」になり、終点が確定しない ⇒ p.251 Q22

POINT 「／」コマンドに限らず、点指示時に円・弧を🖱→AM3時 中心点・A点 することで円・弧の中心点を、線を🖱→AM3時 中心点・A点 することで線の中点を指示できます。

以上でONE POINT LESSONは終了です。ここまで作図練習した図面は保存せず終了して結構です。

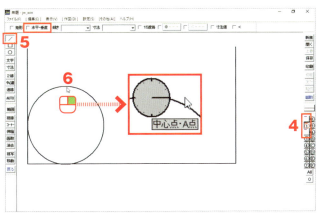

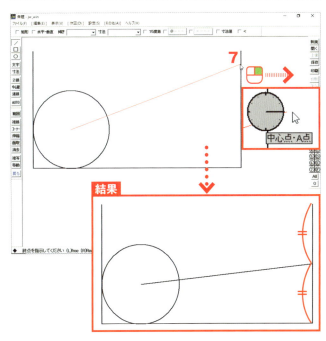

3-2 ペットテーブルの三面図を作図

下表のようにレイヤと線色を使い分けて、ペットテーブルの三面図を作図しましょう。

▼使用するレイヤとレイヤ名

0レイヤ	図面枠
1レイヤ	基準線
2レイヤ	外形線
3レイヤ	隠れ線
Dレイヤ	寸法
Fレイヤ	補助線

▼使用する線色と太さ

線色1	細線0.18mm
線色2	太線0.35mm
線色3	極太線0.7mm
線色6	細線0.18mm

▼線色と線種の使い分け

外形線	太線0.35mm（線色2）実線
隠れ線	細線0.18mm（線色6）破線（点線2）
中心線	細線0.18mm（線色6）一点鎖線（一点鎖2）
寸法線	細線0.18mm（線色1）
寸法値	高さ5mm（文字種5）

p.129「自主作図課題2」で作図・保存したA3図面「waku-a3」を開き、尺度を1：2として下図を作図しましょう。

※ 完成図「sample3-2.jww」を「jww-prim」フォルダーに収録しています。必要に応じて印刷してご利用ください。

単位：mm

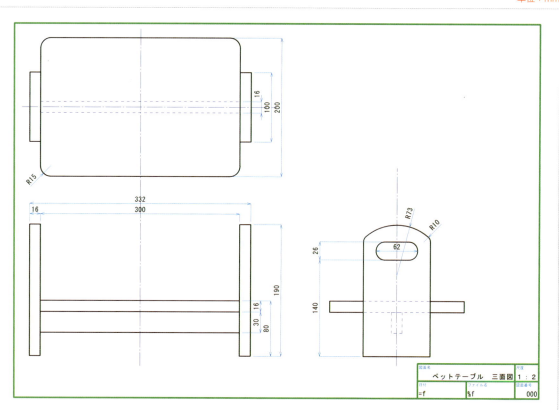

1 「waku-a3」を開き、尺度を1：2に変更する

● p.129「自主作図課題2」で作図・保存したA3図面枠「waku-a3」を開き、図面枠の大きさを変えずに尺度だけを1：2に変更しましょう。

1 「開く」コマンドを選択し、図面ファイル「waku-a3」を開く。

2 ステータスバー「縮尺」ボタンを🖱。

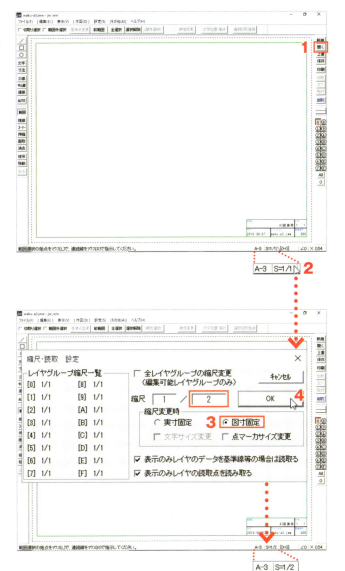

3 「縮尺・読取 設定」ダイアログの「図寸固定」を🖱で選択する。

> **POINT** 「図寸固定」を選択することで、作図済みの要素の用紙に対する大きさ（図寸）を固定して、縮尺だけが変更されます。

4 縮尺を「1/2」にし、「OK」ボタンを🖱。
　→ 図面枠の用紙に対する大きさはそのままに、縮尺が1/2に変更される。

2 レイヤ名を設定する

● レイヤ一覧ウィンドウを開き、各レイヤにレイヤ名を設定しましょう。

1 レイヤバーで書込レイヤの「0」レイヤを🖱。
　→ レイヤ一覧ウィンドウが開く。

2 前ページの表を参照し、「0」「1」「2」「3」「D」「F」レイヤにレイヤ名を設定する。
　　　　　　参考：レイヤ名の設定→p.168

3 レイヤ一覧ウィンドウを閉じる。

3・2 ペットテーブルの三面図を作図

3 図面を別の名前で保存する

● 「jww-prim」フォルダーに「3-2」として保存しましょう。

1. 「保存」コマンドを選択する。
2. 図面の保存場所として「jww-prim」フォルダーを開いた状態で、「新規」ボタンを🖱。
3. 「新規作成」ダイアログの「名前」ボックスを「3-2」に、「メモ」ボックスを「ペットテーブル」に変更し、「OK」ボタンを🖱。

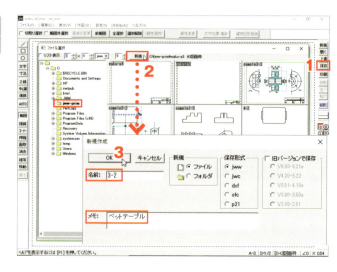

4 図面名などを書き換える

● 図面名、尺度を書き換えましょう。

1. 「文字」コマンドを選択する。
2. 図面名の「A3図面枠」を🖱し、文字の基点に注意して「ペットテーブル　三面図」に書き換える。
3. 尺度を「1：2」に書き換える。

参考：文字の書き換え→p.126

5 平面図の天板を作図する

● 「2：外形線」レイヤに「線色2・実線」で横300mm×縦200mmの天板を作図しましょう。

1. 書込線を「線色2・実線」にする。
2. レイヤバーの「2」レイヤを🖱し、書込レイヤにする。
3. 「□」コマンドを選択し、コントロールバー「寸法」ボックスに「300,200」を入力する。
4. 用紙左上に右図のように長方形を作図する。

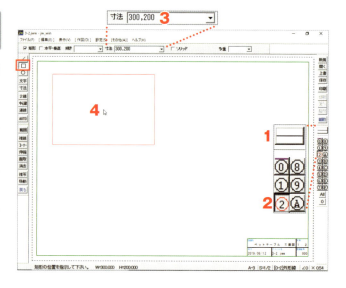

6 天板の中心線を作図する

●「1：基準線」レイヤに「線色6・一点鎖2」で天板の中心線を作図しましょう。

1. 「1」レイヤを書込レイヤにする。
2. 書込線を「線色6・一点鎖2」にする。
3. 「中心線」コマンドを選択し、右図のように水平垂直の中心線を作図する。

参考：中心線 → p.56

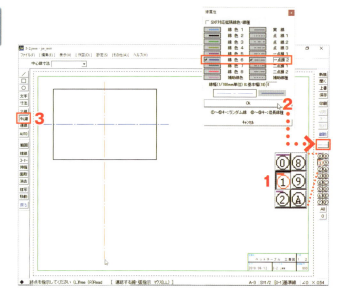

7 天板の線を属性取得する

●属性取得を使って天板と同じレイヤを書込レイヤに、同じ線色・線種を書込線にしましょう。

1. 天板の外形線を🖱↓ AM6時 属性取得 。
   → 書込レイヤが「2：外形線」、書込線が「線色2・実線」になる。

参考：属性取得 → p.172

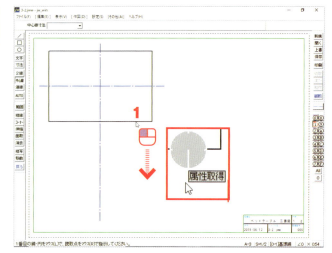

8 平面図に側板を作図する

●天板左右に、側板（16mm×100mm）を作図しましょう。

1. 「□」コマンドを選択する。
2. コントロールバー「寸法」ボックスに「16,100」を入力する。
3. 天板左辺と中心線の交点に、長方形の右中を合わせて作図する。
4. 天板右辺と中心線の交点に、長方形の左中を合わせて作図する。

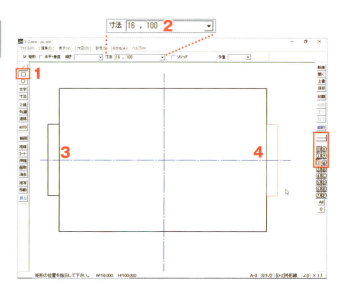

CADを使って機械や木工や製品の図面をかきたい人のための Jw_cad 8 製図入門　177

3・2 ペットテーブルの三面図を作図

❾ 天板の角をR面取りする

●天板の角を15mmでR面取りしましょう。

1 「面取」コマンドを選択する。

2 コントロールバー「丸面」を選択し、「寸法」ボックスに「15」を入力する。

3 線（A）として天板の上辺を🖱。

4 線【B】として天板の左辺を、右図の位置で🖱。

> **POINT** 天板の右辺、左辺の一部に側板の左辺、右辺が重ねて作図されています。天板の右辺、左辺を🖱するとき、側板の外形線と重ならない位置で🖱するよう注意してください。または、面取りの前に「重複整理」（→p.89）を行えば、🖱位置を気にせず面取りできます。

➡ 右図のように天板左上角がR面取りされる。

5 線（A）として天板の上辺を🖱。

6 線【B】として天板の右辺を、右図の位置で🖱。

7 残り2カ所の角も 5〜6 と同様に、右辺、左辺を🖱する位置に注意して、R面取りする。

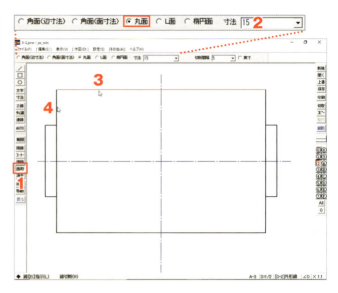

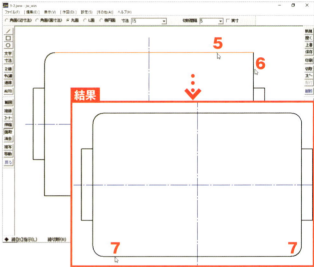

❿ 天板に隠れるつなぎを作図する

●天板に隠れるつなぎを「3：隠れ線」レイヤに「線色6・点線2」で作図しましょう。

1 書込レイヤを「3」、書込線を「線色6・点線2」にする。

2 「2線」コマンドを選択する。

参考：「2線」コマンド→p.90

3 コントロールバー「2線の間隔」ボックスに「8」を入力する。

4 基準線として右図の中心線を🖱。

5 始点として天板左辺上の点を🖱。

6 終点として天板右辺上の点を🖱。

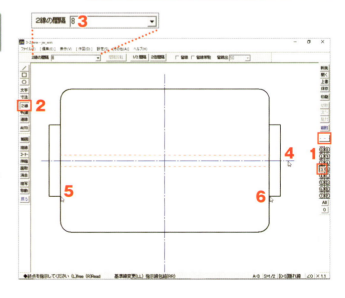

11 正面図を作図するための補助線を作図する

●正面図の側板の作図位置を示すための補助線を、「F：補助線」レイヤに「線色2・補助線種」で作図しましょう。

1. 書込レイヤを「F」、書込線を「線色2・補助線種」にする。
2. 「／」コマンドを選択し、コントロールバー「水平・垂直」にチェックを付ける。
3. 右図のように水平線を作図する。
4. 平面図の天板左角と右角を始点とし**3**の水平線に交差する垂直線をそれぞれ作図する。

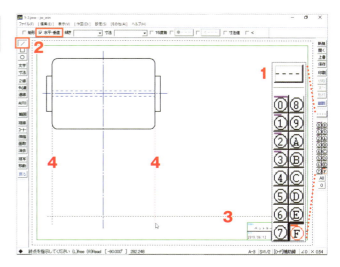

12 正面図の側板を作図する

●正面図の側板（16mm×190mm）を、平面図の外形線と同じレイヤに同じ線色・線種で作図しましょう。

1. 平面図の外形線を🖱↓ AM6時 属性取得 し、書込レイヤを「2」、書込線を「線色2・実線」にする。
2. 「□」コマンドを選択し、コントロールバー「寸法」ボックスに「16,190」を入力する。
3. 設置面と平面図から下ろした補助線の交点にそれぞれ右下角、左下角を合わせ、右図の2カ所に側板を作図する。

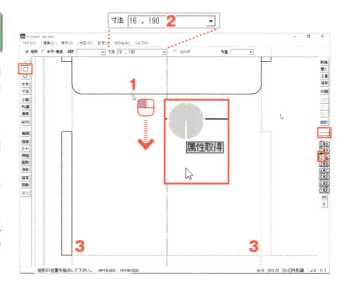

13 正面図に天板・つなぎを作図する

●「複線」コマンドで設置面の補助線から80mm上の側板間に平行線を作図しましょう。

1. 「複線」コマンドを選択し、コントロールバー「複線間隔」ボックスに「80」を入力する。
2. 基準線として設置面の補助線を🖱。
   → 基準線と同じ長さの線が右図のように仮表示される。
3. コントロールバー「端点指定」ボタンを🖱。

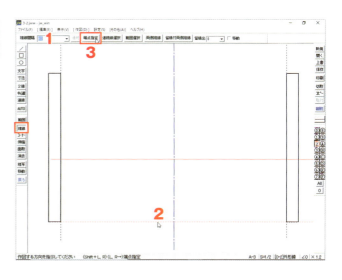

➡ ステータスバーには「【端点指定】始点を指示してください」と操作メッセージが表示される。

> **POINT** 複線が仮表示された段階でコントロールバー「端点指定」ボタンを🖱し、始点・終点を指示することで、基準線とは異なる長さの複線を作図できます。

4 始点として左の側板の右角を🖱。

➡ 側板の右辺上からマウスポインタの位置まで複線が仮表示され、操作メッセージは「【端点指定】◆ 終点を指示してください」になる。

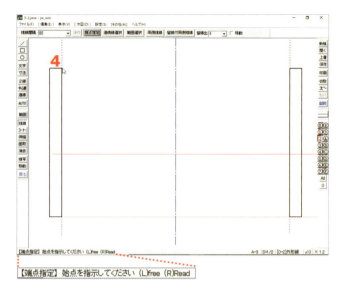

5 終点として右の側板の左角を🖱。

➡ **4**-**5**の長さの複線がマウスポインタ側に仮表示され、操作メッセージは「作図する方向を指示してください」になる。

6 基準線の上側に複線が仮表示された状態で作図方向を決める🖱。

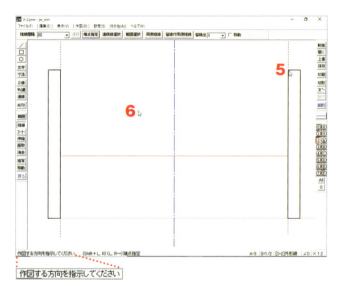

● 作図した線から16mm（天板厚）、さらに30mm（つなぎ幅）下にそれぞれ外形線を作図しましょう。

7 コントロールバー「複線間隔」ボックスに「16」を入力し、**6**で作図した線を🖱して基準線の下側で作図方向を決める🖱。

8 作図した線からさらに30mm下に複線を作図する。

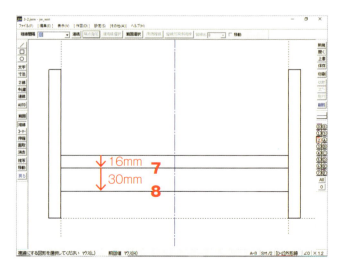

14 側面図の中心線と補助線を作図する

●側面図の中心線を作図しましょう。

1. 平面図の中心線を🖱↓ AM6時[属性取得]し、書込レイヤを「1」、書込線を「線色6・一点鎖2」にする。

2. 「／」コマンドを選択し、コントロールバー「水平・垂直」にチェックを付ける。

3. 側面図の中心線を右図のように作図する。

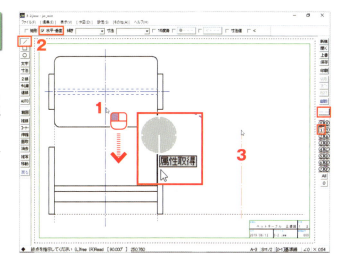

●天板の作図位置の目安とする補助線を作図しましょう。

4. 図面上の補助線を🖱↓ AM6時[属性取得]し、書込レイヤを「F」、書込線を「線色2・補助線種」にする。

5. 始点として正面図の天板右上角を🖱。

6. 終点として右図の位置で🖱。

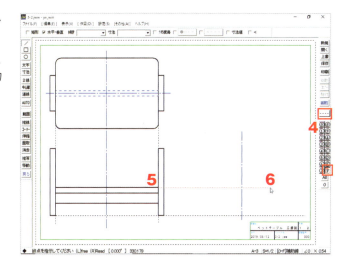

15 側面図の側板と天板を作図する

●側板（100mm×190mm）と天板（200mm×16mm）を作図しましょう。

1. 正面図の外形線を🖱↓ AM6時[属性取得]し、書込レイヤを「2」、書込線を「線色2・実線」にする。

2. 「□」コマンドを選択し、側板（100mm×190mm）を設置面と中心線の交点に中下を合わせて作図する。

3. 天板（200mm×16mm）を右図のように作図する。

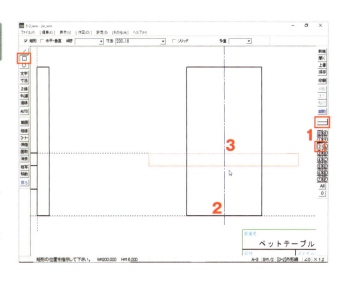

CADを使って機械や木工や製品の図面をかきたい人のための Jw_cad 8 製図入門　**181**

3・2 ペットテーブルの三面図を作図

16 側板に隠れる部分の天板の線を点線2に変更する

線の一部分の線色・線種を変更することはできません。はじめに線色・線種を変更する部分を切断して別の線に分けてから変更します。

● 側板左辺との交点で、天板上辺を切断しましょう。

1. 切断する線と重なる補助線を読み取らないよう「F」レイヤボタンを🖱し、補助線が作図された「F」レイヤを非表示にする。

2. 「消去」コマンドを選択する。コントロールバー「節間消し」のチェックを外し、「切断間隔」ボックスを「0」にする。

3. 部分消しの対象線として天板の上辺を🖱（部分消し）。

4. 部分消しの始点として側板左辺と天板上辺の交点を🖱。

   POINT 部分消しの始点と終点で同じ点を🖱することで、その位置で線を切断し、2本の線に分けます。

5. 部分消しの終点として **4** の交点を🖱。
   → **3** の線が🖱した交点で切断され、2本の線に分かれる。作図ウィンドウ左上には 切断 と表示される。

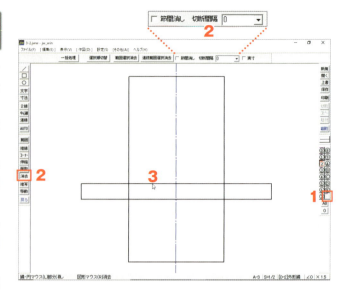

● 側板右辺との交点でも切断しましょう。

6. 部分消しの対象線として天板の上辺を🖱。

7. 部分消しの始点として側板右辺と天板上辺の交点を🖱。

8. 部分消しの終点として **7** の交点を🖱。
   → **6** の線が🖱した交点で切断され、2本の線に分かれる。

9. 天板下辺も **3**～**8** と同様にして側板外形線との交点2ヵ所で切断する。

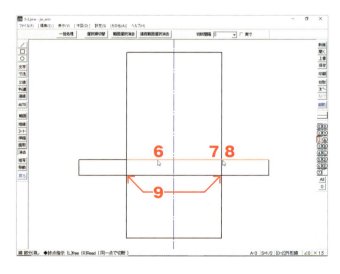

●側板に隠れる部分の線を、隠れ線の線色・線種・レイヤに変更しましょう。

10 メニューバー［編集］－「属性変更」を選択する。

11 平面図の隠れ線を🖱↓AM6時 属性取得 し、書込レイヤを「3」、書込線を「線色6・点線2」にする。

12 変更対象として側板に隠れる部分の天板上辺を🖱。

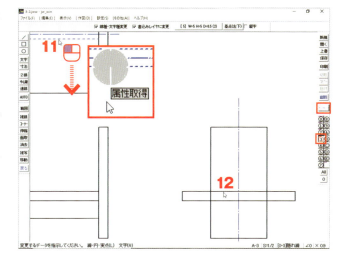

→ 作図ウィンドウ左上に 属性変更◆書込レイヤに変更 と表示され、🖱した線が書込線と同じ「線色6・点線2」、書込レイヤの「3」レイヤに変更される。

13 変更対象として側板に隠れる部分の天板下辺を🖱。

→ 作図ウィンドウ左上に 属性変更◆書込レイヤに変更 と表示され、🖱した線が書込線と同じ「線色6・点線2」、書込レイヤの「3」レイヤに変更される。

POINT レイヤバーの書込レイヤボタンを🖱で表示されるレイヤ一覧ウィンドウ（→p.167）で 12、13 で🖱した線が書込レイヤに変更されたことを確認できます。

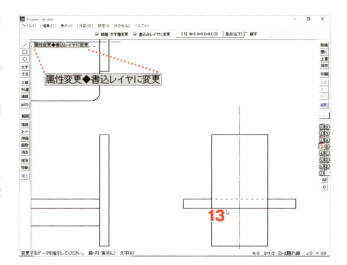

17 側面図につなぎを作図する

●側面図に、つなぎ（16mm×30mm）を隠れ線で作図しましょう。

1 「□」コマンドを選択し、コントロールバー「寸法」ボックスに「16,30」を入力する。

2 右図のようにつなぎの長方形を作図する。

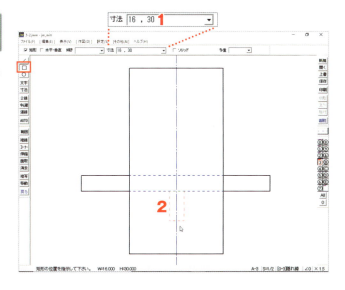

CADを使って機械や木工や製品の図面をかきたい人のための Jw_cad 8 製図入門　**183**

3·2 ペットテーブルの三面図を作図

18 側板上部の円弧の大きさを画面上で検討して作図する

●側板上部の円弧の大きさを画面上で検討しましょう。

1 外形線を🖱↓ AM6時 属性取得 し、書込レイヤを「2」、書込線を「線色2・実線」にする。

2 「○」コマンドを選択し、コントロールバー「半径」ボックスを「(無指定)」(または空白)に、「基点」(中央)ボタンを🖱して「外側」にする。

> **POINT** コントロールバー「半径」ボックスを空白にすると、基点は「外側」(円周上の2点を指示)⇔「中央」(中心と円周上位置を指示)の切り替えになります。

3 側板上辺と中心線の交点を🖱。
→ **3** に円周上を合わせた円がマウスポインタまで仮表示される。

4 マウスポインタを下に移動し、仮表示の円が右図ぐらいの大きさになったところでステータスバーに表示される半径寸法を確認する。

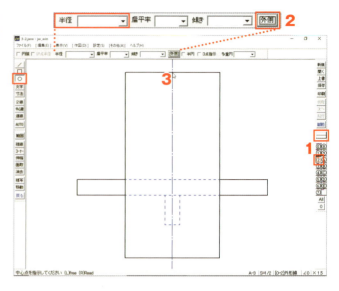

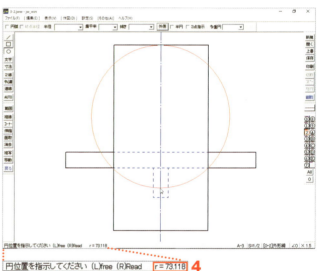

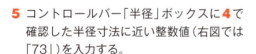

5 コントロールバー「半径」ボックスに **4** で確認した半径寸法に近い整数値(右図では「73」)を入力する。

6 コントロールバー基点「中・中」ボタンを🖱し、「中・上」にする。

> **POINT** 基点ボタンは🖱で左回りに、🖱で右回りに基点(→p.66)が変更されます。

7 仮表示の円を確認し、作図ウィンドウで🖱して確定する。

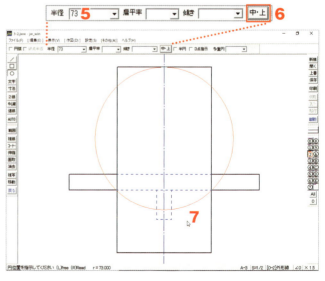

19 作図した円と側板の辺をR面取りする

●作図した円を切断し、側板の左右の辺と円弧の接続部を10mmでR面取りしましょう。

1 「面取」コマンドを選択する。

2 コントロールバー「丸面」を選択し、「寸法」ボックスに「10」を入力する。

3 右図の位置で円を🖱(切断)。

4 線(A)として左辺を右図の位置で🖱。

➡ 線が選択色になり、🖱位置を示す水色の○が仮表示される。

5 線【B】として円を左辺より右側で🖱。

> **POINT** 交差した線・円弧の指示は、交点に対して残す側で🖱します。

➡ 右図のように🖱した側を残し、**4**の左辺と**5**の円弧の接続部が10mmでR面取りされる。

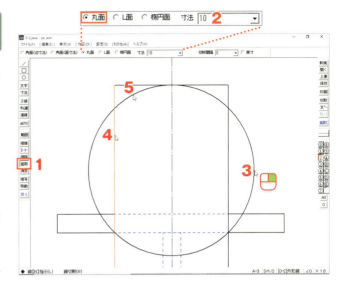

6 線(A)として右辺を円弧との交点より下側で🖱。

7 線【B】として円弧を右辺より左側で🖱。

➡ 次図のように🖱した側を残し、右辺と円弧の接続部が10mmでR面取りされる。

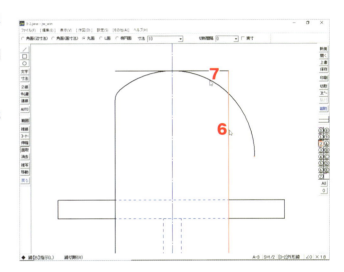

●残った上辺を消しましょう。

8 上辺にマウスポインタを合わせ🖱↖AM10時 消去 。

> **POINT** 図面上の要素を🖱↖(左上方向に右ボタンを押したまま移動)し、時計の文字盤を模したクロックメニューの10時に合わせ、 消去 が表示されたらボタンをはなしてください。「消去」コマンドに移行し、🖱↖した要素が消去されます。

➡ **8**の線が消去され、「消去」コマンドを選択した状態になる。

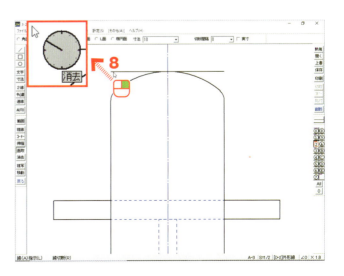

3-2 ペットテーブルの三面図を作図

20 持ち手部分の外形を作図する

● 目安の線として、左辺の直線部上端点から水平線を作図しましょう。目安の線はすぐ消すため、ここでは現在の書込線種（実線）のまま作図します。

1 「／」コマンドを選択し、コントロールバー「水平・垂直」にチェックが付いていることを確認する。

2 始点として左辺と面取りの円弧の接続点を🖱。

3 終点として右図の位置で🖱。

● 持ち手部分の外形として長方形（62mm×26mm）を作図しましょう。

4 「□」コマンドを選択し、コントロールバー「寸法」ボックスに「62,26」を入力する。

5 長方形の「中上」を中心線と3で作図した線の交点に合わせ、右図のように作図する。

● 不要になった目安の線を消去しましょう。

6 消去対象の線にマウスポインタを合わせ🖱↖AM10時 消去 。

➡ 6の線が消去され、「消去」コマンドを選択した状態になる。

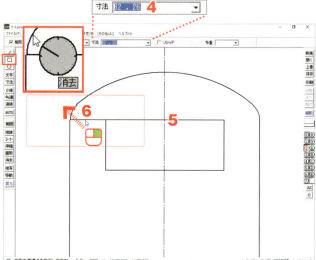

21 持ち手部分を俵型に整形する

● 長方形の左右に、半径13mmの内接円を作図しましょう。

1 「○」コマンドを選択し、コントロールバー「半径」ボックスに「13」を入力する。

2 コントロールバー「基点」ボタンを「左・上」にして、円の作図位置として長方形の左上角を🖱。

3 コントロールバー「左・上」ボタンを3回🖱し、「右・上」にする。

> **POINT** 「基点」ボタンを🖱すると、基点が右回りで変更されます。

4 円の作図位置として長方形の右上角を🖱。

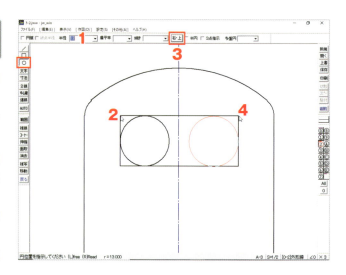

● 「消去」コマンドの「節間消し」などを利用して、長方形と内接円を俵型に整えましょう。

5 「消去」コマンドを選択し、長方形の左辺と右辺を🖱して消す。

> **POINT** **5**の代わりに左辺を🖱↖AM10時 消去 として「消去」コマンドに移行した後、右辺を🖱して消去しても同じ結果を得られます。

6 コントロールバー「節間消し」にチェックを付ける。

参考：「消去」コマンド「節間消し」→p.91

7 節間消しの対象として左接円の右図の位置を🖱。

➡ 次図のように円の🖱位置両側の点間が部分消しされる。

8 節間消しの対象として右接円の右図の位置を🖱。

➡ 次図のように円の🖱位置両側の点間が部分消しされる。

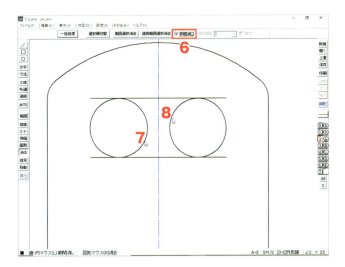

9 節間消しの対象として長方形上辺の右図の位置を🖱。

➡ 結果の図のように線の🖱位置両側の点間が部分消しされる。

10 節間消しの対象として長方形上辺、下辺の右図の位置を🖱。

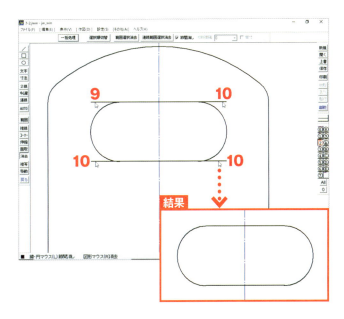

3-2 ペットテーブルの三面図を作図

22 寸法の記入位置に補助線を作図し、寸法の設定をする

●寸法線の記入位置にあらかじめ補助線を作図しておきましょう。

1. 書込レイヤを「D：寸法」、書込線を「線色2・補助線種」にする。
2. 「複線」コマンドを選択し、コントロールバー「複線間隔」ボックスに「15」を入力する。
3. 右図のように15mm間隔で寸法線記入位置を指示するための補助線を作図する。

　参考：寸法を記入するスペースがない場合→次ページ

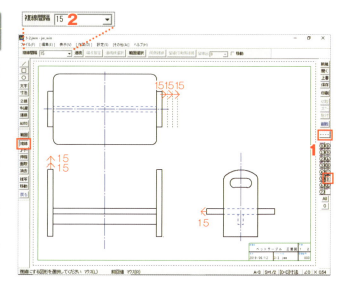

●これから記入する寸法線、寸法補助線（引出線）、矢印の色や寸法値の文字種などを指定しましょう。

4. 「寸法」コマンドを選択し、コントロールバー「設定」ボタンを🖱。
5. 「寸法設定」ダイアログで「文字種類」ボックスを「5」に、「寸法線色」「引出線色」「矢印・点色」ボックスを「1」にする。
6. 「矢印設定」の「長さ」ボックスを「3」(mm)に、「角度」ボックスを「15」にする。
7. 「小数点以下」欄の「表示桁数」は「0桁」を選択する。
8. 「半径（R）、直径（φ）」欄は「前付」を選択する。
9. 「指示点からの引出線位置　指定［－］」欄の「引出線位置」ボックスを「2」にする。
10. 「寸法線と値を【寸法図形】にする」にチェックを付ける。
11. 「OK」ボタンを🖱。

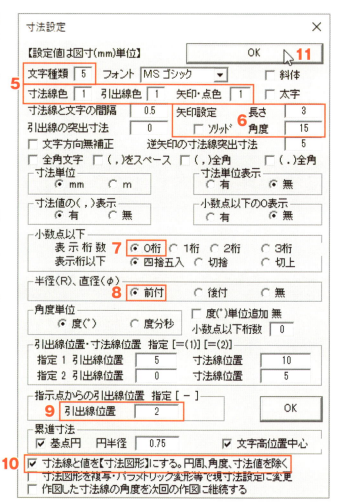

ONE POINT LESSON　図を垂直方向（または水平方向）固定で移動する

寸法を記入するスペースが狭い場合は、次の方法で平面図や側面図を移動しましょう。

ここでは平面図を、正面図と左右の位置をずらさずに上方向に移動する例で紹介します。

1「移動」コマンドを選択する。

2 範囲選択の始点として平面図の左上で🖱。

3 表示される選択範囲枠で平面図全体を囲み終点を🖱。

4 コントロールバー「選択確定」ボタンを🖱。

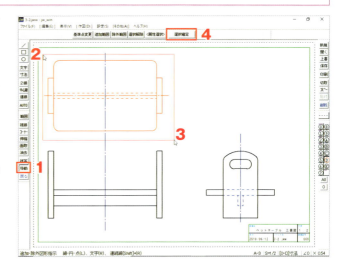

5 コントロールバー「任意方向」ボタンを2回🖱し、「Y方向」にする。

　➡ マウスポインタに仮表示される移動要素の移動方向がY方向（垂直）に固定される。

　POINT「任意方向」ボタンを🖱で「X方向」（水平方向固定）⇒「Y方向」（垂直方向固定）⇒「XY方向」（水平または垂直方向固定）と、移動方向を固定できます。

　POINT 作図ウィンドウ左上に ◇元レイヤ・線種 と表示されるのは、移動要素が移動元の要素と同じレイヤに同じ線色・線種で移動されることを示しています。

　❓ ◇元レイヤ・線種 と表示されない。または ●書込レイヤに作図 と表示される ➡ p.251　Q23

6 仮表示の移動要素を目安に移動先を🖱。

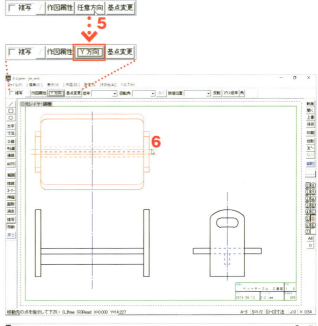

7「／」コマンドを選択し、「移動」コマンドを終了する。

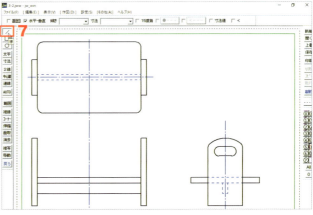

3・2 ペットテーブルの三面図を作図

やってみよう

「寸法」コマンドを選択し、下図のように各寸法を記入しましょう。

半径寸法の記入→p.139/141　　寸法値の移動→p.153　　垂直方向の寸法記入→p.136

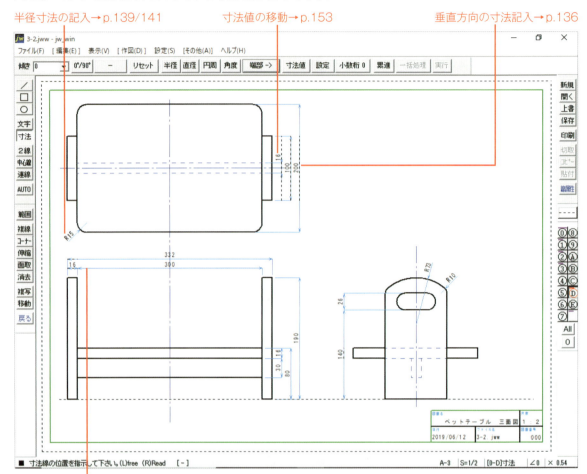

水平方向の寸法記入→p.133

23 持ち手の幅の寸法を記入する

● 側面図持ち手の幅を、寸法補助線（引出線）なしで記入しましょう。

1 「寸法」コマンドのコントロールバー「傾き」ボックスを「0」にし、寸法線の記入位置として円弧の右端にマウスポインタを合わせ🖱↑AM0時 円周1/4点 。

POINT 円・弧を🖱↑AM0時 円周1/4点 することで、🖱↑位置に近い円周上の1/4の位置（円・弧の中心から0°/90°/180°/270°の円周上）を点指示できます。**1**の操作の代わりにメニューバー［設定］－「円周1/4点取得」を選択し、**1**の円弧の右付近で🖱でも結果は同じです。この機能は、全コマンドでの点指示時（一部例外あり）に共通して利用できます。

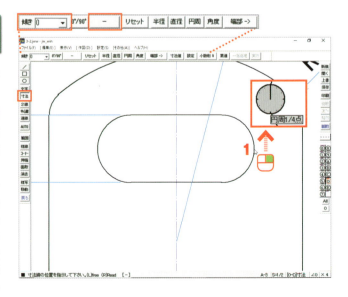

➡ 円弧の右1/4位置を通る寸法線記入位置のガイドラインが表示される。

❓ ガイドラインが表示されない ➡ p.252 Q24

2 コントロールバーの「端部->」を確認し、始点としてガイドラインと左の円弧の交点を🖱。

> **POINT** 寸法線のガイドラインとの交点は読み取りできます。

3 終点としてガイドラインと右の円弧の交点を🖱。

➡ 2－3の寸法が寸法補助線（引出線）なしで、ガイドライン上に記入される。

4 コントロールバー「リセット」ボタンを🖱。

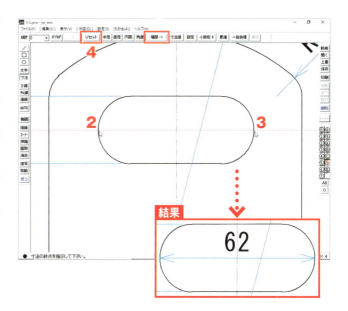

24 図面内の補助線を消去し、上書き保存・印刷する

●すべてのレイヤを編集可能にし、印刷枠以外の補助線をすべて消しましょう。

1 レイヤバー「All」ボタンを🖱。

> **POINT** 「All」ボタンを🖱ですべてのレイヤが編集可能になります。

2 補助線種で作図された印刷枠を消さないよう、「0」レイヤを表示のみにする。

3 「消去」コマンドを選択し、コントロールバー「範囲選択消去」ボタンを🖱。

4 コントロールバー「全選択」ボタンを🖱。

➡ 編集可能なすべての要素が消去対象として選択色になる。

> **POINT** 表示のみになっている「0」レイヤに作図されている図面枠は選択されません。

5 コントロールバー「〈属性選択〉」ボタンを🖱し、補助線のみを選択して消去する。

参考：補助線のみを消去→p.159

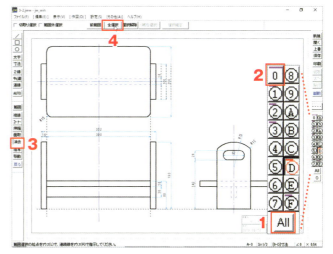

●図面を上書き保存して印刷しましょう。

6 レイヤバー「All」ボタンを🖱し、すべてのレイヤを編集可能にして上書保存する。

7 印刷線幅の設定を確認し、「印刷」コマンドを選択して印刷する。

参考：印刷線幅の設定→p.60

参考：A4用紙に縮小印刷するには→p.99「HINT」

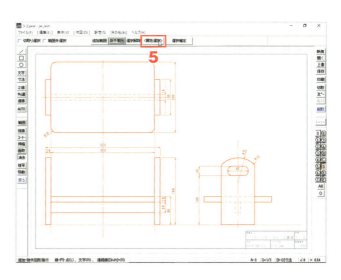

3-3 フランジ形たわみ軸継手を作図

下表のようにレイヤと線色を使い分けて、フランジ形たわみ軸継手の正面図、断面図、背面図を作図しましょう。

▼使用するレイヤとレイヤ名

0レイヤ	図面枠
1レイヤ	基準線
2レイヤ	外形線
Dレイヤ	寸法
Eレイヤ	ハッチング

▼使用する線色と太さ

線色1	細	0.18mm
線色2	太	0.35mm
線色3	極太	0.7mm
線色6	細	0.18mm

▼線色と線種の使い分け

外形線 断面線	太線0.35mm(線色2) 実線
中心線	細線0.18mm(線色6) 一点鎖線(一点鎖2)
寸法線 寸法値	細線0.18mm(線色1) 高さ5mm(文字種5)
ハッチング	細線0.18mm(線色1) 実線

p.108の単元「2-2 文字の記入と図面枠の作成」で作図・保存したA4図面「waku-a4」を開き、尺度1:1として下図を作図しましょう。

ここでは、CAD特有の反転複写機能を紹介するため、断面図などの対称形の部分は半分だけを作図し、それを反転複写します。CAD特有のかき方の一例と考えてください。

※ 完成図「sample3-3.jww」を「jww-prim」フォルダーに収録しています。必要に応じて、印刷してご利用ください。

単位:mm

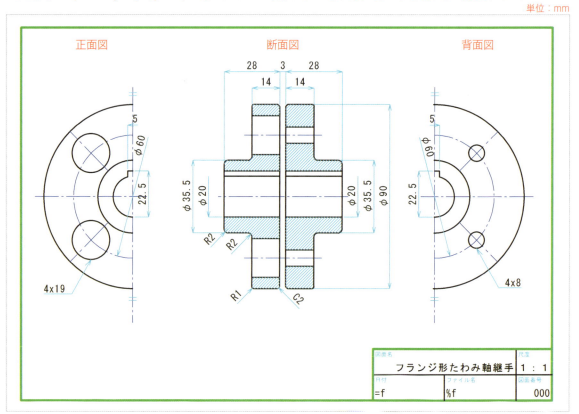

1 「waku-a4」を開き、レイヤ名を設定する

● p.108の単元「**2-2** 文字の記入と図面枠の作成」で作図・保存したA4図面枠「waku-a4」を開き、尺度を確認してレイヤ名を設定しましょう。

1 「開く」コマンドを選択し、図面ファイル「waku-a4」を開く。

2 ステータスバー「縮尺」ボタンが「S＝1/1」になっていることを確認する。

3 レイヤバーで書込レイヤの「0」レイヤを🖱。

4 レイヤ一覧ウィンドウで、前ページの「使用するレイヤとレイヤ名」の表を参照し、「0」「1」「2」「D」「E」レイヤにレイヤ名を設定してレイヤ一覧ウィンドウを閉じる。

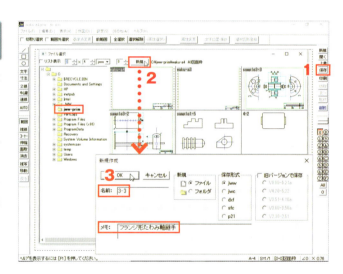

2 図面を別の名前で保存する

●「jww-prim」フォルダーに「3-3」として保存しましょう。

1 「保存」コマンドを選択する。

2 図面の保存場所として「jww-prim」フォルダーを開いた状態で、「新規」ボタンを🖱。

3 「新規作成」ダイアログの「名前」ボックスを「3-3」に、「メモ」ボックスを「フランジ形たわみ軸継手」に変更し、「OK」ボタンを🖱。

3 図面名を書き換え、反転複写の基準線を作図する

●図面名を「フランジ形たわみ軸継手」に書き換えましょう。また、反転複写の基準線として図面枠の左右を2等分する補助線を作図しましょう。

1 「文字」コマンドを選択し、文字の基点に注意して、図面名「A4図面枠」を「フランジ形たわみ軸継手」に書き換える。

　　　　　　参考：文字の書き換え→p.126

2 書込線を「線色2・補助線種」にし、図面枠の左右を2等分する補助線を、右図のように作図する。　　参考：「分割」コマンド→p.110
　　　　　　　　「中心線」コマンド→p.56

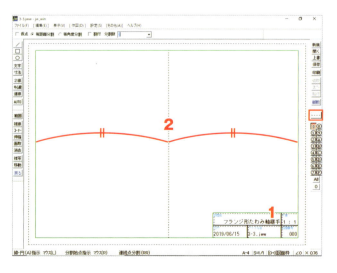

193

3·3 フランジ形たわみ軸継手を作図

4 断面図・正面図の中心線を作図する

●「1：基準線」レイヤに「線色6・一点鎖2」で断面図の中心線を長さ35mmで作図しましょう。

1 「1」レイヤを書込レイヤにし、書込線を「線色6・一点鎖2」にする。

2 「／」コマンドを選択し、コントロールバー「水平・垂直」にチェックを付け、「寸法」ボックスに「35」を入力する。

3 始点として右図の位置で🖱。

4 左側に長さ35mmの水平線を仮表示した状態で終点を🖱。

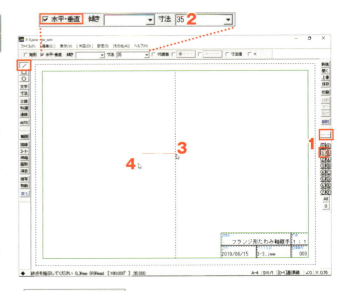

● 断面図の中心線の延長上に、正面図の中心線を長さ55mmで作図しましょう。

5 「中心線」コマンドを選択する。

6 1番目の線として右図の中心線を🖱し、さらに同じ線を🖱。

7 コントロールバー「中心線寸法」ボックスに「55」を入力する。

> **POINT** コントロールバー「中心線寸法」ボックスで作図する中心線の長さを指定できます。

8 始点として右図の位置を🖱。

→ 6の延長上の線が8から長さ55mmで仮表示される。

9 始点から右側に線を仮表示した状態で終点を🖱。

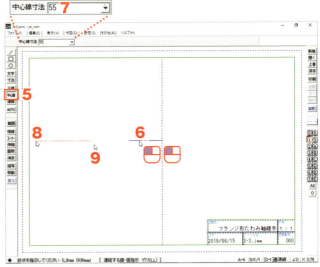

● 正面図のほかの中心線を作図しましょう。

10 「／」コマンドを選択し、垂直方向の中心線を右図のように作図する。

11 「○」コマンドを選択し、コントロールバー「円弧」にチェックを付けて、コントロールバー「半径」ボックスに「30」を入力する。

12 円弧の中心点として右図の中心線交点を🖱。

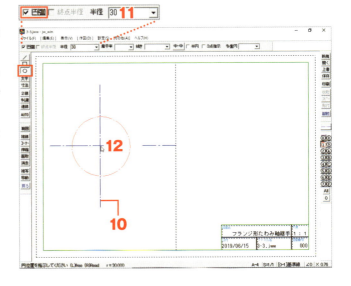

→ 中心点位置が確定し、操作メッセージは「円弧の始点を指示してください」になる。

13 円弧の始点として垂直線の上端点を🖱。

→ **12**を中心とした円弧が垂直線上からマウスポインタまで仮表示され、操作メッセージは「◆ 終点を指示してください」になる。

14 左回りにマウスポインタを移動し、終点として垂直線の下端点を🖱。

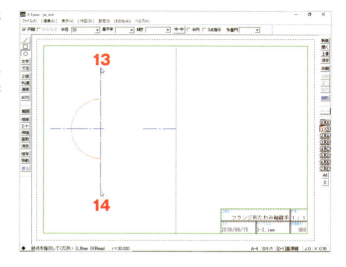

5　正面図に外形線を作図する

●「2：外形線」レイヤに「線色2・実線」で正面図の外形線を作図しましょう。

1 「2」レイヤを書込レイヤにする。

2 書込線を「線色2・実線」にする。

3 「○」コマンドのコントロールバー「円弧」にチェックが付いた状態で、「半径」ボックスに「35.5/2」を入力する。

> **POINT**　「数値入力」ボックスに計算式を入力できます。ここでは、直径35.5mmの半径を入力するため、「35.5/2」を入力しました。計算式の「＋」、「－」はそのまま、「×」は「＊」を、「÷」は「／」を入力します。

4 円弧の中心点として中心線交点を🖱。

5 円弧の始点として右図の円弧の上端点を🖱。

6 左回りにマウスポインタを移動し、円弧の終点として右図の円弧の下端点を🖱。

7 軸穴の円弧（直径20mm）を**3**〜**6**と同様にして作図する。

8 外径の円弧（直径90mm）を**3**〜**6**と同様にして作図する。

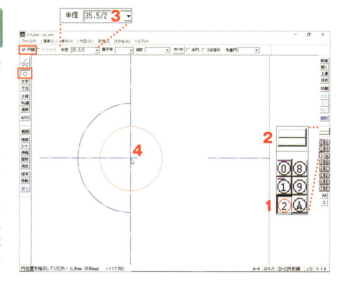

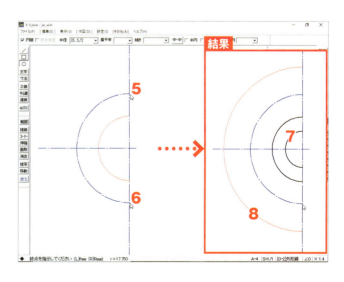

3-3 フランジ形たわみ軸継手を作図

6 断面図の上半分の外形線を作図する

●後で反転複写機能を学習するため、ここでは対称形の上半分の外形線となる線をおおまかに作図しましょう。

1 「複線」コマンドを選択する。

2 基準線として断面図の中心線を🖱。

→ コントロールバー「複線間隔」ボックスが空白になり、操作メッセージは「間隔を入力するか、複写する位置(L)free (R)Readを指定してください」になる。

3 複写する位置として正面図の外径円弧の上端点を🖱。

> **POINT** 基準線を🖱するとコントロールバー「複線間隔」ボックスが空白になり、作図ウィンドウ上で🖱または🖱することで基準線からその位置までの間隔を「複線間隔」ボックスに入力して、その間隔で複線を仮表示します。

→ コントロールバー「複線間隔」ボックスに **2**－**3** 間の間隔「45」が入力され、**2** から45mm離れたマウスポインタ側に複線が仮表示される。操作メッセージは「作図する方向を指示してください」になる。

4 作図方向として基準線の上側で🖱。

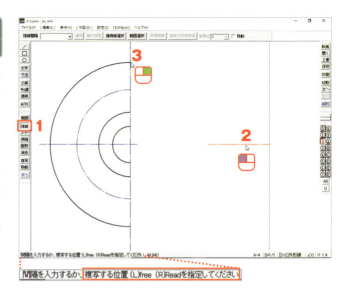

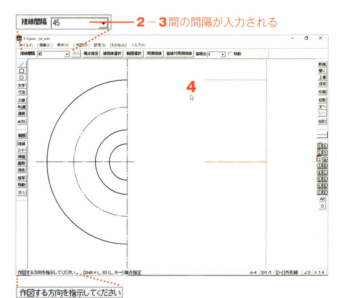

5 基準線として断面図の中心線を🖱。

→ コントロールバー「複線間隔」ボックスが空白になり、操作メッセージは「間隔を入力するか、複写する位置(L)free (R)Readを指定してください」になる。

6 複写する位置として正面図の右図の円弧の上端点を🖱。

→ コントロールバー「複線間隔」ボックスに **5**－**6** 間の間隔「17.75」が入力され、**5** から17.75mm離れたマウスポインタ側に複線が仮表示される。

7 作図方向として基準線の上側で🖱。

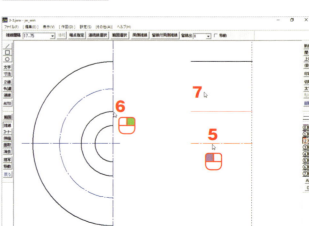

8 コントロールバー「複線間隔」ボックスに「1.5」を入力する。

9 基準線として図面枠中心の補助線を🖱。

➡ 基準線から1.5mm離れた位置に、基準線と同じ長さの複線が仮表示される。

10 コントロールバー「端点指定」ボタンを🖱。

参考：端点指定→p.179

➡ ステータスバーには「【端点指定】始点を指示してください」と操作メッセージが表示される。

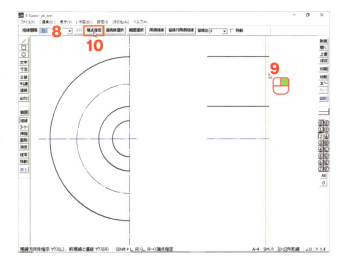

11 始点として右図の位置を🖱。

➡ **11** の位置からマウスポインタの位置まで複線が仮表示され、操作メッセージは「【端点指定】◆終点を指示してください」になる。

12 終点として中心線の端点を🖱。

➡ **11** － **12** の間隔と同じ長さの複線が仮表示され、操作メッセージは「作図する方向を指示してください」になる。

13 基準線の左側に複線が仮表示された状態で、作図方向を決める🖱。

14 作図した複線から左に14mm間隔で2本の複線を作図する。

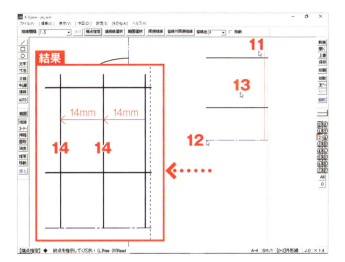

7 角を面取りする

●角を面取りして、断面図の外形線を整えましょう。

1 「面取」コマンドを選択する。

2 コントロールバー「角面（辺寸法）」を選択し、「寸法」ボックスに「1」を入力する。

3 線（A）として右図の水平線を🖱。

4 線【B】として右図の垂直線を🖱。

> **POINT** 「コーナー」コマンドと同様、2つの線の交点に対して、線を残す側で🖱してください。

➡ **3** と **4** の線の交差部分がC面取りされる。

参考：C面取り→p.92

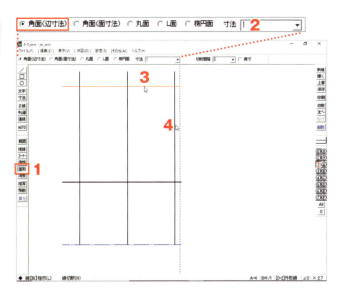

3・3 フランジ形たわみ軸継手を作図

5 コントロールバー「寸法」ボックスが「1」の状態で「丸面」を選択する。

6 隣の角を右図のようにR面取りする。

7 コントロールバー「寸法」ボックスを「2」に変更する。

8 線(A)として右図の垂直線を🖱。

9 線【B】として右図の水平線を🖱。

10 残り1カ所も、8～9と同様にして2mmでR面取りする。

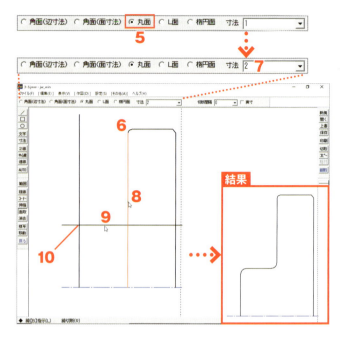

8 断面図にリーマ穴の中心線を作図する

●断面図にリーマ穴の中心線を作図しましょう。

1 既存の中心線を🖱↓ AM6時 属性取得 し、書込レイヤを「1：基準線」、書込線を「線色6・一点鎖2」にする。

2 「複線」コマンドを選択する。

3 基準線として断面図の中心線を🖱。

4 複写する位置として正面図の右図の円弧端点を🖱。

　➡ 基準線から3－4の間隔離れた位置に基準線と同じ長さの複線が仮表示される。

5 コントロールバー「端点指定」ボタンを🖱。

　➡ ステータスバーには「【端点指定】始点を指示してください」と操作メッセージが表示される。

6 始点として右図の位置で🖱。

　➡ 6の位置からマウスポインタの位置まで複線が仮表示され、操作メッセージは「【端点指定】◆ 終点を指示してください」になる。

7 終点として基準線の右端点を🖱。

　➡ 6－7の間隔と同じ長さの複線が仮表示され、操作メッセージは「作図する方向を指示してください」になる。

8 基準線の上側に複線が仮表示された状態で、作図方向を決める🖱。

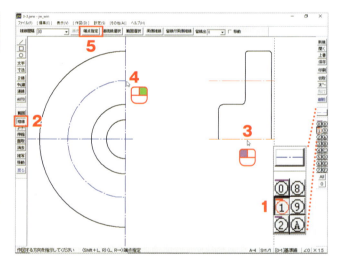

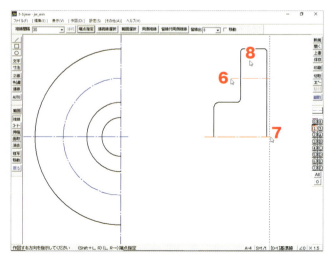

9 断面図にリーマ穴を作図する

●断面図に直径19mmのリーマ穴を作図しましょう。

1. 断面図の外形線を🖱↓ AM6時 属性取得 し、書込レイヤを「2：外形線」、書込線を「線色2・実線」にする。
2. 「2線」コマンドを選択する。
3. コントロールバー「2線の間隔」ボックスに「19/2」を入力する。
4. 基準線としてリーマ穴の中心線を🖱。

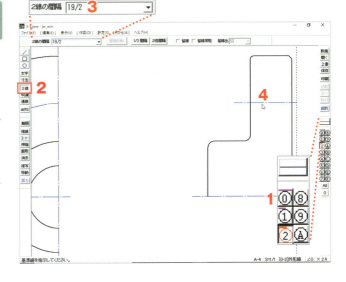

5. 始点として右図の外形線と中心線の交点を🖱。
   → **4**の中心線の両側に2本の線が、**5**の位置からマウスポインタの位置まで仮表示される。
6. 終点として右図の外形線と中心線の交点を🖱。
   → **4**の中心線の両側 **5**－**6** 間に、9.5mm（19÷2）振り分けで2本の線が作図される。

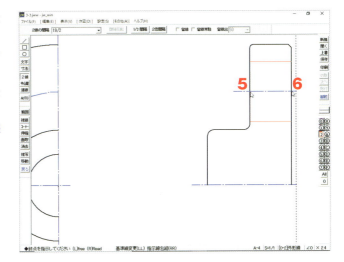

10 断面図に軸穴の線を作図する

●断面図に軸穴の線を作図しましょう。

1. 「複線」コマンドを選択する。
2. 基準線として断面図中心線を🖱。
3. 複写する位置として正面図の軸穴の端点を🖱。
   → 基準線から **2**－**3** の間隔離れた位置に基準線と同じ長さの複線が仮表示される。
4. コントロールバー「端点指定」ボタンを🖱。
   → ステータスバーには「【端点指定】始点を指示してください」と操作メッセージが表示される。

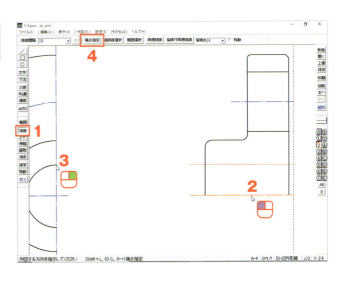

3·3 フランジ形たわみ軸継手を作図

5 始点として右図の端点を🖱。
   ➡ 5の位置からマウスポインタの位置まで複線が仮表示され、操作メッセージは「【端点指定】◆ 終点を指示してください」になる。

6 終点として右図の端点を🖱。
   ➡ 5－6の長さの複線が仮表示され、操作メッセージは「作図する方向を指示してください」になる。

7 基準線の上側に複線が仮表示された状態で、作図方向を決める🖱。

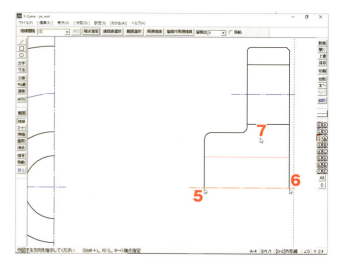

11 上半分を作図した断面図を下側に反転複写する

◉上半分を作図した断面図を、中心線を基準に下側に反転複写しましょう。

1 「複写」コマンドを選択する。

2 範囲選択の始点として断面図の左上で🖱。

3 表示される選択範囲枠で右図のように断面図を囲み、終点を🖱。
   ➡ 選択範囲枠に全体が入る要素が選択色になる。

   POINT 中心線が選択色になっても、後でデータ整理を行うため、問題ありません。

4 コントロールバー「選択確定」ボタンを🖱。

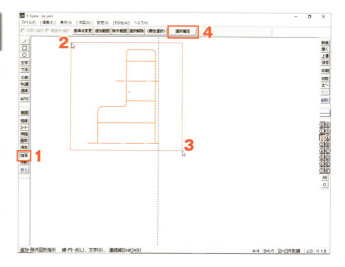

5 コントロールバー「反転」ボタンを🖱。
   ➡ 操作メッセージが「基準線を指示してください」になる。

6 反転複写の基準線として右図の中心線を🖱。
   ➡ 選択色の要素が6の中心線を基準に線対称に複写される。マウスポインタには、複写要素が仮表示される。

7 「／」コマンドを選択し、「複写」コマンドを終了する。

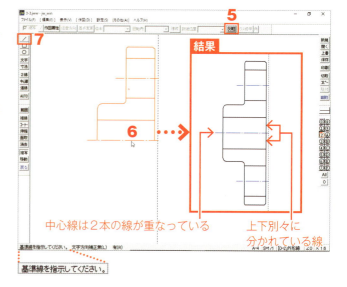

12 連結整理を行う

●上下別々に分かれている垂直線を「データ整理」コマンドで1本に連結しましょう。

1 メニューバー[編集]−「データ整理」を選択する。
2 範囲選択の始点として断面図の左上で🖱。
3 選択範囲枠で断面図全体を囲み、終点を🖱。
   ➡ 選択範囲枠に入る要素が選択色になる。
4 コントロールバー「選択確定」ボタンを🖱。

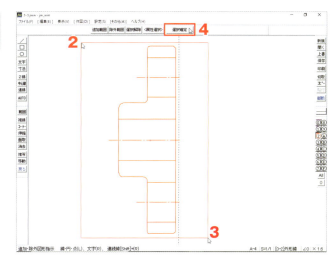

5 コントロールバー「連結整理」ボタンを🖱。

> **POINT** 「連結整理」では、重複した同一属性(線色・線種・レイヤ)の線を1本にするほか、「伸縮」コマンドや「コーナー」コマンドで🖱して切断された同じ線や、片方の端点を同一とする同一線上の同一属性の線(画面上では1本の線に見えるが実際は複数の連続した線)も1本に連結します。

➡ 重複した線の整理と連結処理が行われ、作図ウィンドウ左上に-3と、減った線の本数が表示される。

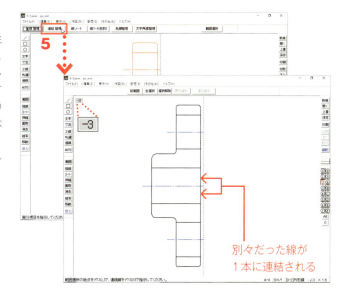

別々だった線が1本に連結される

13 キー溝を作図する

●正面図にキー溝を作図するため、軸穴の円弧の上端点に右下を合わせて2.5mm角の正方形を作図しましょう。

1 「□」コマンドを選択し、コントロールバー「寸法」ボックスに「2.5」を入力する。
2 正方形の基準点として軸穴円弧の上端点を🖱。
3 仮表示の正方形の右下を2に合わせ、作図位置を決める🖱。

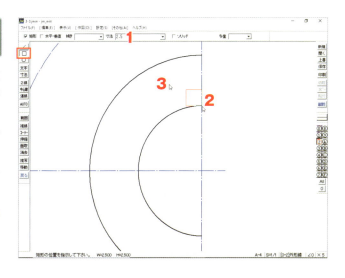

CADを使って機械や木工や製品の図面をかきたい人のためのJw_cad 8製図入門 **201**

3-3 フランジ形たわみ軸継手を作図

●中心線を誤って加工しないよう、中心線が作図された「1」レイヤを表示のみにして、正方形の左辺と軸穴の円弧で角を整えましょう。

4 レイヤバーの「1」レイヤボタンを2回🖱し、表示のみにする。
　➡「1」レイヤに作図されている要素がグレー表示される。

5「コーナー」コマンドを選択する。

6 線（A）として正方形の左辺を🖱。

7 線【B】として円弧を **6** との交点よりも左側で🖱。

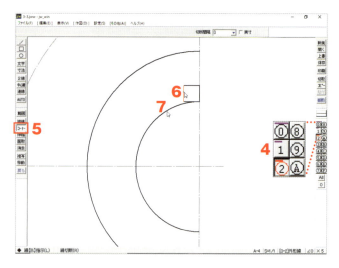

●正方形の右辺と下辺を消しましょう。

8 正方形の下辺を🖱↖AM10時 消去 。

> **POINT** 消去対象の要素にマウスポインタを合わせ、🖱↖AM10時 消去 で、マウスポインタを合わせた要素が消え、「消去」コマンドになります。🖱↖AM10時 消去 は、「コーナー」コマンド以外のコマンド選択時にも同様に利用できます。ただし、範囲選択など一部のコマンド操作時には使用できません。

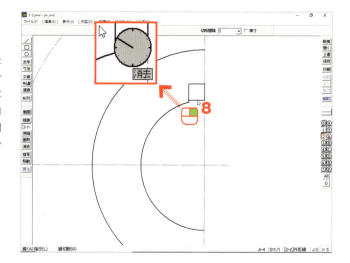

　➡ **8** の線が消え、「消去」コマンドになる。

9 正方形の右辺を🖱。
　➡ **9** の線が消去される。

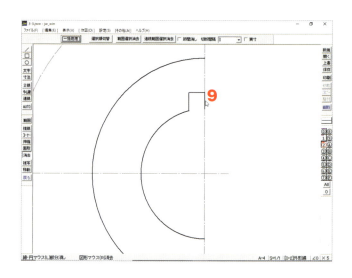

- 断面図にキー溝を作図しましょう。

10 「複線」コマンドを選択し、基準線として断面図の軸穴の線を🖱。

11 複写する位置として正面図のキー溝の端点を🖱。

12 基準線の上側で作図方向を決める🖱。

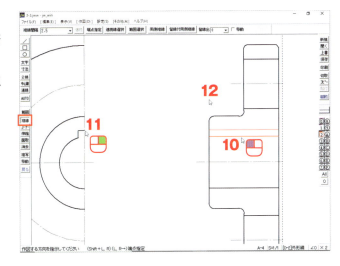

14 正面図にリーマ穴の中心線を作図する

- 正面図にリーマ穴の中心線を作図しましょう。

1 レイヤバー「1」レイヤボタンを🖱し、編集可能にする。

2 正面図の中心線を🖱↓ AM6時 属性取得 し、書込レイヤを「1」、書込線を「線色6・一点鎖2」にする。

3 「／」コマンドを選択し、コントロールバー「水平・垂直」にチェックを付け、「傾き」ボックスに「45」を入力する。

> **POINT** 「水平・垂直」にチェックを付けることで、45°の線に加え、水平・垂直線および水平・垂直線から45°傾いた線を作図できます。

4 始点として円中心の交点を🖱。

5 左下にマウスポインタを移動し、45°の仮線を表示した状態で、終点として外径円弧を🖱↑ AM0時 線・円交点 。

> **POINT** 「／」コマンドで傾きが固定した線の終点指示時に、線・円・弧を🖱↑すると、クロックメニューのAM0時が 線・円交点 と表示され、表示されている仮線と🖱↑した線・円・弧の仮想交点を終点にして線を作図します。

→ **4**から外径円弧上まで45°の線が作図される。

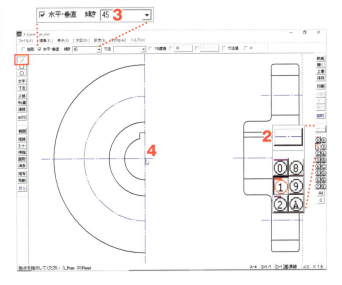

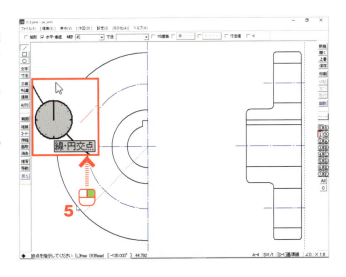

3·3 フランジ形たわみ軸継手を作図

6 始点として円中心の交点を🖱。

7 左上にマウスポインタを移動し、右図の仮線を表示した状態で、終点として外径円弧を🖱↑AM0時 線・円交点 。

→ 6から外径円弧上まで135°の線が作図される。

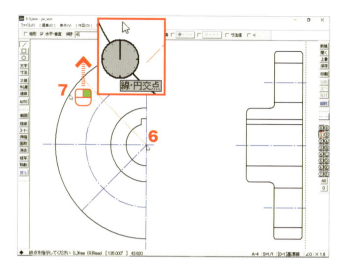

●リーマ穴の中心線を縮めましょう。

8 「伸縮」コマンドを選択する。

9 基準線とする円弧を右図の位置で🖱🖱。

10 リーマ穴の中心線を基準線の外側で🖱。

11 もう一方のリーマ穴の中心線を基準線の外側で🖱。

参考：円・弧を基準線として伸縮→p.68

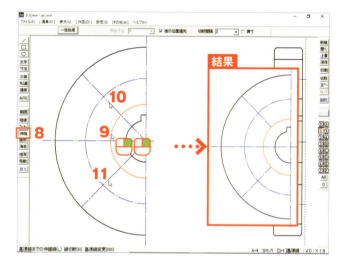

15 正面図にリーマ穴を作図する

●正面図の2カ所に直径19mmのリーマ穴を作図しましょう。

1 外形線を🖱↓AM6時 属性取得 し、書込レイヤを「2」、書込線を「線色2・実線」にする。

2 「○」コマンドを選択し、コントロールバー「円弧」のチェックを外す。

3 コントロールバー「半径」ボックスに「19/2」を入力する。

4 リーマ穴の中心線交点を🖱し、2カ所に作図する。

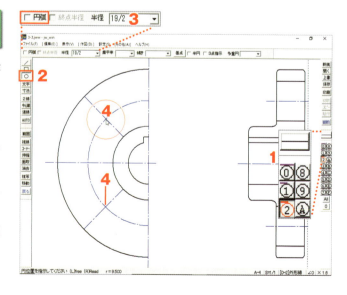

16 正面図・断面図の共通要素を反転複写する

右半分の断面図と背面図は、ここまで作図した正面図と断面図の共通する要素を反転複写して作図します。

●「複写」コマンドで複写対象を選択しましょう。

1 「複写」コマンドを選択し、範囲選択の始点として正面図の左上で🖱。

2 表示される選択範囲枠で右図のように正面図と断面図を囲み、終点を🖱。

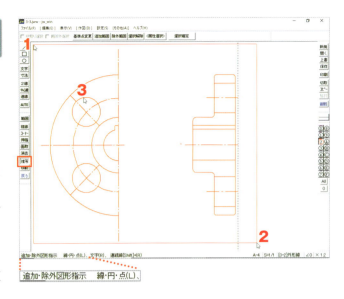

●背面図とは大きさが異なるリーマ穴などを複写の対象から除外しましょう。

3 リーマ穴の円を🖱。

> **POINT** 選択確定前に要素を🖱（文字は🖱）することで、複写対象に追加したり複写対象から除外したりできます。複写対象への追加・除外は、「複写」コマンドに限らず、範囲選択時の操作メッセージに「追加・除外図形指示」が表示されているときは共通して行えます。

➡ 🖱した円が複写対象から除外され元の色に戻る。

4 もう一方のリーマ穴の円を🖱。

➡ 🖱した円が複写対象から除外され元の色に戻る。

5 断面図のリーマ穴の線（4本）も🖱し、複写対象から除外する。

6 コントロールバー「選択確定」ボタンを🖱。

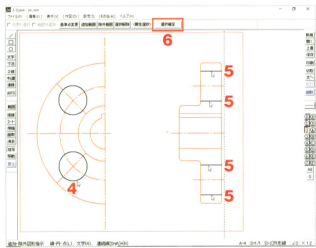

7 コントロールバー「反転」ボタンを🖱。

➡ 操作メッセージが「基準線を指示してください」になる。

8 反転複写の基準線として図面枠を二分する補助線を🖱。

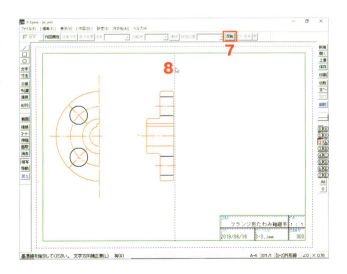

3・3 フランジ形たわみ軸継手を作図

➡ 複写対象要素が **8** の線を基準に線対称に複写される。

9 「／」コマンドを選択して、「複写」コマンドを終了する。

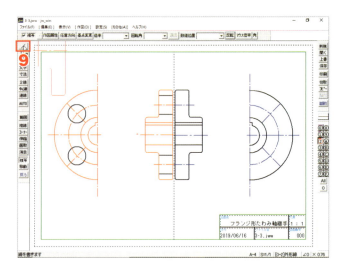

17 連結整理を行い、反転基準線を消す

● 図面全体を対象にして連結整理をしましょう。対象要素を選択した後に「データ整理」コマンドを選択しても行えます。

1 「範囲」コマンドを選択する。

2 コントロールバー「全選択」ボタンを🖱。
  ➡ 編集可能なすべての要素が対象として選択色になる。
  POINT 「全選択」ボタンを🖱することで、編集可能なすべての要素を選択します。

3 メニューバー[編集]-「データ整理」を選択する。

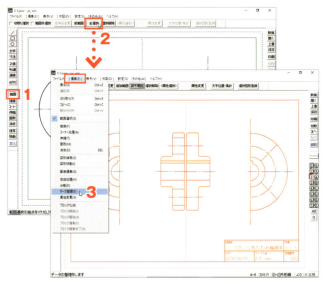

4 コントロールバー「連結整理」ボタンを🖱。
  ➡ 重複した線の整理と連結処理が行われ、作図ウィンドウ左上に整理された要素数が表示される。

● 不要になった反転の基準線を消去しましょう。

5 反転基準線とした補助線にマウスポインタを合わせ🖱、AM10時 消去 。
  ➡ **5** の線が消え、「消去」コマンドになる。

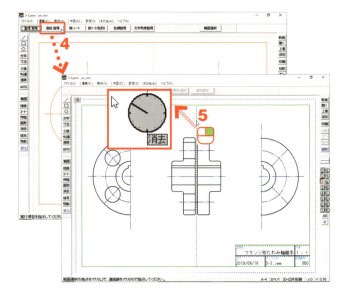

18 反転複写した断面図にリーマ穴を作図する

●反転複写した断面図にリーマ穴（直径8mm）を作図しましょう。

1 書込レイヤが「2」、書込線が「線色2・実線」であることを確認する。

2 「2線」コマンドを選択し、コントロールバー「2線の間隔」ボックスに「4」を入力する。

3 基準線として断面図上側のリーマ穴の中心線を🖱。

4 始点として右図の外形線と中心線の交点を🖱。

5 終点としてもう一方の外形線と中心線の交点を🖱。

➡ 3の線の両側4－5間に4mm振り分けで2本の線が作図される。

> **POINT** 「2線」コマンドでは、基準線を変更するまで同じ基準線の両側に線を作図します。基準線を変更するには、新しい基準線を🖱🖱します。

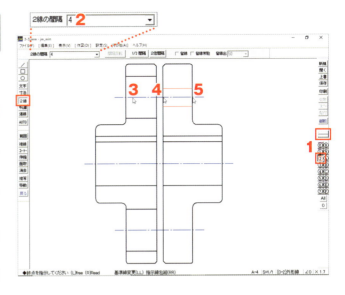

6 基準線として下側のリーマ穴の中心線を🖱🖱。

➡ 作図ウィンドウ左上に 基準線を変更しました と表示される。

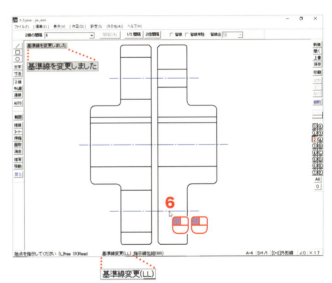

7 始点として右図の外形線と中心線の交点を🖱。

8 終点としてもう一方の外形線と中心線の交点を🖱。

➡ 6の線の両側7－8間に4mm振り分けで2本の線が作図される。

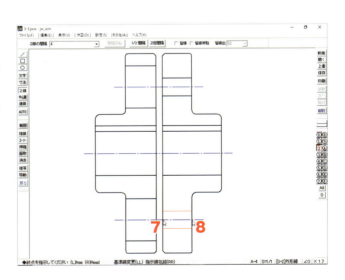

3·3 フランジ形たわみ軸継手を作図

19 背面図にリーマ穴を作図する

●背面図に直径8mmのリーマ穴を作図しましょう。

1 「○」コマンドを選択し、コントロールバー「半径」ボックスに「4」を入力する。

2 右図2カ所に円を作図する。

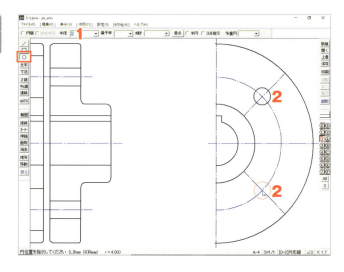

20 寸法の記入位置に補助線を作図し、寸法の設定をする

●寸法線の記入位置にあらかじめ補助線を作図しておきましょう。

1 書込レイヤを「D：寸法」、書込線を「線色2・補助線種」にする。

2 「複線」コマンドを選択し、右図のように8mm間隔で寸法線記入位置に補助線を作図する。

　　　参考：寸法記入スペースが狭い場合→p.189

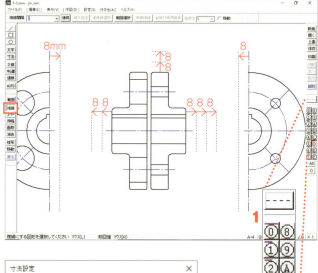

●これから記入する寸法の設定をしましょう。

3 「寸法」コマンドを選択し、コントロールバー「設定」ボタンを🖱。

4 「寸法設定」ダイアログで「文字種類」ボックスを「5」に、「寸法線色」「引出線色」「矢印・点色」ボックスを「1」に、「矢印設定」の「長さ」ボックスを「3」(mm)に、「角度」ボックスを「15」にする。

5 「小数点以下」欄の「表示桁数」は「2桁」、「半径(R)、直径(φ)」欄は「前付」を選択する。

6 「指示点からの引出線位置　指定[－]」欄の「引出線位置」ボックスを「1」にする。

7 「寸法線と値を【寸法図形】にする」にチェックを付ける。

8 「OK」ボタンを🖱。

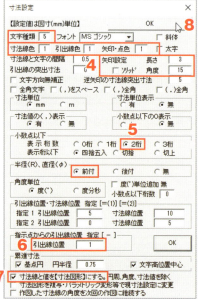

やってみよう

「寸法」コマンドを選択し、下図のように各寸法を記入しましょう。

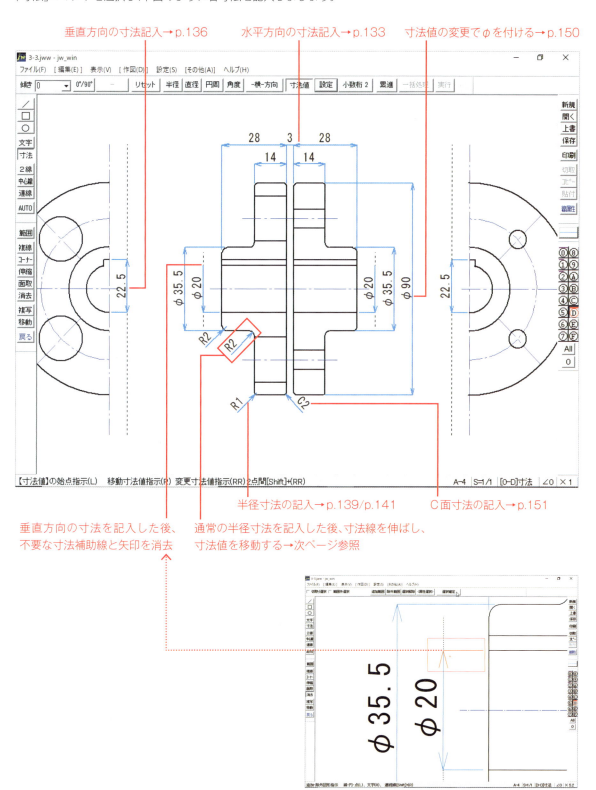

CADを使って機械や木工や製品の図面をかきたい人のための Jw_cad 8製図入門　209

3・3 フランジ形たわみ軸継手を作図

21 R面取り部分の半径寸法を記入する

●面取りの円弧の内側に45°で記入しましょう。

1. 「寸法」コマンドのコントロールバー端部形状を「端部->」にし、「傾き」ボックスに半径寸法の記入角度「45」を入力する。
2. コントロールバー「半径」ボタンを🖱。
3. 半径寸法を記入する円弧を🖱。
   ➡ 3の円弧の半径寸法が次図のように45°の角度で記入される。

●寸法線を伸ばすため、寸法図形を解除しましょう。

4. メニューバー[その他]－「寸法図形解除」を選択する。
5. 解除する寸法図形として右図の半径の寸法線を🖱。
   ➡ 作図ウィンドウ左上に 寸法図形解除 と表示され、5の寸法線と寸法値がそれぞれ線要素と文字要素に分解される。

   参考：寸法図形→p.146

●寸法線を伸ばして、寸法値を移動しましょう。

6. 「伸縮」コマンドを選択し、寸法線を右図のように伸ばす。
7. 「寸法」コマンドを選択し、コントロールバー「寸法値」ボタンを🖱。
8. 移動する寸法値「R2」を🖱し、「基点」を調整して右図のように移動する。

   参考：寸法値の移動→p.153

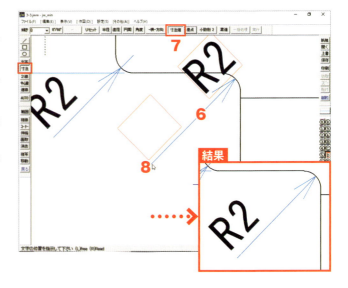

22 リーマ穴の中心線円弧の直径寸法を記入する

●正面図にリーマ穴の中心線円弧の直径寸法を75°の角度で記入しましょう。

1 「寸法」コマンドのコントロールバー「直径」ボタンを🖱。

2 コントロールバー「傾き」ボックスに直径寸法の記入角度として「75」を入力する。

3 直径寸法を記入する円（リーマ穴の中心線円弧）を🖱（寸法値【内側】）。

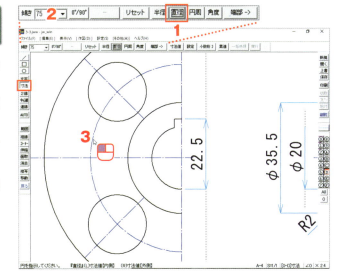

●右端の矢印を消しましょう。「消去」コマンドで線を1本ずつ🖱でも消せますが、ここでは範囲選択して消します。

4 「範囲」コマンドを選択する。

5 範囲選択の始点を🖱。

6 選択範囲枠で右端の矢印部分を囲み、終点を🖱。

> **POINT** この図では選択範囲枠に全体が入る要素は、端部の矢印だけなので、矢印だけを簡単に選択できます。選択後、「消去」コマンドを選択することで選択要素が消去されます。

7 消去対象の矢印だけが選択色になっていることを確認し、「消去」コマンドを🖱。

→ 選択色の矢印が消去される。

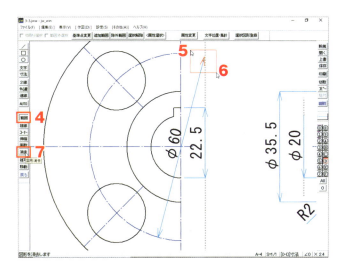

●寸法値「φ60」を寸法線の右端に移動しましょう。

8 「寸法」コマンドを選択し、コントロールバー「寸法値」ボタンを🖱。

9 移動する寸法値「φ60」（またはその寸法線）を🖱。

10 「基点」を調整して、右図のように寸法線の右端に移動する。

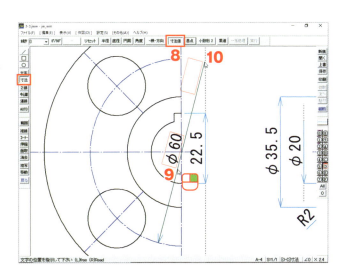

3▶3 フランジ形たわみ軸継手を作図

23 正面図キー溝の寸法を記入する

●正面図のキー溝の寸法を記入しましょう。

1. 「複線」コマンドで、キー溝の垂直線から5mm右に補助線を作図する。
2. 「寸法」コマンドを選択し、コントロールバー引出線タイプ「−」、端部形状「端部−>」を確認し、寸法線の記入位置として右図の位置で🖱。
3. 始点として右図のキー溝の角を🖱。
4. 終点として1で作図した補助線端点を🖱。
   ➡ 2のガイドライン上に3−4間の寸法が次図のように作図される。

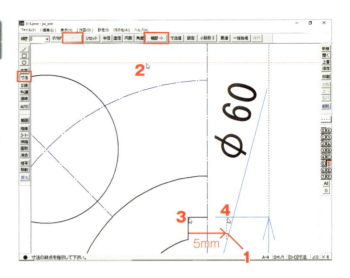

●不要な線を消去して整えましょう。

5. 「消去」コマンドを選択し、不要な寸法補助線（引出線）と右側の矢印を消去する。
6. 「寸法」コマンドの「寸法値」で、寸法値「5」の位置を移動して、結果の図のように調整する。

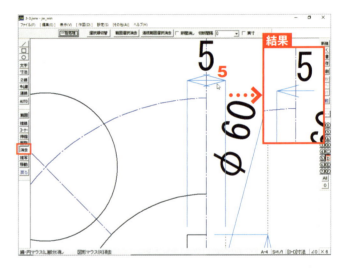

24 正面図のキー溝と直径の寸法を背面図に反転複写する

●複写対象を選択しやすいよう、書込レイヤ「D：寸法」以外のレイヤを表示のみにし、複写対象を選択しましょう。

1. レイヤバー「All」ボタンを2回🖱。
   ➡ 書込レイヤ以外のレイヤが表示のみになる。

   POINT レイヤバー「All」ボタンを🖱するごとに、書込レイヤを除くすべてのレイヤが「非表示」⇒「表示のみ」⇒「編集可能」に切り替わります。

2. 「複写」コマンドを選択する。

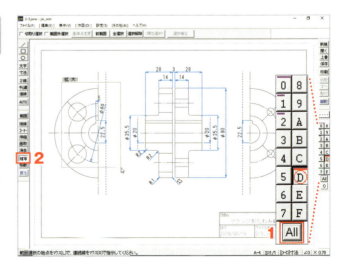

3 範囲選択の始点を🖱。

4 選択範囲枠で右図のように囲み、終点を🖱🖱。

> **POINT** 選択範囲枠の終点をダブルクリックすることで、枠内に全体が入る要素に加え、枠と交差する要素も選択されます。ここで選択する寸法値は寸法図形のため、🖱🖱（文字を除く）で選択されます。寸法図形解除した寸法値（文字要素）を選択する場合は、終点を🖱🖱（文字を含む）してください。

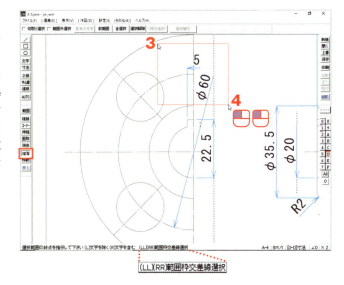

➡ 選択範囲枠に全体が入る要素と選択範囲枠に交差する要素が選択され、右図のように選択色になる。

5 右図の選択色の補助線を🖱。

➡ 対象から除外され、元の色に戻る。

● 直径寸法の矢印を対象に追加しましょう。

6 コントロールバー「追加範囲」ボタンを🖱。

> **POINT** コントロールバーの「追加範囲」や「除外範囲」では、対象に追加する要素や対象から除外する要素を選択範囲枠で囲むことで指定できます。

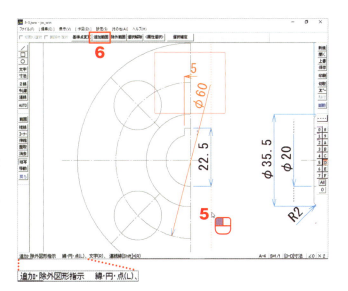

7 追加範囲の始点として右図の位置で🖱。

8 表示される選択範囲枠で右図のように矢印を囲み、終点を🖱。

➡ 選択範囲枠に全体が入る要素が追加選択され、選択色になる。

● 選択を確定して、複写の基準点を指示しましょう。

9 コントロールバー「基準点変更」ボタンを🖱。

> **POINT** コントロールバー「選択確定」ボタンを🖱して選択確定した後、コントロールバーの「基点変更」ボタンを🖱するという2つの操作を、**9**では1回の🖱で行えます。

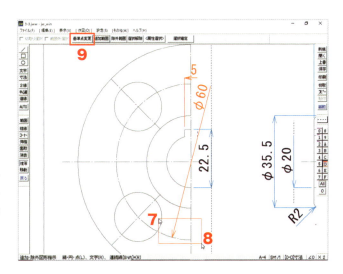

3·3 フランジ形たわみ軸継手を作図

➡ 選択要素が確定され、複写の基準点を指示する状態になる。

10 複写の基準点として正面図の外径円弧の上端点を🖱。

➡ **10**を基準点として複写要素がマウスポインタに仮表示される。

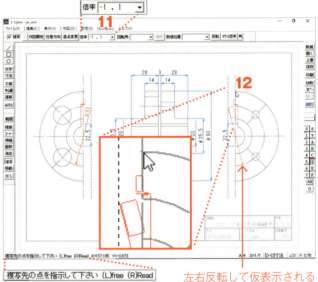

● ここでは反転の基準線を作図していません。コントロールバー「倍率」ボックスで反転を指示しましょう。

11 コントロールバー「倍率」ボックスの▼を🖱し、リストから「-1,1」を🖱。

> **POINT** 「倍率」ボックスの値（X, Y）のX値に-（マイナス）数値を指定することで、複写要素を左右反転できます。「1,-1」とY値に-（マイナス）を指定した場合は上下反転になります。

➡ 複写要素が左右反転して仮表示される。操作メッセージは「複写先の点を指示して下さい」になる。

12 複写先として背面図の外径円弧の上端点を🖱。

➡ 複写要素が左右反転して複写される。図が反転しても文字は反転しない（裏返らない）。

13 「／」コマンドを選択し、「複写」コマンドを終了する。

● すべてのレイヤを編集可能にしましょう。

14 レイヤバー「All」ボタンを🖱。

> **POINT** レイヤバー「All」ボタンを🖱すると、すべてのレイヤが「編集可能」になります。

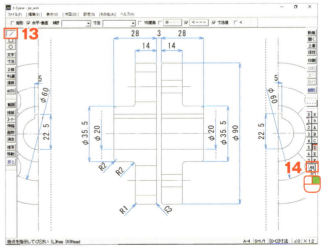

25 正面図のリーマ穴の個数・直径を引出線で記入する

●「／」コマンドと「文字」コマンドを使っても引出線を作図できますが、ここでは「線記号変形」コマンドを利用します。

1 書込線を「線色1・実線」にする。

> **POINT** ここで作図する引出線は書込線の線色・線種で作図されます。

2 メニューバー［その他］－「線記号変形」を選択する。

3 「ファイル選択」ダイアログで、「jww－prim」フォルダー下に表示される「【線記号変形A】引出_文字種5」を🖱️。

4 右の一覧で「←引出線240°」を🖱️🖱️。

> **POINT** 「ファイル選択」ダイアログの「文字サイズ」ボックスの数値を大きくすると、線記号の名称も大きく表示されます。

➡ 操作メッセージは「◎ 位置をマウスで指示してください」になる。

5 引出線の先端位置として正面図のリーマ穴の下側にマウスポインタを合わせ 🖱️↑ AM0時 円周1/4点 。

参考：円周1/4点→p.190

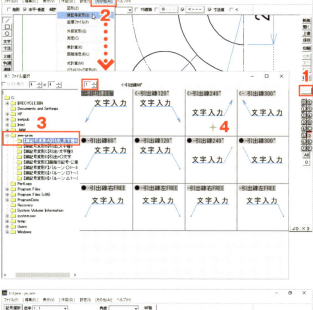

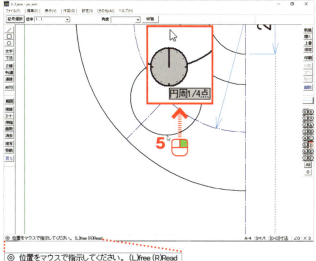

➡ 5の円の🖱️↑位置近くの円周の1/4位置が引出位置に確定し、マウスポインタまで右図のような引出線と文字枠が仮表示される。引出線の角度は240°に固定されている。

6 文字の記入位置として右図の位置で🖱️。

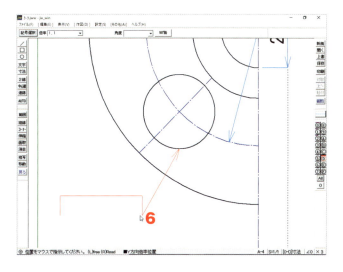

➡ 引出線の長さが確定し、「文字入力」ボックスが表示される。

7 「4x19」を入力し、Enterキーを押して確定する。

➡ 次図のように引出線と文字が記入される。

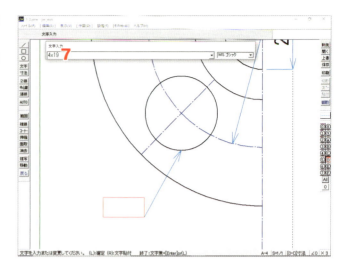

●背面図のリーマ穴からも引出線を作図して個数と直径を記入しましょう。

8 コントロールバー「記号選択」ボタンを🖱。

➡ 線記号を選択するための「ファイル選択」ダイアログが開く。

9 「←引出線300°」を🖱🖱で選択する。

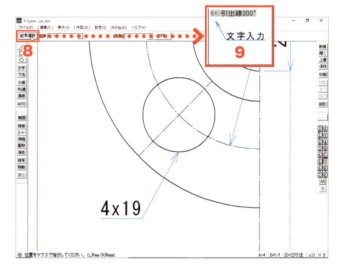

10 正面図と同様の手順（**5**〜**7**）で背面図のリーマ穴から右図のように引出線を記入する。

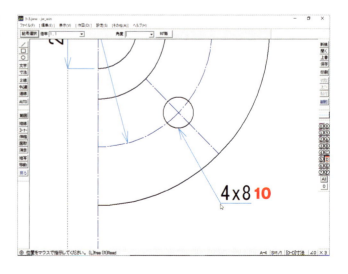

26 対称図示記号を作図する

正面図と背面図は中心線から対称形の半分を省略していることを示すため、中心線上に対称図示記号を記入します。

● 図形として用意されている対称図示記号を読み込みましょう。

1 メニューバー［その他］－「図形」を選択する。

2 「ファイル選択」ダイアログのフォルダーツリーで「jww-prim」フォルダーを🖱。

3 「対称図示記号」を🖱🖱。

> **POINT** 多くの図面で共通して利用する記号などを「図形」として登録しておくことで、作図中の図面に読み込み作図できます。図形は、書込線色・線種とは関係なく、図形登録時の線色・線種です。姿図上に表示される赤い○は図形の基準点です（実際の図形に赤い○はない）。

➡ マウスポインタに基準点を合わせ**3**で選択した図形が仮表示される。

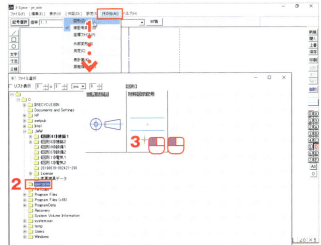

● 正面図の外径円弧の上端点から5mm上に基準点を合わせて作図しましょう。

4 図形の作図位置として外径円弧の上端点にマウスポインタを合わせ🖱↓AM6時 オフセット 。

➡ **4**の点からの相対座標を指定するための「オフセット」ダイアログが開く。

5 「オフセット」ボックスに「0,5」を入力し、「OK」ボタンを🖱。

> **POINT** 「オフセット」数値入力ボックスに**4**の点を0（原点）としたX,Y座標を「,」（半角カンマ）で区切って入力することで、**4**の点から横にX、縦にY離れた位置を指示できます。X,Y座標は、原点から右と上を＋（プラス）、左と下を－（マイナス）数値で入力します。

➡ 🖱↓した交点から5mm上に基準点を合わせて図形「対称図示記号」が作図される。マウスポインタには同じ図形が仮表示される。

> **POINT** 他の図形を選択するか、他のコマンドを選択するまでは、作図位置を🖱または🖱することで続けて同じ図形を作図できます。

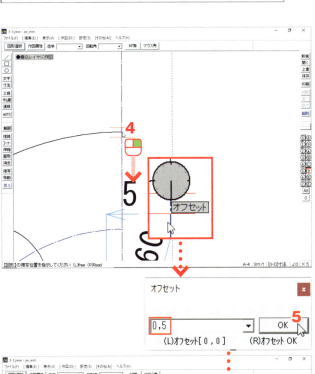

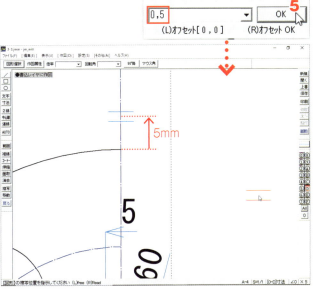

CADを使って機械や木工や製品の図面をかきたい人のための Jw_cad 8 製図入門 **217**

3・3 フランジ形たわみ軸継手を作図

> **POINT** 作図ウィンドウ左上に表示される ●書込レイヤに作図 は、図形が書込レイヤに作図されることを示します。

> ❓ ●書込レイヤに作図 が表示されない。または ◆元レイヤに作図 と表示される ➡p.252 Q25

● 外径円弧の下端点から5mm下に基準点を合わせて、同じ図形を作図しましょう。

6 図形の作図位置として外径円弧の下端点にマウスポインタを合わせ🖱↓AM6時 オフセット 。

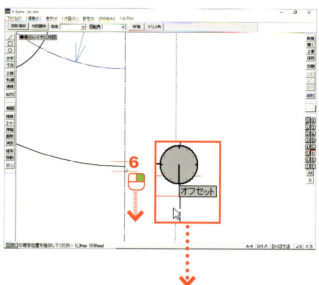

7 「オフセット」ボックスに「0,-5」を入力し、「OK」ボタンを🖱。

➡ 🖱↓した交点から5mm下に基準点を合わせて図形「対称図示記号」が作図される。マウスポインタには同じ図形が仮表示される。

8 背面図の中心線にも、同様にして(**4**〜**7**)対称図示記号を作図する。

9 「／」コマンドを選択し、「図形」コマンドを終了する。

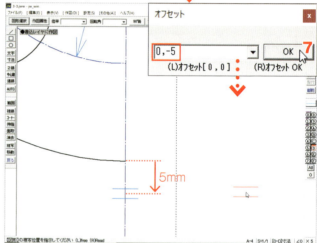

27 作図に使用した補助線を消去して連結整理を行う

●「0：図面枠」レイヤ以外の補助線をすべて消しましょう。

1 「0」レイヤを表示のみにする。

2 範囲選択時にコントロールバー「全選択」ボタンで図面全体（表示のみレイヤの要素を除く）を選択し、補助線だけを消去する。

参考：補助線のみを消去→p.159

3 「範囲」コマンドで図面全体を選択し、連結整理を行う。

参考：連結整理→p.206

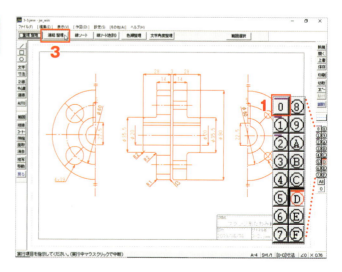

28 ハッチング範囲を閉じた図形にする

● 断面図のハッチングを作図する範囲を閉じた図形になるよう加工しましょう。

1 「E：ハッチング」レイヤを書込レイヤにする。

2 レイヤバー「All」ボタンを🖱し、書込レイヤ以外を非表示にする。

3 「2」レイヤを2回🖱し、編集可能にする。

4 「消去」コマンドを選択し、コントロールバー「節間消し」にチェックを付ける。

5 右図の位置で外形線を🖱。

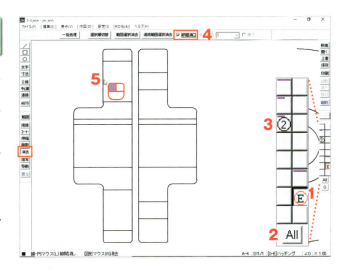

➡ 右図のように5の線の🖱位置両側の点間が消える。

6 ハッチングを作図する範囲が閉じた図形になるように、邪魔になる左右の外形線を🖱し、結果の図のように節間消しする。

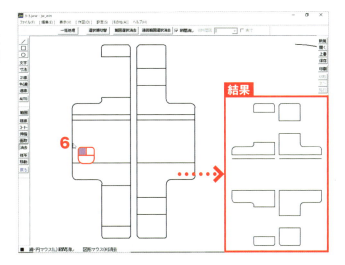

29 閉じた図形内に一括してハッチングを作図する

● ハッチングを作図する範囲が閉じた図形になっている場合は、ハッチング範囲を範囲選択できます。

1 「範囲」コマンドを選択する。

2 範囲選択の始点を🖱。

3 表示される選択範囲枠で右図のように外形線を囲み、終点を🖱。

4 右図の2本の水平線を🖱し、対象から除外する。

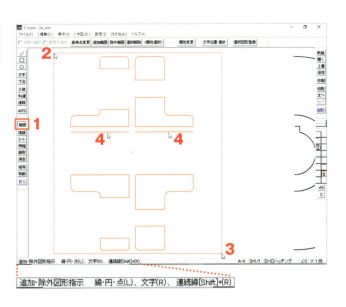

3・3 フランジ形たわみ軸継手を作図

5 ハッチングを作図する範囲を示す外形線だけが選択色になっていることを確認し、メニューバー[作図]-「ハッチ」を選択する。

> **POINT** ここでは、「範囲」コマンドでハッチング範囲を選択した後、「ハッチ」コマンドを選択しましたが、**1〜4**の操作の代わりに、「ハッチ」コマンドのコントロールバー「範囲選択」ボタンを🖱し、範囲選択しても同じ結果を得られます。

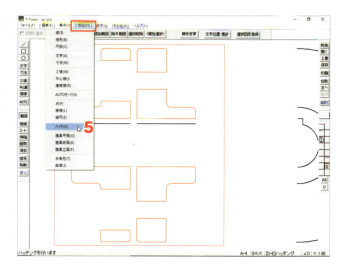

6 書込線を「線色1・実線」にする。

7 コントロールバー「1線」を選択し、「角度」ボックスを「45」に、「ピッチ」ボックスを「1」にする。

8 コントロールバー「実行」ボタンを🖱。

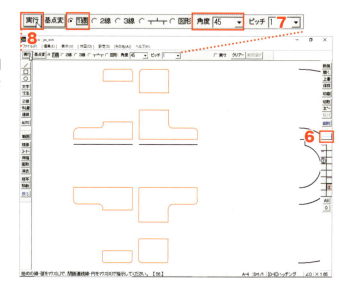

➡ 右図のように書込線でハッチングが作図される。
❓ ハッチングがはみ出て作図される ➡ p.252 Q26

9 コントロールバー「クリアー」ボタンを🖱。
➡ ハッチング範囲が解除され、外形線が元の色に戻る。

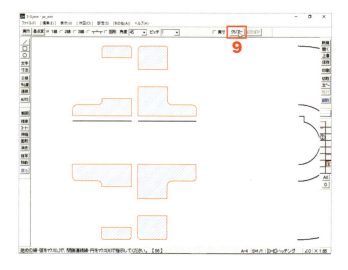

30 外形線を連結して元の形状にする

●ハッチングの一括作図のために、p.219で節間消しした外形線を元の形状に戻しましょう。

1 「2：外形線」レイヤを書込レイヤにし、「E：ハッチング」レイヤを非表示にする。

2 「コーナー」コマンドを選択する。

> **POINT** 「コーナー」コマンドで同一線上の同一属性（線色・線種・レイヤ）の2本の線を🖱すると、それらを連結して1本の線にします。

3 線（A）として右図の外形線を🖱。

4 線【B】として3の延長上の右図の線を🖱。

> ➡ 作図ウィンドウ左上に 1本の線にしました と表示され、3、4の線が連結されて1本の線になる。

5 他の個所も3～4と同様にして、結果の図のように線を連結する。

●連結操作により重複した線を整理しましょう。

6 外形線全体を対象にし、連結整理を行う。

> 参考：連結整理→p.206

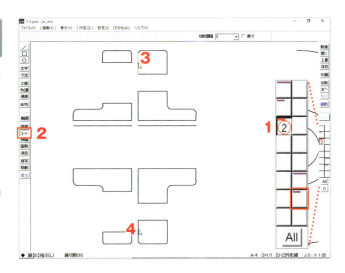

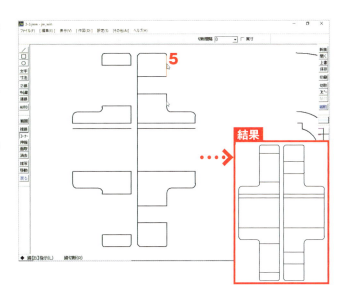

31 上書き保存・印刷する

●すべてのレイヤを編集可能にし、上書き保存して印刷しましょう。

1 レイヤバー「All」ボタンを🖱し、すべてのレイヤを編集可能にする。

2 「上書」コマンドを🖱。

3 印刷線幅の設定を確認し、「印刷」コマンドを選択して印刷する。

> 参考：印刷線幅の設定→p.60

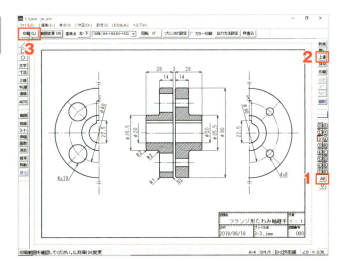

ONE POINT LESSON　図形登録

独自に作図した図を図形登録することで、「図形」コマンドで編集中の図面に読み込み、利用できます(→p.217)。
ここでは、「jww-prim」フォルダーから練習用図面「3-3PL」を開き、作図されている六角ボルトを図形登録する例で、図形登録の手順を説明します。

1. 練習用図面「3-3PL」を開き、メニューバー[その他]－「図形登録」を選択する。

2. 登録する図形の左上で🖱。

3. 表示される選択範囲枠で登録する図形を囲み、終点を🖱。

   POINT 図形に文字を含む場合は終点を🖱(文字を含む)します。

   ➡ 選択範囲枠内の要素が選択色になる。

4. コントロールバー「選択確定」ボタンを🖱。

5. 図形の基準点として中心線交点を🖱。

6. コントロールバー「≪図形登録≫」ボタンを🖱。

   POINT 図面は実寸法で図形登録されます。尺度2:1の図面に作図された直径13mmの円を図形登録し、尺度1:1の図面に読み込んだ場合でも、その円は直径13mmです。

   ➡ 「ファイル選択」ダイアログが開く。

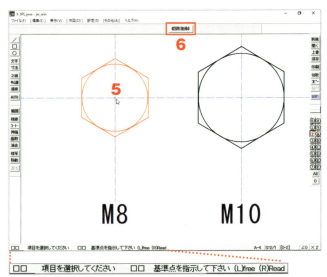

7. 「ファイル選択」ダイアログのフォルダーツリーで保存先のフォルダーとして「jww-prim」フォルダーを🖱。

8. 「ファイルの種類」ボックスが「.jws」であることを確認し、「新規」ボタンを🖱。

9. 「新規作成」ダイアログの「名前」ボックスに図形の名前(ここでは「m8」)を入力し、「OK」ボタンを🖱。

   ➡ 選択した要素が5を基準点として図形登録される。

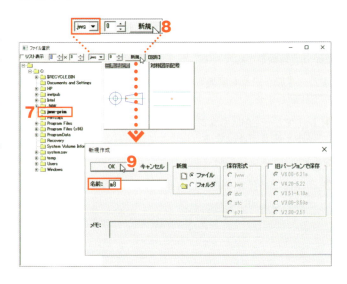

CHAPTER **4**

アイソメ図を作図する

4-1 アイソメ図の作図 ··· 224
4-2 「2.5D」コマンドでペットテーブルのアイソメ図を作図 ······· 234

4-1 アイソメ図の作図

アイソメ（アイソメトリック）図は、斜めから見た立体を表現するための方法の1つで、立体の形状をわかりやすく説明するための図として広く利用されています。

右図は、1辺100mmの立方体をアイソメで表現したものです。このようにX,Y軸は30°の傾きで、X,Y,Z軸の各辺の長さは実寸で作図します。

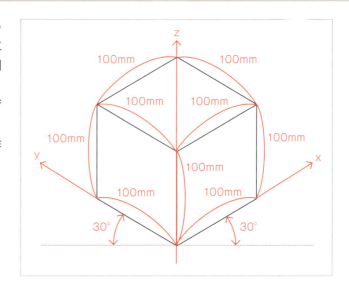

ここでは、直方体とその上に円柱がのった立体のアイソメ図を以下の手順で作図しましょう。

① 直方体を作図

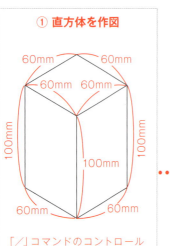

「／」コマンドのコントロールバー「水平・垂直」「傾き」「寸法」「15度毎」などの指定を利用して、底面60mm×60mm、高さ100mmの直方体を作図します。

② 上面に円柱底面を作図

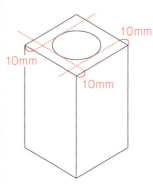

円は、アイソメでは楕円になります。直方体上面にのる円柱の底面（楕円）は、楕円に外接するひし形のうちの3辺を作図したうえで、「接円」コマンドの「接楕円」を使って作図します。

③ 円柱の作図と隠れ線の消去

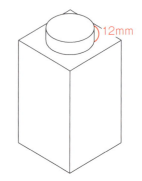

円柱は、底面の楕円を12mm上方に複写し、2つの楕円を結んで作図します。実際には隠れて見えない部分（隠れ線）を「消去」コマンドで部分消しします。

1 直方体の右面を作図する

●用紙サイズをA4、尺度を1：1にし、100mmの垂線を作図しましょう。

1 用紙サイズA4、縮尺を1/1にする。

2 「／」コマンドのコントロールバー「水平・垂直」にチェックを付け、「寸法」ボックスに「100」を入力する。

3 書込線を「線色2・実線」にし、始点として右図の位置で🖱。

➡ **3**から長さ100mmの垂直線（または水平線）がマウスポインタの方向に仮表示される。

4 終点として垂直線を表示した状態で🖱。

●右面の上辺・下辺を長さ60mm、角度30°で作図しましょう。

5 コントロールバー「水平・垂直」にチェックが付いたまま「傾き」ボックスに「30」を、「寸法」ボックスに「60」を入力する。

> **POINT** **5**の指定で、水平・垂直線と、水平・垂直線から「傾き」ボックスで指定した角度分傾いた60mmの線を作図できます。

6 始点として垂直線の上端点を🖱。

7 マウスポインタを右上に移動し、角度30°で60mmの線が仮表示された状態で終点を🖱。

8 右面の下辺も**6**〜**7**と同様にして作図する。

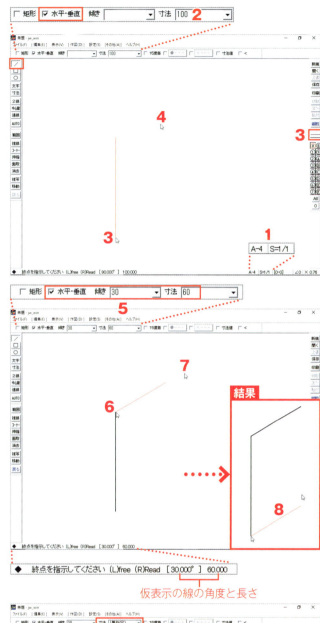

●右面の右辺を作図しましょう。

9 コントロールバー「寸法」ボックスを「（無指定）」にする。

10 始点として上辺の右端点を🖱。

11 終点として下辺の右端点を🖱。

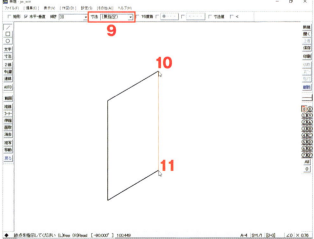

CADを使って機械や木工や製品の図面をかきたい人のための Jw_cad 8 製図入門 **225**

4・1 アイソメ図の作図

2 直方体の上面・左面を作図する

●傾きを-30°に指定して上面の奥の辺、左面の上辺・下辺を作図しましょう。

1 「／」コマンドのコントロールバー「傾き」ボックスに「-30」を、「寸法」ボックスに「60」を入力する。

2 始点として上辺の右端点を🖱。

3 左上方向（150°）に長さ60mmの線を仮表示した状態で終点を🖱。

4 上辺の左端点、底辺の左端点を始点とした60mmの線を 2〜3 と同様にして作図する。

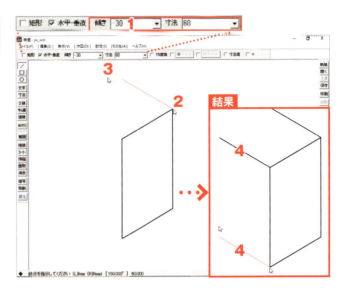

●残りの辺を作図しましょう。

5 コントロールバー「水平・垂直」のチェックを外し、「傾き」ボックス、「寸法」ボックスを「（無指定）」にする。

6 始点として奥の上辺の左端点を🖱。

7 終点として手前の上辺の左端点を🖱。

8 始点として 7 の端点を🖱。

9 終点として底辺の左端点を🖱。

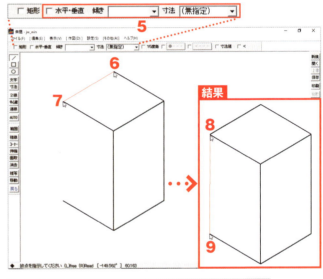

3 指定距離の位置に仮点を作図する

●上面の各角から10mm離れた辺上に仮点を作図しましょう。

1 メニューバー［その他］-「距離指定点」を選択する。

2 コントロールバー「仮点」にチェックを付け「距離」ボックスに「10」を入力する。

POINT 「仮点」は印刷されない点です。「仮点」にチェックを付けない場合、書込線色の実点（印刷される点）が作図されます。

3 始点として左の角を🖱。

4 距離の方向として手前の角を🖱。

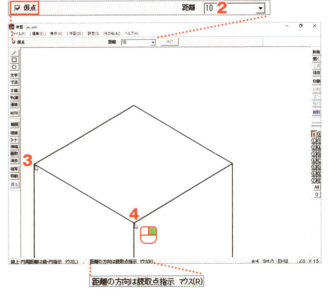

➡ **3**から**4**に向かって10mm離れた位置（辺上）に仮点が作図される。

> **POINT** この場合、**4**で**3**-**4**の辺を🖱しても、結果は同じです。次は、その方法で指示しましょう。

5 始点として手前の角を🖱。

6 線上距離の線として右手前の辺を🖱。

➡ **5**から10mm離れた**6**の線上に仮点が作図される。

7 始点として右角を🖱。

8 線上距離の線として右奥の辺を🖱。

➡ **7**から10mm離れた**8**の線上に仮点が作図される。

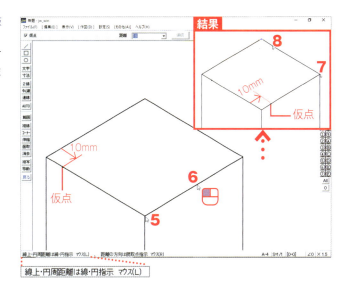

4 接楕円作図のための補助線を作図する

● 前項で作図した仮点から各辺に平行に補助線を作図しましょう。

1 書込線を「線色2・補助線種」にする。

2 「／」コマンドを選択し、コントロールバー「15度毎」にチェックを付ける。

> **POINT** 「15度毎」にチェックを付けることで、始点から15°／30°／45°…と、15°ごとに傾いた線を作図します。

3 始点として右図の仮点を🖱。

4 マウスポインタを移動し、右図のように30°の辺と平行に線が仮表示された状態で終点を🖱。

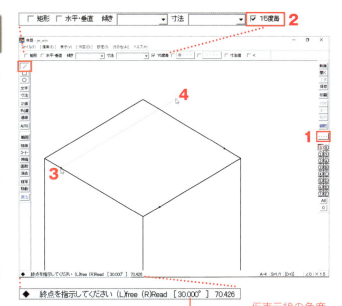

5 始点として右辺上の仮点を🖱。

6 マウスポインタを移動し、−30°（150°）の辺と平行に線が仮表示された状態で終点を🖱。

7 同様にして、もう1カ所の仮点からも、辺に平行な補助線を作図する。

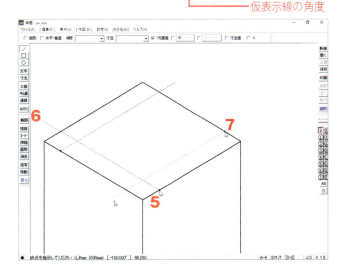

4·1 アイソメ図の作図

5 接楕円を作図する

●3本の補助線に内接する楕円を作図しましょう。

1 書込線を「線色2・実線」にする。

2 メニューバー[作図]-「接円」を選択し、コントロールバー「接楕円」ボタンを🖱。

3 コントロールバー「菱形内接」ボタンを🖱。

> **POINT** 「菱形内接」は、菱形の3辺を指示することで、内接する楕円を作図します。

4 1辺目として右図の補助線を🖱。
→ 線が選択色になる。

5 2辺目として右図の補助線を🖱。

6 3辺目としてもう1本の補助線を🖱。
→ **4**、**5**、**6**の3辺に内接する楕円が作図される。

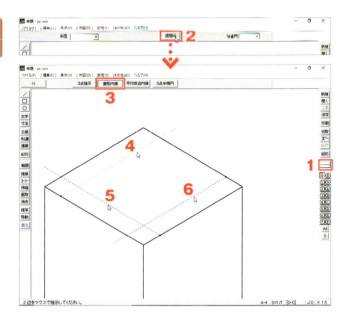

●不要になった補助線を消しましょう。

7 補助線にマウスポインタを合わせ🖱、AM10時 消去。
→「消去」コマンドになり、**7**の線が消去される。

8 残りの2本の補助線を🖱して消去する。

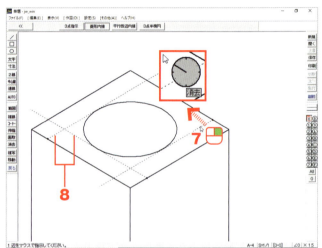

6 仮点を消去する

●仮点は印刷されないだけでなく、消去や複写などの編集対象にもなりません。不要になった仮点は、以下の方法で消去しましょう。

1 メニューバー[作図]-「点」を選択する。

2 コントロールバー「全仮点消去」ボタンを🖱。
→ すべての仮点が消える。

> **POINT** 個別に仮点を消去する場合は、**2**で「仮点消去」ボタンを🖱し、消去対象の仮点を🖱で指示します。

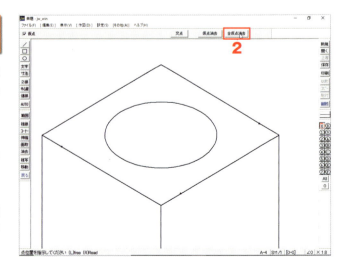

7 楕円を12mm上に複写する

●円柱を作図するため、楕円を12mm上に複写しましょう。

1 「複写」コマンドを選択する。
2 範囲選択の始点として右図の位置で🖱。
3 表示される選択範囲枠で右図のように楕円の一部を囲み、終点を🖱🖱（範囲枠交差線選択）。
   ➡ 選択範囲枠に交差する楕円が選択色になる。
4 コントロールバー「選択確定」ボタンを🖱。

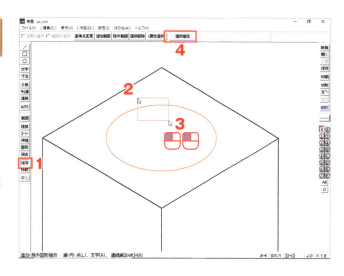

5 コントロールバー「数値位置」ボックスに「0,12」を入力し、Enterキーを押す。

   POINT 「数値位置」ボックスには、複写対象からの「横方向の距離, 縦方向の距離」を入力します。右と上は＋（プラス）値、左と下は－（マイナス）値で指定します。

   ➡ 上に12mmの位置に楕円が複写される。

6 「／」コマンドを選択し、「複写」コマンドを終了する。

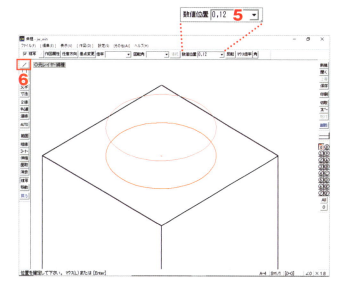

8 楕円どうしを結ぶ線を作図する

●元の楕円と複写した楕円の左右を結ぶ垂直線を作図しましょう。

1 「／」コマンドのコントロールバー「水平・垂直」にチェックを付ける。

   POINT 楕円の左右には🖱で読み取りできる点はありませんが、円と同様に（→p.190）に🖱↑操作で、楕円の1/4の位置（楕円の中心から0°/90°/180°/270°の円周上）を読み取ることができます。

2 始点として下の楕円の右端にマウスポインタを合わせ🖱↑ AM0時 鉛直・円1/4点 。

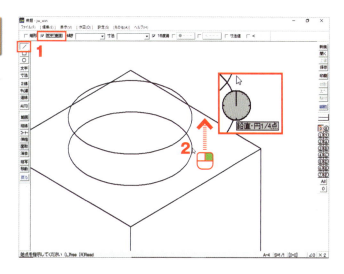

➡ 楕円の右1/4の位置を始点とした線がマウスポインタまで仮表示される。

3 終点として上の楕円の右端にマウスポインタを合わせ🖱↑AM0時 線・円交点 。

> **POINT** 角度の決まった線の終点指示時に線・円・弧を🖱↑すると、AM0時 線・円交点 と表示され、作図途中の仮表示の線と🖱↑した線・円・弧の仮想交点を終点にします。

4 左側にも楕円どうしをつなぐ垂直線を **2** 〜 **3** と同様にして作図する。

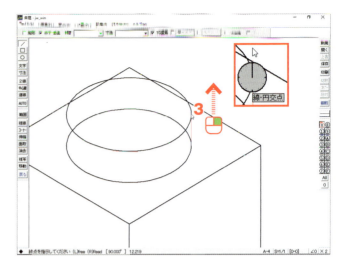

9 隠れ線を消去する

● 本来は手前の面に隠れて見えない線（隠れ線）を消去しましょう。

1 「消去」コマンドを選択する。

2 コントロールバー「節間消し」にチェックが付いていないことを確認し、円柱底面の円を🖱（部分消し）。

3 部分消しの始点として右端の交点を🖱。

4 部分消しの終点として左端の交点を🖱。

> **POINT** 円・弧の部分消しは、始点⇒終点を左回りで指示します。

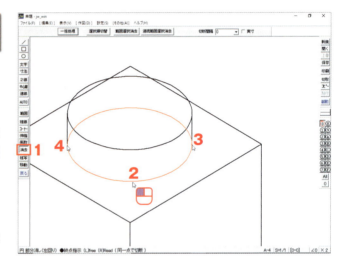

5 コントロールバー「節間消し」にチェックを付ける。

6 直方体上面左奥の辺の円柱上面に隠れる部分を🖱。

➡ 🖱した線の🖱位置両側の点間が消去される。

7 右奥の辺の円柱上面に隠れる部分を🖱。

➡ 🖱した線の🖱位置両側の点間が消去される。

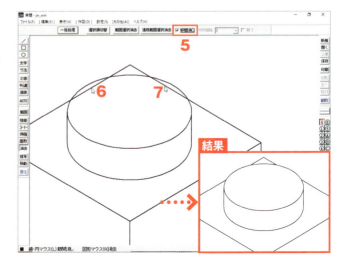

10 寸法の設定をする

●引出線タイプ「＝（2）」を使用するため、その寸法設定をしましょう。

1 「寸法」コマンドを選択し、コントロールバー「設定」ボタンを🖱。

2 「寸法設定」ダイアログの「引出線位置・寸法線位置　指定[＝（1）][＝（2）]」欄の「指定2」の「引出線位置」ボックスを「0」、「寸法線位置」ボックスを「20」にする。

> **POINT** アイソメ図に寸法を記入するときは、寸法線の始点・終点とする点を寸法補助線（引出線）の始点位置にします。**2**の設定をすることで引出線タイプ「＝（2）」では、基準点として指示した位置が寸法補助線（引出線）の始点位置になり、基準点から20mm離れた位置が寸法線の記入位置になります。

3 「OK」ボタンを🖱。

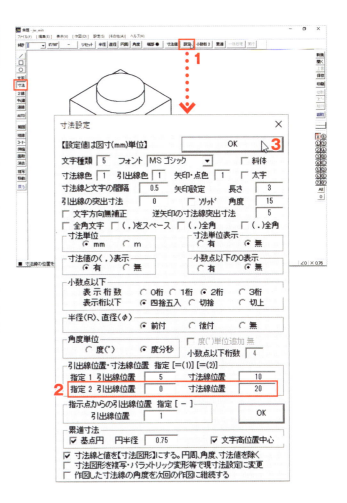

11 アイソメ図に底辺の寸法を記入する

●直方体右面の底辺の寸法を記入しましょう。

1 コントロールバー「傾き」ボックスに寸法線の傾きとして「30」を入力し、引出線タイプ「－」ボタンを🖱して「＝（2）」にする。

　➡ 操作メッセージは「■ 基準点を指示して下さい」になる。

2 基準点として右面の左下角を🖱。

　➡ **2**を通る引出線始点位置のガイドラインとそこから20mm離れた寸法記入位置のガイドラインが30°の角度で表示される。

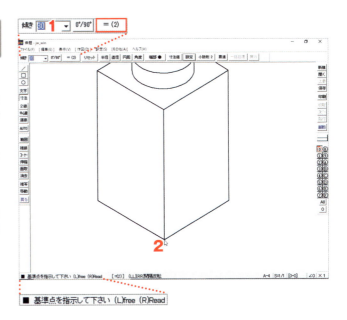

4-1 アイソメ図の作図

3 コントロールバー「引出角0」ボタンを🖱し、「-30°」にする。

> **POINT** 「引出角0」ボタンで寸法補助線（引出線）の角度を指定します。「引出角0」ボタンを🖱するごとに、「-30°」⇒「-45°」⇒「45°」⇒「30°」に切り替わります。🖱ではその逆の順序に切り替わります。

4 コントロールバーの端部形状を「端部→>」にする。

5 寸法の始点として右側面の左下角を🖱。

6 寸法の終点として右側面の右下角を🖱。

➡ 次図のように-30°の寸法補助線（引出線）で寸法が記入される。

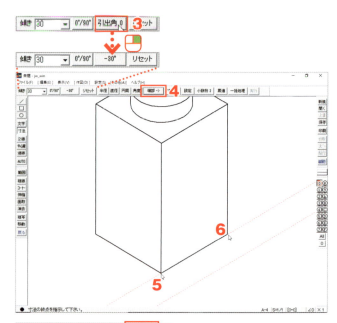

●左面の底辺の寸法を記入しましょう。

7 コントロールバー「リセット」ボタンを🖱。

8 コントロールバー「傾き」ボックスに寸法線の傾きとして「-30」を入力する。

9 基準点として左面右下角を🖱。

➡ **9** を通る引出線始点位置のガイドラインと、そこから20mm離れた寸法記入位置のガイドラインが-30°の角度で表示される。

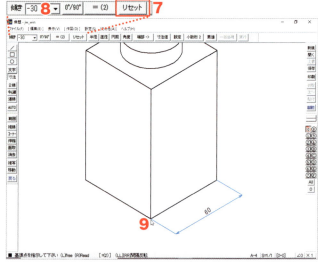

10 コントロールバー引出角「-30°」ボタンを2回🖱し、「30°」にする。

11 寸法の始点として左面の左下角を🖱。

12 寸法の終点として左面の右下角を🖱。

➡ 30°の寸法補助線（引出線）で寸法が記入される。

13 コントロールバー「リセット」ボタンを🖱し、寸法記入位置を解除する。

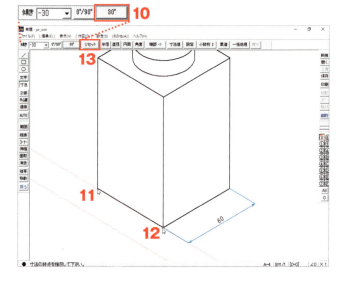

12 アイソメ図に残りの寸法を記入する

●直方体左面の左側に高さ寸法を記入しましょう。

1 コントロールバー「0°/90°」ボタンを🖱し、「傾き」ボックスを「90」にする。

2 基準点として左面の左上角を🖱🖱。

> **POINT** 引出線タイプ「＝(1)」「＝(2)」は、「傾き」ボックスが「90」の場合、基準点の右側にガイドラインを表示します。ガイドラインを左側に表示するには、基準点を🖱🖱（間隔反転）します。

➡ 2を通る引出線始点位置のガイドラインとそこから左に20mm離れた寸法記入位置のガイドラインが90°の角度で表示される。

3 コントロールバーの引出角「30°」を確認し、寸法の始点として左面の左下角を🖱。

4 寸法の終点として左面の左上角を🖱。

➡ 高さ寸法が記入される。

5 コントロールバー「リセット」ボタンを🖱。

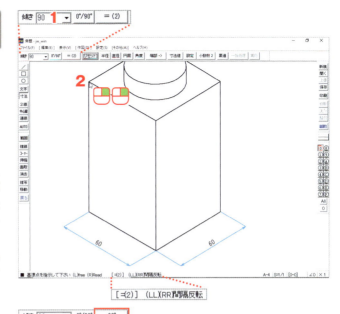

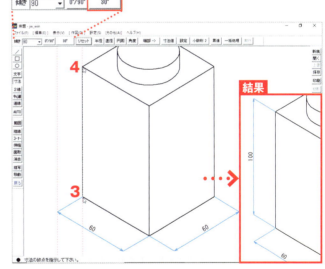

●円柱の直径寸法を記入しましょう。

6 コントロールバー「傾き」ボックスに「30」を入力する。

> **POINT** 正しい直径寸法を記入するには、傾きを「30°」または「-30°」にします。

7 コントロールバー「直径」ボタンを🖱。

8 円柱上面の楕円を🖱。

➡ 直径寸法が記入される。

●図面ファイルとして保存しましょう。

9 「保存」コマンドを選択し、「jww-prim」フォルダーに名前「4-1」として保存する。

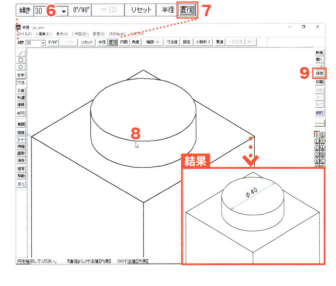

4-2 「2.5D」コマンドでペットテーブルのアイソメ図を作図

ペットテーブルのアイソメ図を、Jw_cadの「2.5D」コマンドを使って作成しましょう。

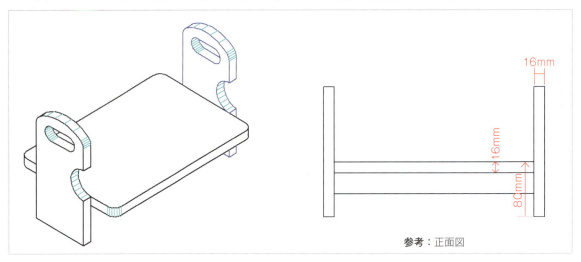

完成図　「2.5D」コマンドの性質を理解するため、単元「**3-2**　ペットテーブルの三面図を作図」で作図したペットテーブルの側板の形状を一部変更しています。

「2.5D」コマンドでの立体図作成用に、レイヤ分けした練習用図面「4-2.jww」を「jww-prim」フォルダーに用意しています。

練習用図面「4-2.jww」

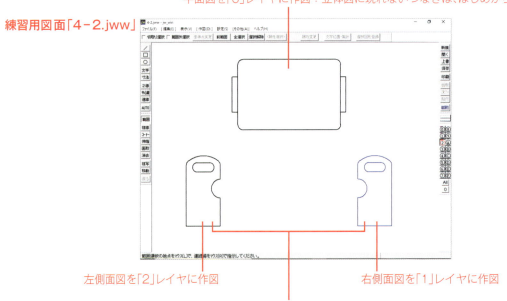

平面図を「0」レイヤに作図：立体図に現れないつなぎは、はじめから消しておく

左側面図を「2」レイヤに作図

右側面図を「1」レイヤに作図

アイソメ表示時に左右の側面が区別しやすいように違う色で作図してある

「2.5D」コマンドで立体図を作成するための指定方法

■ 高さ定義

平面図の線端部に高さを定義する。

「2.5D」コマンドのコントロールバー「高さ・奥行」ボックスに「上端の高さ,下端の高さ」を入力し、高さ定義をする線の端部を🖱して、線の端点に高さを定義する。

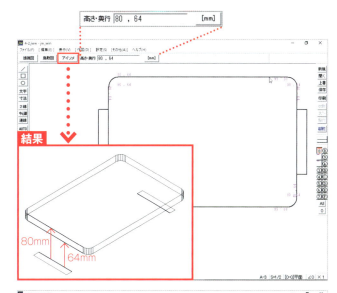

■ 起こし絵指定

側面図の起き上がり位置を指定する。

側面図が作図されているレイヤの、側面図の起き上がり位置に、「線色5・補助線種」で線を作図する。
1つのレイヤに、1つの側面（立面）図と起き上がり位置を示す1本の線以外は作図しないように注意する。

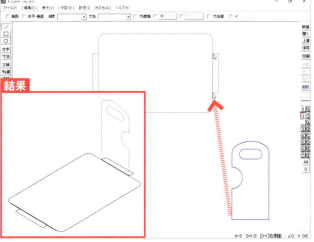

側面図の線端点に「高さ・奥行」を定義することで、立体図にした際、右図のように側面の厚みを表現できる。

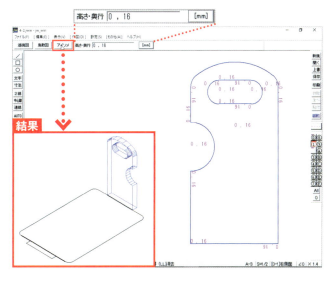

4・2 「2.5D」コマンドでペットテーブルのアイソメ図を作図

1 図面を開き、天板に高さを定義する

●練習用図面「4-2」を開き、天板に上端の高さ80mmと厚み16mmを定義しましょう。

1 「開く」コマンドを選択し、「jww-prim」フォルダーから図面ファイル「4-2」を開く。

2 メニューバー[その他]-「2.5D」を選択する。

3 コントロールバー「(m)」ボタンを🖱し、入力単位を「[mm]」にし、「高さ・奥行」ボックスに「80,64」を入力する。

> **POINT** 「,」半角カンマで区切り、「上端の高さ,下端の高さ」を入力します。下端の高さは上端の高さ80mmから板の厚み16mmを引いた64mmになります。**3**で単位をmmに設定したため、数値はすべてmm単位で指定します。高さ定義は、定義する要素が作図されているレイヤを書込レイヤにして行います。

4 天板が作図されている「0」レイヤが書込レイヤであることを確認し、天板左辺を、下端点（円弧との接続点）に近い位置で🖱。

➡ 🖱した左辺の下端点に高さが定義され、「80,64」が記入される。

5 天板下辺を、左端点（円弧との接続点）に近い位置で🖱。

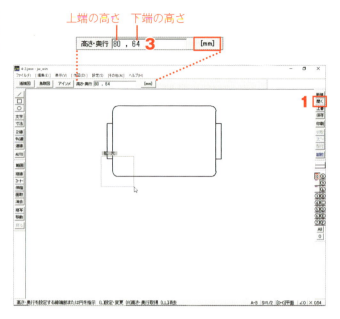

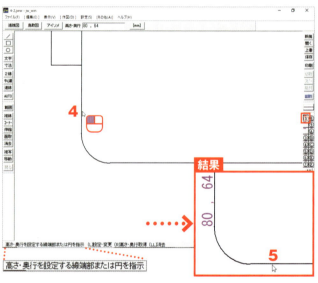

➡ 🖱した下辺の左端点に高さが定義され、「80,64」が記入される。

6 面取りの円弧を🖱。

➡ 円弧に高さが定義され、その中心点位置に「80,64」が記入される。

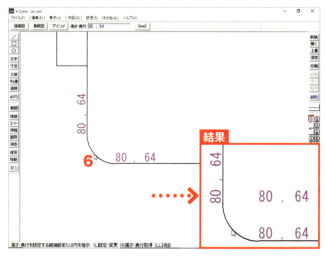

7 同様にして、他３カ所の角の円弧と辺の端点にも同じ高さを定義する。

● アイソメ表示で形状を確認しましょう。

8 拡大表示している場合は🖱️↗️ 全体 し、全体表示にする。

9 コントロールバー「アイソメ」ボタンを🖱️。

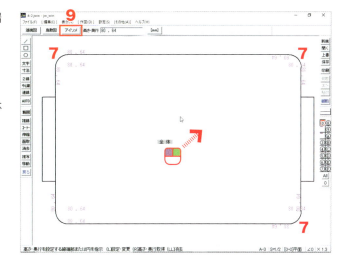

➡ 右図のようにアイソメ表示される。

❓ アイソメが表示されない／アイソメの形状がおかしい ⇒ p.252 Q27

POINT コントロールバー「左」「右」「上」「下」ボタンを🖱️することでアイソメを回転表示できます。「等角」ボタンを🖱️すると、本来のアイソメの角度で表示されます。

10 コントロールバー「<<」ボタンを🖱️し、アイソメ表示を終了する。

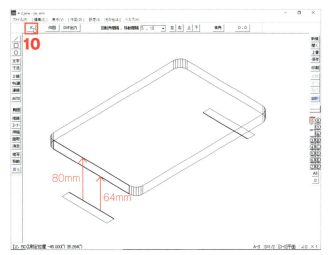

2 側板を指定位置に起こす

● 「1」レイヤに作図されている右側面図を、平面図の右側板の左辺上に起こすように指定しましょう。

1 「1」レイヤを🖱️で書込レイヤにし、「0」レイヤを２回🖱️して表示のみにする。

2 書込線を「線色5・補助線種」にする。

POINT 側面図の作図されているレイヤを書込レイヤにし、側面図を起こす位置に「線色5・補助線種」で線を作図します。

3 「／」コマンドを選択する。

4 始点として平面図上の右側板左辺の上端点を🖱️。

5 終点として下端点を🖱️。

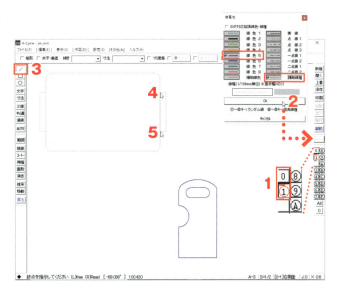

4・2 「2.5D」コマンドでペットテーブルのアイソメ図を作図

● 「2」レイヤに作図されている左側面図を、平面図の左側板の右辺上に起こすように指定しましょう。

6 「2」レイヤを🖱で書込レイヤにする。

7 始点として平面図の左側板右辺の上端点を🖱。

8 終点として下端点を🖱。

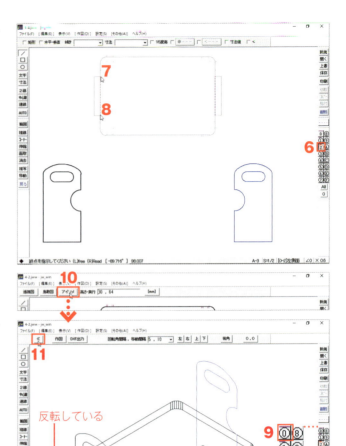

● アイソメ表示で形状を確認しましょう。

9 「0」レイヤを🖱し、編集可能にする。

> **POINT** 非表示、表示のみのレイヤの要素は「アイソメ」で表示されません。

10 メニューバー[その他]－「2.5D」を選択し、コントロールバー「アイソメ」ボタンを🖱。

→ 右図のように左側板が左右反転してアイソメ表示される。

11 コントロールバー「<<」ボタンを🖱し、アイソメ表示を終了する。

重要なPOINT ● 起こし絵の法則

起こし絵では、そのレイヤに作図されている要素の最も左下の点（ここでは左側板の左下角）を、同じレイヤに作図した線色5・補助線の最も左下の端点（ここでは補助線下端点）に合わせて起こします。そのため、左側面図は左右が逆に起き上がります。
このような場合は、側面図上の基準点（左下角）と合わせる平面図上の基準点位置（ここでは補助線上端点）に線色5の実点を作図します。これにより側面図の左下角を平面図上の線色5の実点に合わせて起き上がります。

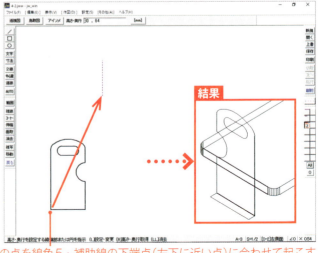

側面図の左下の点を線色5・補助線の下端点（左下に近い点）に合わせて起こす

3 アイソメ図で左側板が左右反転しないよう指示する

◉線色5・補助線の上端点と左側板の左下角を合わせるための指示をしましょう。

1 レイヤバー「All」ボタンを🖱し、「2」レイヤ以外を非表示にする。

2 メニューバー[作図]−「点」を選択する。

> **POINT** 「点」コマンドでは指定位置に書込線色の実点や仮点を作図します。

3 書込線が「線色5」であることを確認し、補助線の上端点を🖱。
➡ 🖱した端点に線色5の実点が作図される。

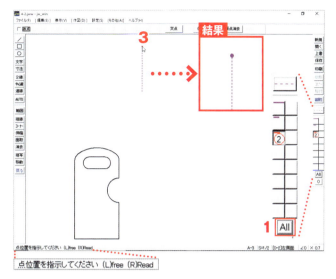

◉アイソメ表示で形状を確認しましょう。

4 レイヤバー「All」ボタンを🖱し、すべてのレイヤを編集可能にする。

5 メニューバー[その他]−「2.5D」を選択し、コントロールバー「アイソメ」ボタンを🖱。
➡ 右図のように左側板が正しい向きで表示される。

6 コントロールバー「<<」ボタンを🖱し、アイソメ表示を終了する。

4 右側板に厚みを定義する

◉高さ定義と同様の方法で、側板に16mmの厚み(奥行)を定義しましょう。

1 右側面図の線を🖱↓AM6時 属性取得 し、右側面図が作図されている「1」レイヤを書込レイヤにする。

2 コントロールバー単位が「[mm]」であることを確認し、「高さ・奥行」ボックスに「0,16」を入力する。

> **POINT** 側面図を起こす位置を「0」として、「基準の奥行,厚みを示す奥行」の順に入力します。

3 側面図の左下角付近を🖱。

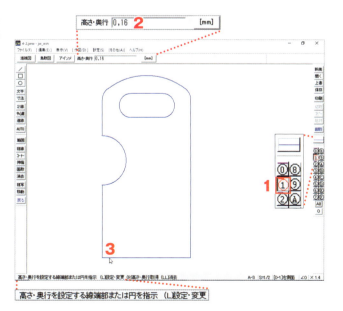

4-2 「2.5D」コマンドでペットテーブルのアイソメ図を作図

➡ **3**で🖱した左下角の点（下辺と左辺の端点）に奥行き「0,16」が定義され、下辺（または左辺）上に「0,16」が記入される。どちらの辺上に文字が記入されても結果に違いはない。

> **POINT** 高さ・奥行きは、線の端点に定義します。**3**の操作で左下角を端点とする上辺と左辺の端点に同じ高さが定義されます。

4 側面図の右下角付近を🖱。

5 同様にして、線端点を🖱し、すべての線端点に同じ奥行きを定義する。

6 円弧を🖱し、すべての円弧に同じ奥行きを定義する。

● アイソメ表示で形状を確認しましょう。

7 コントロールバー「アイソメ」ボタンを🖱。

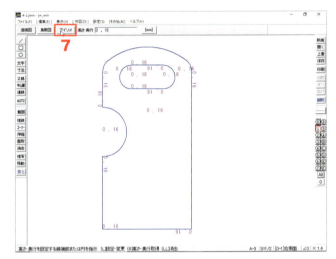

➡ 右図のように右側板が16mmの厚みでアイソメ表示される。

❓アイソメの形状がおかしい ➡ p.252 Q27

8 コントロールバー「≪」ボタンを🖱し、アイソメ表示を終了する。

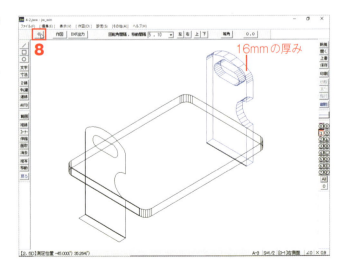

5 レイヤごとに一括して奥行きを定義する

●レイヤ名で高さ・奥行きを定義できます。左側面図は、この方法で奥行き16mmを定義しましょう。

1 レイヤバーで書込レイヤボタンを🖱し、レイヤ一覧ウィンドウを開く。

2 「2」レイヤのレイヤ名部分を🖱。
  ➡「レイヤ名設定」ダイアログが開き、現在のレイヤ名が色反転して表示される。

3 「レイヤ名」ボックスを「#lh16」に変更し、「OK」ボタンを🖱。

> **POINT** レイヤ内のすべての要素に起き上がり位置からの厚み16mmを指定するため、レイヤ名を「#lh16」にします。文字はすべて半角、l（エル）、hは小文字で入力してください。レイヤ名での指定は基準面（0）からの高さを定義する場合にも有効です。

4 レイヤ一覧ウィンドウ右上の ✕ を🖱し、ウィンドウを閉じる。

●アイソメ表示で形状を確認しましょう。

5 「2.5D」コマンドのコントロールバー「アイソメ」ボタンを🖱。
  ➡ 右図のように左側板が16mmの厚みでアイソメ表示される。

> **POINT** 表示されるアイソメ図は、このままでは編集することも印刷することもできません。編集・印刷をするためには、X,Yの座標を持つ2次元の線・円・弧要素として作図します。次項でその方法を説明します。

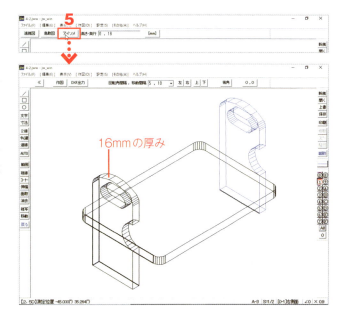

CADを使って機械や木工や製品の図面をかきたい人のための Jw_cad 8 製図入門　**241**

4-2 「2.5D」コマンドでペットテーブルのアイソメ図を作図

6 アイソメ図を作図する

◉編集・印刷ができるよう、アイソメ図を2次元の線・円・弧要素として作図しましょう。

1 コントロールバー「等角」ボタンを🖱。

> **POINT** アイソメ表示では、上下左右に回転した形状を表示できます。「等角」ボタンを🖱すると、正式なアイソメの角度（p.224）表示になります。

2 何も作図されていない「F」レイヤを書込レイヤにする。

3 コントロールバー「作図」ボタンを🖱。

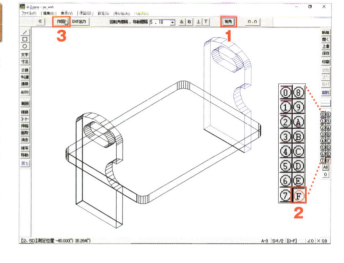

➡ 書込レイヤ「F」に右図のようにアイソメ図が作図される。

> **POINT** アイソメ図での円・弧は、楕円として作図されます。

◉アイソメ図以外を非表示にし、手前の面に隠れて、実際には見えない線（隠れ線）を消して整えましょう。

4 レイヤバー「All」ボタンを🖱し、書込レイヤ以外を非表示にする。

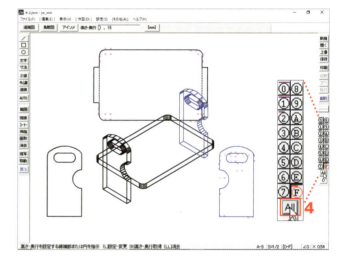

5 「データ整理」コマンドで連結整理をする。

　　　　参考：「データ整理」連結整理→p.201

6 「消去」コマンドを選択し、🖱（図形消去）や🖱（節間消し）、「範囲選択消去」などを利用して、実際には隠れて見えない線を消す。

7 「属性変更」コマンドを選択し、細線にする線を線色1に変更する。

　　　　参考：「属性変更」→p.120

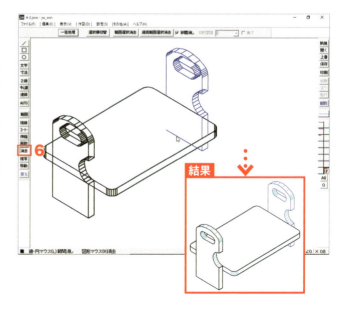

7 アイソメ図を実寸法に合わせる

●「2.5D」コマンドで作図したアイソメ図は、p.224の単元「**4-1** アイソメ図の作図」の方法で作図したアイソメ図とは異なり、寸法が正しくありません。「移動」コマンドの倍率を使って調整しましょう。

1 メニューバー［その他］－「測定」を選択し、コントロールバー「mm/【m】」ボタンを🖱して「【mm】/m」（測定単位mm）にする。

2 「距離測定」が選択されていることを確認し、始点として手前側板の左角を🖱。

3 終点として右角を🖱し、ステータスバーに表示される長さを確認する。

> **POINT** 右図では、本来100mmであるべき**2**－**3**の長さが81.6497mmになっています。「移動」コマンドで、100÷81.6497倍して移動することで、実寸法に調整します。

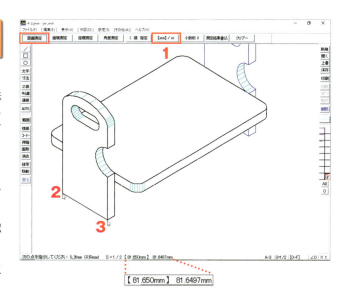

4 「移動」コマンドを選択し、範囲選択の始点として図の左上で🖱。

5 表示される選択範囲枠でアイソメ図全体を囲み終点を🖱。

6 図全体が選択色になったことを確認し、コントロールバー「選択確定」ボタンを🖱。

➡ 移動対象が確定し、自動的に決められた基準点でマウスポインタに仮表示される。

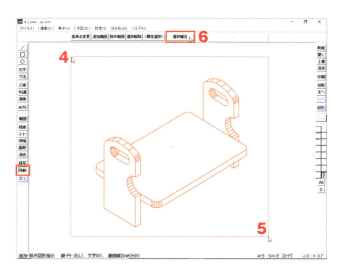

7 コントロールバー「倍率」ボックスに「100/81.6497」を入力する。

> **POINT** 「数値入力」ボックスに計算式を入力することで、その解を指定できます。ここでは「100÷81.6497」の解を入力するため、「100/81.6497」を入力しました。計算式の「＋」と「－」はそのまま、「÷」（わる）は「/」、「×」（かける）は「＊」を入力します。また入力後にEnterキーを押すと、「数値入力」ボックスが計算式の解の表示になります。

➡ 移動要素が指定した倍率の大きさで仮表示される。

8 移動先として用紙のほぼ中央で🖱。

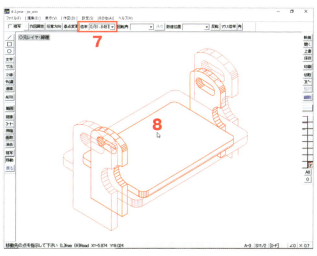

4・2 「2.5D」コマンドでペットテーブルのアイソメ図を作図

➡ 指定倍率の大きさで移動される。マウスポインタには移動要素がさらに一回り大きく仮表示される。

POINT 「倍率」ボックスに倍率を指定して移動した場合、再移動はさらに指定倍率の大きさになります。

9 「／」コマンドを選択し、「移動」コマンドを終了する。

●**2〜3**で測定した部分の長さが100mmになったかを確認しましょう。

10 メニューバー[その他]-「測定」コマンドを選択し、**2〜3**で測定した長さを測定する。

POINT 測定結果の99.9999mmは誤差と考えて支障ありません。

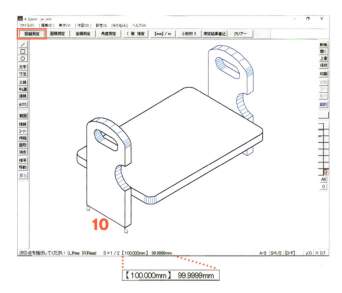

やってみよう

p.231〜p.233を参考にして、「D」レイヤに寸法を記入し、上書き保存しましょう。

「寸法設定」ダイアログの「引出線位置・寸法線位置指定[＝(1)][＝(2)]」欄の指定1と指定2を下図のように設定し、引出線タイプ「＝(1)」（寸法補助線なし）と「＝(2)」を使い分けて記入しましょう。

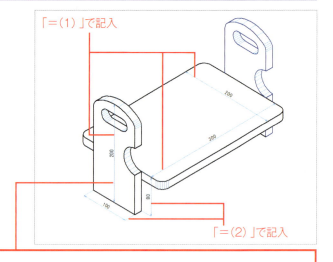

「＝(1)」で記入

「＝(2)」で記入

引出線タイプを「＝(1)」

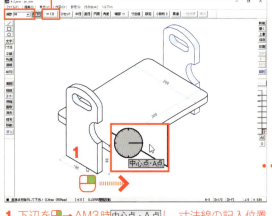

1 下辺を🖱→ AM3時 中心点・A点 し、寸法線の記入位置を側板の中心にする

2 寸法の始点としてガイドラインと下辺の交点を🖱

3 寸法の終点としてガイドラインと上部円弧の交点を🖱

CHAPTER 5

本書の説明どおりにならない
場合の原因と対処方法
[Q&A]

Q01 p.10
CD-ROMのウィンドウの開き方がわからない。

Windowsに標準搭載されているエクスプローラーを起動し、表示される「DVD（またはCD）」ドライブを🖱🖱することで、CD-ROMのウィンドウを開きます。

1「スタート」ボタンを🖱し、表示されるメニューの「エクスプローラー」を🖱。

2 エクスプローラーのフォルダーツリーで「PC」を🖱。

3 右のウィンドウに表示される「DVD（またはCD）」ドライブを🖱🖱。

タスクバーのエクスプローラーを🖱してもよい

Q02 p.10
「続行するには、管理者のユーザー名とパスワードを入力してください。」と表記された「ユーザーアカウント制御」ウィンドウが開く。

管理者権限のないユーザーとしてWindowsにログインしているため、このメッセージが表示されます。管理者権限がないとJw_cadをインストールすることはできません。

インストールを行うには、表示される管理者ユーザー名の下の「パスワード」ボックスに、その管理者のパスワードを入力し、「はい」ボタンを🖱してください。

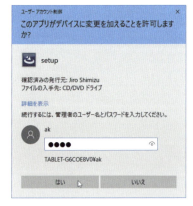

Q03 p.10
「プログラムの保守」と表示されたウィンドウが開く。

これからインストールしようとしているバージョンのJw_cadがすでにインストールされています。インストールは不要なため、「キャンセル」ボタンを🖱してインストールを中断してください。

Q04 p.12
「ショートカットエラー」ウィンドウが開き、起動しない。

🖱🖱したショートカットが正常に機能していません。「OK」ボタンを🖱し「ショートカットエラー」ウィンドウを閉じてください。

現在あるショートカットを削除（ショートカットを🖱し、表示されるメニューの「削除」を🖱）したうえで、p.12「**3** Jw_cadのショートカットを作成する」を参照し、新しいショートカットを作成してください。

点指示時に誤って🖱した。

「戻る」コマンド（→p.25「7　直前の操作を取り消す」）を🖱し、誤った🖱指示を取り消したうえで、再度🖱で指示し直してください。

「消去」コマンドで、指示した線が消去されずに色が変わる。

🖱で線を指示すべきところを🖱で指示したことが原因です。🖱は線を部分的に消す指示になります。
「戻る」コマンド（→p.25「7　直前の操作を取り消す」）を🖱し、誤った🖱指示を取り消したうえで、消去対象を🖱し直してください。

「複線」コマンドで基準線を🖱しても平行線が仮表示されない。

以下を確認してください。

① コントロールバー「複線間隔」ボックスに正しい間隔が入力されていますか？
　➡ 正しい数値が入力されている場合→② へ
　➡ 空白になっている場合→基準線を🖱した可能性があります。「複線間隔」ボックスを🖱し、正しい数値を入力してください。

キーボードの右にある数字キー（テンキー）を押しても数値が入力されない場合は、Num Lock キーを押してテンキーでの数字入力を有効（ナンバーロック）にするか、またはキーボード上の段の数字キーから入力してください。

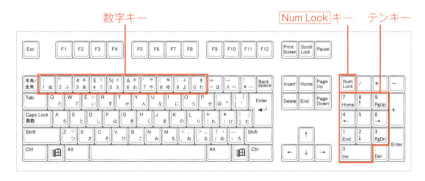

② 画面を拡大表示しているために仮表示の平行線が画面に表示されない可能性があります。🖱↗全体（→p.39「14　用紙全体を表示する」）で、用紙全体表示をしてください。
　➡ 全体表示をしても仮表示されない場合→③ へ

③ メニューバー[設定]－「基本設定」を選択し、「jw_win」ダイアログの「一般(2)」タブの「m単位入力」のチェックを確認してください。チェックが付いていると、mm単位ではなくm単位での指定になります。このチェックを外し、「OK」ボタンを🖱してください。

Q08 p.38/76

円・弧の部分消しで残したい部分が消え、消したい部分の円・弧が残った。

部分消しの始点と終点の指示順序に原因があります。
円・弧の部分消しの始点⇒終点指示は、左回りで指示します。
「戻る」コマンドを🖱して部分消しを取り消し、円・弧の部分消しの始点⇒終点指示が左回りになるよう、やり直してください。

Q09 p.39/49

🖱で拡大操作を行うが、拡大枠が表示されずに図が移動する、または作図ウィンドウから図が消える。

図が移動するのは、🖱↘にならずに🖱（両ボタンクリック）したことが原因です。🖱は 移動 と表示され、🖱した位置が作図ウィンドウの中心になるよう表示画面が移動します。
図が消えたのは、何も作図されていない範囲を🖱↘で拡大表示したためです。作図ウィンドウの適当な位置から🖱↗ 全体 （→p.39「14 用紙全体を表示する」）し、用紙全体表示にしたうえで、再度拡大操作を行ってください。

Q10 p.39

拡大表示しても円弧の端点が水平線からはみ出して表示される。

拡大率によって、はみ出して表示される場合もあります。
さらに円弧の端点の周りを拡大表示してみてください。
何度拡大表示をしてもはみ出して表示される場合は、メニューバー［設定］－「基本設定」を選択し、「jw_win」ダイアログの「色・画面」タブの「端点の形状」を確認してください。「四角」や「平」になっている場合は、▼を🖱し、表示されるリストから「丸」を🖱して、「丸」に変更してください。

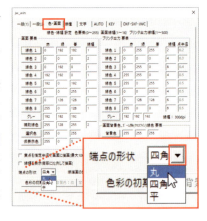

Q11 p.42

「jww-prim」フォルダーがない。

「jww-prim」フォルダーは付録CD-ROMから教材データをインストールしていないと表示されません。p.11を参照し、教材データをインストールしてください。教材データをインストール済みにもかかわらず表示されない場合は、以下の操作を行ってください。

1 「ファイル選択」ダイアログ左のフォルダーツリーでスクロールバーを一番上まで🖱↑し、Cドライブ（ ⊞ 📁 C: フォルダーのアイコンだがCドライブを示す）を表示する。

2 Cドライブ（ ⊞ 📁 C: ）を🖱🖱。

これで ⊟ 📁 C: の下にCドライブ内のすべてのフォルダーがツリー表示されます。その中に「jww-prim」フォルダーも表示されます。

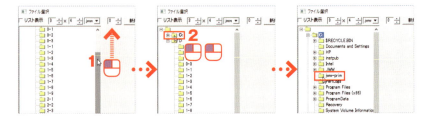

Q12 p.45
保存したはずの図面「1-2(.jww)」が見つからない。

「ファイル選択」ダイアログ左のフォルダーツリーで、保存したフォルダーとは違うフォルダーを開いていませんか？
Jw_cadの「ファイル選択」ダイアログのフォルダーツリーでは、前回、図面を保存または開いたフォルダーが開きます。「1-2」を保存後、他のフォルダーから図面を開くなどの操作をした場合、そのフォルダーが開いています。
フォルダーツリーで「jww-prim」フォルダーを🖱してください。「jww-prim」フォルダーが見つからない場合は、前ページのQ11を参照してください。
または、メニューバー［ファイル］を🖱し、表示されるメニューの履歴リスト（→p.45「POINT」）に「1-2.jww」がある場合は、それを🖱してみてください。

Q13 p.49
「伸縮」コマンドで、基準線として🖱🖱した線の表示色が変わらず、線上に赤い○が表示される。

🖱と🖱の間にマウスポインタが動いたため、🖱🖱ではなく、🖱を2回行ったと見なされました。
「伸縮」コマンドでの🖱は、🖱位置で線を2つに切断します。画面に表示された赤い○は切断位置を一時的に表示しています。🖱を2回行ったため、2カ所で線が切断されています。
「戻る」コマンドを2回🖱し、切断前に戻したうえで、あらためて基準線を🖱🖱してください。
また、このように切断した線は、「データ整理」の「連結整理」（→p.201「**12** 連結整理を行う」）でまとめて1本に連結できます。

Q14 p.52
「伸縮」コマンドで、反対側が伸縮されて残った。

伸縮線を指示（🖱）した位置に原因があります。
伸縮対象線の指示は、次に指示する伸縮点に対して線を残す側で🖱します。
「戻る」コマンドで伸縮前に戻し、p.52「**7** 線を指定点まで縮める」を参照して、伸縮点より残す側で伸縮線を🖱してください。

Q15 p.63/170
Tab キーを押すと 図形がありません と表示される。

メニューバー［設定］-「基本設定」を選択して開く「jw_win」ダイアログの「KEY」タブの「直接属性取得を行う」にチェックが付いていると、このメッセージが表示されます。
チェックを外してください（→p.16の**15**）。

Q16 p.63
属性取得で図が作図ウィンドウから消え、レイヤ 反転表示中と表示される。

属性取得対象の要素を🖱ではなく、🖱したことが原因です。
Esc キーを押してください。🖱する前の状態に戻ります。

Q17 p.55

「印刷」コマンドで、印刷枠の片側に図面が寄っている。印刷枠の中央に図面が入るようにするには？

「印刷」コマンドのコントロールバー「範囲変更」ボタンを🖱し、印刷範囲枠を移動することで用紙のほぼ中央に図面が位置するように印刷できます。

1 ↖🖱縮小（→p.117「12 縮小表示する」）で作図ウィンドウを縮小表示する。
2 コントロールバー「範囲変更」ボタンを🖱。
3 印刷枠のほぼ中央に図面が位置するように印刷枠を動かして位置を決める🖱。

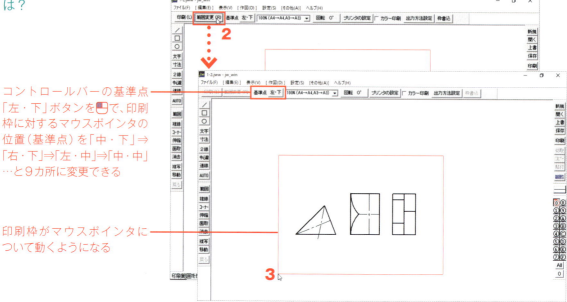

コントロールバーの基準点「左・下」ボタンを🖱で、印刷枠に対するマウスポインタの位置（基準点）を「中・下」⇒「右・下」⇒「左・中」⇒「中・中」…と9カ所に変更できる

印刷枠がマウスポインタについて動くようになる

Q18 p.60

図面を印刷したが、鎖線や点線のピッチが狭すぎる、または広すぎる。

メニューバー［設定］−「基本設定」を選択し、「jw_win」ダイアログの「線種」タブでその鎖線・点線の線種の印刷ピッチの数値を変更することで対処します。ここでは、一点鎖2のピッチを広く設定する例で解説します。なお、図面を上書き保存すると、変更した線種ピッチの設定も保存されます。

1 印刷する図面を開き、メニューバー［設定］−「基本設定」を選択する。
2 「jw_win」ダイアログの「線種」タブを🖱し、「プリンタ出力」欄の「線種6」（一点鎖2）のピッチ（初期値「10」）を現在の数値よりも大きい数値（下図では「20」）に書き換え、「OK」ボタンを🖱。

Q19 p.121
選択範囲枠内の文字が選択色にならない。または文字だけ移動されない。

選択範囲の終点指示を🖱（文字を除く）で行っていることが原因です。
Escキーを押して終点指示前に戻し、選択範囲の終点を🖱（文字を含む）してください。

Q20 p.165/166
点がありませんと表示され、表示のみレイヤの点を読み取れない。
「複線」コマンドで図形がありませんと表示され、表示のみレイヤの線を基準線にできない。

表示のみレイヤの要素の点や線の読み取りは、「縮尺・読取　設定」ダイアログで設定できます。
ステータスバー「縮尺」ボタンを🖱し、「縮尺・読取　設定」ダイアログの「表示のみレイヤの読取点を読み取る」、「表示のみレイヤのデータを基準線等の場合は読取る」にチェックを付けてください。

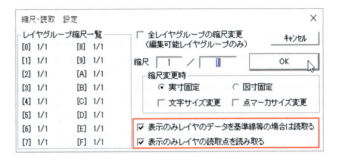

Q21 p.172
🖱↓AM6時 属性取得 になる。
🖱↓した線が消えた。

🖱↓AM6時 属性取得 が表示された時点でマウスポインタを上下に動かすことで、属性取得⇔レイヤ非表示化 に切り替わります。レイヤ非表示化 が表示された時点でマウスボタンをはなすと、🖱↓した要素の作図されているレイヤが非表示になります。
その場合はレイヤバーで非表示になったレイヤのボタンを2回🖱し、編集可能にしたうえで、🖱↓AM6時 属性取得 をやり直してください。

Q22 p.173
線を🖱→AM3時 中心点・A点 すると、操作メッセージが「2点間中心◆◆B点指示◆◆」になり、線の中点を読み取れない。

短い線を🖱→AM3時 中心点・A点 した場合、🖱→した近くの点を読み取り、2点間中心のA点を指示したと見なされることがあります。そのため、2点間中心のB点指示の操作メッセージが表示されます。
「戻る」コマンドで操作を取り消し、十分に拡大表示したうえで、線を🖱→AM3時 中心点・A点 してください。

Q23 p.189
「移動」コマンドや「複写」コマンドで作図ウィンドウ左上に ◇元レイヤ・線種 と表示されない、または ●書込レイヤに作図 と表示される。

このメッセージはパソコンによって一時的に表示され、すぐ消える場合があります。使用にあたり支障はありません。そのままお使いください。
●書込レイヤに作図 など、ほかのメッセージが表示される場合は、コントロールバー「作図属性」ボタンを🖱し、「作図属性設定」ダイアログの「◇元レイヤ・元線色・元線種」ボタンを🖱してください。

Q24 p.191
寸法線位置を示すガイドラインが表示されない。

「寸法」コマンドのコントロールバーで「寸法値」や「半径」が選択されていませんか?
コントロールバー「リセット」ボタンを🖱したうえで、寸法記入操作をやり直してください。

Q25 p.218
「図形」コマンドで、作図ウィンドウ左上に ●書込 レイヤに作図 と表示されない、または ◆元レイヤに作図 と表示される。

このメッセージはパソコンによって一時的に表示され、すぐ消える場合があります。使用にあたり支障はありません。そのままお使いください。
◆元レイヤに作図 など、他のメッセージが表示される場合は、コントロールバー「作図属性」ボタンを🖱し、「作図属性設定」ダイアログの「◆書込レイヤ、元線色、元線種」ボタンを🖱してください。

Q26 p.220
作図されない部分があります とメッセージが表示され、ハッチングがはみ出したり、一部作図されない。

ハッチング範囲に指定した外形線が、どこかで途切れている、交差している、重複しているなどの原因で、このような現象が起こります。
「データ整理」コマンドで連結整理(→p.201)を行う、途切れている個所、線が交差している個所を見つけて修正するなどの対処を行ってください。対処すべき原因が見つからない場合には、p.103～p.107で紹介している方法でハッチング範囲を指定してください。

Q27 p.237/240
アイソメが表示されない／アイソメの形状がおかしい。

🖱 全体 で用紙全体を表示してください。それで表示されない場合は、コントロールバー「<<」ボタンを🖱してアイソメ表示を終了して、コントロールバー「高さ・奥行」ボックス右の単位([mm])を確認してください。
形状がおかしい場合は、高さ・奥行きを定義していない端点があることが原因です。
定義し忘れている端点を探し、定義してください。また、平面上1本の線に見えても、実際には線が重なっている、あるいは途中で切断されている場合も同じ現象が現れます。「連結整理」(→p.201)を行い、線を1本に連結してください。

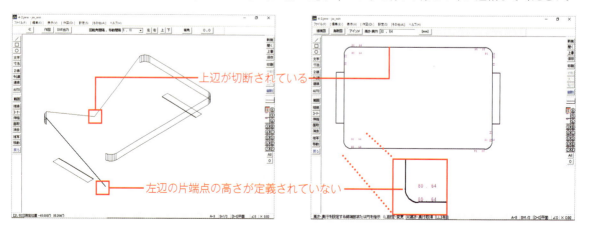

INDEX

※ →マークのある用語は、以降の用語を参照のこと

記号

(L) free/ (R) Read　18、20、27
／コマンド　19
▶ 15度毎　151、227
▶ 傾き　30、59、225
▶ 水平・垂直　23、225
▶ 寸法　30
▶ 寸法値　151
▶ 矢印付　151
□コマンド
▶ 寸法　66、83
○コマンド　21
▶ 3点指示　73、96
▶ 円弧　22、40、73、96
▶ 基点　66、184、186
▶ 半円　73
▶ 半径　37、96
▶ 扁平率・短軸径　72

数字

2.5Dコマンド　235
▶ アイソメ　237
▶ アイソメ図の作図　242
▶ 高さ・奥行　236、239
2線コマンド　90、207

アルファベット

C面取　92
Direct2D　13
Jw_cad
▶ 画面　6
▶ 起動　12
▶ 終了　16、27、43
▶ ショートカットアイコン　12
JWS　222
JWW　43
m単位入力　247
Tabキー　63、170

ア行

アイソメ図　224、234
アンドゥ → 戻るコマンド
移動コマンド　121
▶ Y方向　189
▶ 倍率　243
印刷
▶ 線幅　60
▶ 点線・鎖線ピッチ　250
印刷コマンド　54
▶ 印刷色　81
▶ 印刷倍率　99
▶ カラー印刷　80
▶ 範囲変更　250

▶ プリンタの設定　55
▶ 枠書込　117
印刷枠　55、117
インストール　10
埋め込み文字　115、116
上書コマンド　60
上書き保存　54
円・弧
▶ 作図 → ○コマンド
▶ 消去 → 消去コマンド
▶ 部分消し　38
延長上に線を作図　144、194
鉛直線を作図　59
起こし絵　235、237、238
オフセット　217

カ行

書込線　56
書込文字種　108、112
書込レイヤ　163
拡大表示 → ズーム操作
拡張子　43
角度取得
▶ 線鉛直角度　59
▶ 線角度　142
カラー印刷色の指定　81
仮点　226
▶ 消去　228
キーボード入力　7
基本設定　15
▶ 「KEY」タブ　16
▶ 「一般(1)」タブ　15
▶ 「一般(2)」タブ　15、116、247
▶ 「色・画面」タブ　16、60、81
▶ 「線種」タブ　250
▶ 「文字」タブ　109
距離指定点コマンド　226
距離測定 → 測定コマンド
クリック　7
クロックメニュー　7、172
▶ AM・PMメニュー　173
▶ 円周1/4点　190、215
▶ 鉛直・円1/4点　229
▶ オフセット　217
▶ キャンセル　173
▶ 消去　185、202
▶ 線・円交点　203、230
▶ 属性取得　172
▶ 中心点・A点　173
公差　154
コーナーコマンド　36、41、46
▶ 切断間隔　77、86
▶ 線切断　77、86
▶ 線と円弧　76
▶ 線の連結　221
コントロールバー　6、18

サ行

最大化　6、13
作図ウィンドウ　6
作図属性　251、252
鎖線・点線のピッチ変更　250
座標測定 → 測定コマンド
縮尺(尺度)変更
▶ 実寸固定　29
▶ 図寸固定　175
縮小印刷　99
縮小表示　117
消去コマンド　24
▶ 節間消し　91、187、219
▶ 選択順切替(線と文字)　127
▶ 線の切断　182
▶ 範囲選択消去　156、159
▶ 部分消し　32、38
新規作成　61
伸縮コマンド
▶ 基準線までの伸縮　49、51、68
▶ 指示位置優先　69
▶ 指示点までの伸縮　52、53
▶ 線切断　49
水平線・垂直線の作図　23
数値・文字入力　7
数値入力の計算式　195、243
ズーム操作
▶ 拡大　39、41、44
▶ 縮小　117
▶ 全体　39、41、44
▶ 前倍率　77
図形コマンド　217
図形登録コマンド　222
進むコマンド　25、61
図寸(図面寸法)　104、108
ステータスバー　6、18
図面枠　118
寸法記入
▶ C面寸法　151
▶ R面寸法　141
▶ アイソメ図　231、232、244
▶ 斜線に平行　142
▶ 垂直方向　136
▶ 水平方向　133
▶ 寸法補助線なし　140、190
寸法コマンド　133
▶ 角度　144
▶ 傾き　136、139、143
▶ 寸法値　150、152、153
▶ 設定 → 寸法設定
▶ 端部「-<」　137、141
▶ 端部「->」　133、138、141
▶ 直径　142、211、233
▶ 半径　139、141
▶ 引出角　232

▶引出線タイプ「−」　　133、134、140
▶引出線タイプ「＝」「＝(1)」「＝(2)」
　　　　　　　　　　　　　160、231
▶累進　　　　　　　　　　　　157
寸法図形　　　　　　　　　　　146
▶解除　　　　　147、150、210
寸法設定　　　　　　　　　　　132
▶指示線位置・寸法線位置 指定
　［＝(1)］［＝(2)］
　　　　　　　　160、231、244
▶指示点からの引出線位置 指定［−］
　　　　　　　　　　　　　　134
寸法値
▶移動　　　　　　　　　　　153
▶書き換え　　　　　150、152
▶文字種 → 寸法設定
寸法の線色 → 寸法設定
接円コマンド　　　　　70、71、74
▶接楕円　　　　　　　　　　228
接線コマンド　　　　　　　　　79
線
▶一部を消去　　　　　32、91
▶消去 → 消去コマンド
▶伸縮 → 伸縮コマンド
▶切断　　　　　　　86、182
▶太さ　　　　　　　　55、60
▶平行複写 → 複線コマンド
▶連結　　　　　　201、221
線記号変形コマンド　154、155、215
線色・線種　　　　　55、56、64
▶変更　　　　　　120、183
全選択　　　　　　　159、191
線属性コマンド　　　　　　　56
線属性ダイアログ　　　　　　56
線属性バー　　　　　6、14、56
全体表示 → ズーム操作
前倍率 → ズーム操作
操作を取り消す → 戻るコマンド
相対座標指示 → オフセット
測定コマンド
▶角度測定　　　　　　　　63
▶距離測定　　　　　　　　62
▶座標測定　　　　　　　　62
属性　　　　　　　　　　　169
属性取得　　　63、169、170、172
属性選択　　　　　　　　　159
属性変更コマンド
　　　　　120、129、171、183

タ行
タイトルバー　　　　　　　　6
楕円の作図　　　　　　72、228
多角形コマンド　　　　　　　69
ダブルクリック　　　　　　　7
端点の形状　　　　　　　　248

中心線コマンド　　　56、58、88、144
▶中心線寸法　　　　　　　194
中心点取得　　　　　151、173
重複整理 → データ整理コマンド
ツールバー　　　　　　6、18
▶表示　　　　　　　　　13
データ整理コマンド
▶重複整理　　　　　　　89
▶連結整理　　　　201、206
点がありません　20、26、27、251
点コマンド　　　　　　　239
▶全仮点消去　　　　　　228
点を読み取る　　　　　　27
閉じるボタン　　　　　6、43
ドラッグ　　　　　　　　7

ナ行
名前を付けて保存　　　　　42

ハ行
バージョン情報　　　　　　9
ハッチコマンド　　　103、105
▶範囲選択　　　　　　219
パラメトリック変形コマンド　148
範囲コマンド　　206、211、219
範囲選択　　　　　　　89
▶基準点変更　　　　　213
▶交差線選択　　　213、229
▶全選択　　　　159、206
▶属性選択　　　　　159
▶対象から除外　　156、205
▶対象に追加　　　　156
▶追加範囲　　　　　213
▶文字を含む　　　　121
範囲選択消去 → 消去コマンド
反転複写 → 複写コマンド
引出線　　　　　　　215
非表示レイヤ・表示のみレイヤ
　　　　　→ レイヤ
開くコマンド　　　　45、65
複写コマンド　　　　　94
▶作図属性　　　　　251
▶数値位置・連続　　95
▶倍率指定による反転　214
▶反転　　　　200、205
複線コマンド　　　　34、46
▶前複線と連結　　118
▶端点指定　　　　179
▶複写位置指示　　196
▶連続　　　　　　48
分割コマンド　　　　110
別名で保存　　　　176
編集可能レイヤ → レイヤ
補助線種　　　　　88
補助線のみ消去　　159
保存コマンド　　42、87、176

マ行
マウス操作　　　　　　　7
マウスポインタ　　　　　　6
（無指定）　　　　　　　31
メニューバー　　　　　　6
面取コマンド
▶L面　　　　　　　100
▶角面（辺寸法）　　92
▶線切断　　　　　185
▶丸面　　　　　98、185
文字
▶移動　　　　　　123
▶色と太さ　　　　128
▶書き換え　　125、126
▶記入　　　　　112
▶消去　　　　　127
▶フォントの指定　128
▶複写　　　　　124
▶文字種・フォント変更　129
文字コマンド　　　108、112
▶書込文字種　　　112
▶基点　　　112、126
▶基点・ずれ使用　114
文字のサイズ　　　　109
戻した作業を復帰 → 進むコマンド
戻るコマンド　　　　25

ヤ行
用紙サイズ　　　　　29
用紙枠　　　　15、16、28

ラ行
リドゥ → 進むコマンド
履歴リスト　　　　　45
レイヤ　　　　　　162
▶Allボタン　　191、212
▶書込レイヤ　　163
▶状態変更　　　164
▶非表示　　164、165
▶表示のみ　　　165
▶表示のみレイヤの読取指定　251
▶編集可能　　　166
レイヤ一覧ウィンドウ　167
レイヤバー　　6、162、163
レイヤ名設定　　　168
レイヤ名に一括高さ・奥行定義　241
連結整理 → データ整理コマンド

ワ行
ワイド画面　　　　　28

254　CADを使って機械や木工や製品の図面をかきたい人のための　Jw_cad 8 製図入門

送付先 FAX 番号 ▶ 03-3403-0582　メールアドレス ▶ info@xknowledge.co.jp
インターネットからのお問合せ ▶ http://xknowledge-books.jp/support/toiawase

FAX質問シート

CADを使って機械や木工や製品の図面をかきたい人のための Jw_cad 8 製図入門

p.2の「本書をご購入・ご利用になる前に必ずお読みください」と以下を必ずお読みになり、ご了承いただいた場合のみご質問をお送りください。

● 「本書の手順通り操作したが記載されているような結果にならない」といった本書記事に直接関係のある質問のみご回答いたします。「このようなことがしたい」「このようなときはどうすればよいか」など特定のユーザー向けの操作方法や問題解決方法については受け付けておりません。

● 本質問シートで、FAX またはメールにてお送りいただいた質問のみ受け付けております。お電話による質問はお受けできません。

● 本質問シートはコピーしてお使いください。また、必要事項に記入漏れがある場合はご回答できない場合がございます。

● メールの場合は、書名と当質問シートの項目を必ずご入力のうえ、送信してください。

● ご質問の内容によってはご回答できない場合や日数を要する場合がございます。

● パソコンや OS そのもの、ご使用の機器や環境についての操作方法・トラブルなどの質問は受け付けておりません。

ふりがな
氏　名　　　　　　　　　　　　　　年齢　　　　歳　　　性別　男 ・ 女

回答送付先（FAX またはメールのいずれかに○印を付け、FAX 番号またはメールアドレスをご記入ください）

FAX　・　メール

※送付先ははっきりとわかりやすくご記入ください。判読できない場合はご回答いたしかねます。電話による回答はいたしておりません。

ご質問の内容　※例）203ページの手順7までは操作できるが、手順8の結果が別紙画面のようになって解決しない。

【 本書　　　　　　ページ　～　　　　　　ページ 】

ご使用の Jw_cad のバージョン　※例）Jw_cad 8.03a（　　　　　　　　　　　　　　　　　　）

ご使用の OS のバージョン（以下の中から該当するものに○印を付けてください）

Windows 10　　　　8.1　　　　8　　　　7　　　　その他（　　　　　　　　　　　　　　）

● 著者

Obra Club（オブラ クラブ）

設計業務におけるパソコンの有効利用をテーマとしたクラブ。
会員を対象にJw_cadに関するサポートや情報提供などを行っている。
http://www.obraclub.com/
※ ホームページ（上記URL）では書籍に関するQ&Aも掲載

《主な著書》
『Jw_cadのトリセツ』
『はじめて学ぶJw_cad 8』
『Jw_cadの「コレがしたい！」「アレができない！」をスッキリ解決する本』
『やさしく学ぶSketchUp』
『やさしく学ぶJw_cad 8』
『Jw_cad電気設備設計入門』
『Jw_cad空調給排水設備図面入門』
『Jw_cadで神速に図面をかくための100のテクニック』
『Jw_cad 8を仕事でフル活用するための88の方法（メソッド）』
　（いずれもエクスナレッジ刊）

CADを使って機械や木工や製品の図面をかきたい人のための

Jw_cad 8 製図入門

2019年 10月 21日　初版第1刷発行
2022年 2月 24日　　第3刷発行

著　者　　Obra Club

発行者　　澤井 聖一
発行所　　株式会社エクスナレッジ
　　　　　〒106-0032　東京都港区六本木7-2-26
　　　　　https://www.xknowledge.co.jp/

● 問合せ先

編　集　　前ページのFAX質問シートを参照してください。
販　売　　TEL 03-3403-1321 ／ FAX 03-3403-1829 ／ info@xknowledge.co.jp

無断転載の禁止
本誌掲載記事（本文、図表、イラスト等）を当社および著作権者の承諾なしに無断で転載（翻訳、複写、データベースへの入力、インターネットでの掲載等）することを禁じます。

©2019　Obra Club